Franz Michael Felder
Aus meinem Leben

Mit einer Vorbemerkung von
Peter Handke
und einem Nachwort von
Walter Methlagl

Suhrkamp

Umschlagfoto: Claus Gretter

suhrkamp taschenbuch 1353
Erste Auflage 1987

Druck: Nomos Verlagsgesellschaft, Baden-Baden
Printed in Germany
Umschlag nach Entwürfen von
Willy Fleckhaus und Rolf Staudt

1 2 3 4 5 6 – 92 91 90 89 88 87

Peter Handke
ZU FRANZ MICHAEL FELDER

Was kann einem Leser des ausgehenden 20. Jahrhunderts die vor zwei Menschenaltern verfaßte Autobiographie eines Bauern aus einem entlegenen Bregenzerwald-Winkel in Vorarlberg bedeuten? Für mich war sie mehr als nur eine »interessante Lektüre«: Sie hat mir die eigene Kindheit gedeutet. Und mit »gedeutet« will ich sagen: Sie hat mich die Struktur einer Kindheit auf dem Lande erkennen lassen, wie sie nicht bloß vor hundertdreißig Jahren bestimmend war, sondern – man prüfe nach – auch heute gilt. Vielleicht ist schon der Ausdruck »Autobiographie eines Bauern« irreführend; Franz Michael Felder hat sein Leben nicht als Bauer, vielmehr als Schriftsteller beschrieben. Das heißt keineswegs, daß er sich wie einer vom Metier gibt, trickreich arrangierend, Knoten schürzend, Spannung suggerierend; im Unterschied etwa zu dem Waldbauernbub Peter Rosegger kommt er ganz ohne Schnurren, Anekdoten, Ausmalungen, Dramatisierungen aus. Andererseits erzählt er sein Leben nicht nur nach, wie es ihm in den Sinn kommt: Sein Erzählen, und das ist der schriftstellerische Instinkt Felders, drängt in jeder Episode zum Beispielhaften und bleibt doch – weiteres Merkmal seines Schriftstellerinstinkts – ganz bei der Sache. Aus der Episode wird so eine Phase, und die Gesamtheit der Phasen ergibt – nicht die Entwicklung (Felders Autobiographie ist kein Entwicklungsroman; dazu ist der Verfasser zu redlich, und deswegen ist sein Buch so unerhört), sondern eben die Struktur. Der Unterschied zwischen dem Arrangieren des Romanciers und dem Strukturieren des Erzählers: Das Arrangement ist vorausgewußt, die Struktur (die Beispielkraft) wird dagegen erst erforscht, mit Hilfe des Erzählprozesses, in welchem das Beispiel nie im vorhinein feststand – es gab nur jenes Drängen hin zu ihm. Und dieses Drängen ist bei Felder, ein weiteres

Merkmal seines Künstlertums, erotisch. Er erzählt werbend, wirbt um einen Gegenstand (eine Landschaft), ein Gegenüber (einen Menschen), ja auch um sich selber. Und er ist mit seinem Werben – sonst wäre er kein Künstler – nicht auf Eroberung aus, sondern auf Gerechtigkeit. Das offene Auge für die Gegenstände; der Erkenntnis-Abstand (das »o Mensch« wie auch die gleich blinde Menschenverachtung so meidend) zum Gegenüber; die fruchtbare, das heißt strukturierende Selbstkritik, und schließlich die dem allen sanft entsprechende, das alles erst setzende, verbindende Sprache: das zusammen ergibt die gerechte Form. Solche gerechte Form wäre freilich noch nicht ganz das mich nicht bloß ertappende, durchschauende, sondern mich zuletzt auch *erkennende* Kunstwerk »Aus meinem Leben«, als das ich Felders Autobiographie empfunden habe. Zu diesem wird es erst – letztes Merkmal des Künstlers Felder – durch das in jedem Satz wirkende Ideal, welches niemals definiert wird, vielmehr wiederum rein instinktiv bleibt. Der Erzähler dekretiert es an keiner Stelle; aber wohl umschreibt er es; umreißt es; läßt es kräftig ahnen. Ja, ich habe Franz Michael Felders Lebenserzählung gleichsam in Paragraphen lesen können, als ein Gesetzeswerk, so umsichtig und weitgespannt, daß es keine Novelle braucht.

Franz Michael Felder
Aus meinem Leben

I.

Am 13. Mai des Jahres 1839, morgens zwischen 6 und 7 Uhr, kam ich in Schoppernau, dem hintersten Dorfe des inneren Bregenzerwaldes, zur Welt. Unter welchen Himmelserscheinungen, in welchem Zeichen des Mondes, ist von meinem Vater nicht aufgeschrieben. Schön aber muß der Tag jedenfalls gewesen sein, denn unsere Tagwerker waren gedungen, um endlich mit der ersten Feldarbeit, dem Ausfahren des Düngers auf unsere Wiesen, zu beginnen.

Nun aber schrie ich so gotterbärmlich, zeigte mich überhaupt so unzufrieden in dieser Welt, daß man ernstlich besorgte, ich möchte gleich dem zwei Jahre früher geborenen Bruder Josef in den Himmel nachfolgen und auch ein Engelein werden.

Das nun hätte sogar meine Taufpatin (das Gottle) nicht mehr gerne gesehen, da es ja am Brüderchen schon den von jeder Taufpatin gewünschten, schuldlosen Fürsprecher beim lieben Gott hatte.

Noch besorgter um das schwächliche Kind war der Vater.

Zum Ausführen des Düngers hatte er keine Lust mehr, und auch die Tagwerker schickte er nach dem Morgenessen mit dem vollen Taglohn heim und ließ die fleißigen, kargen Nachbarn darüber sagen, was sie wollten.

Später, als ich ordentlich wuchs und gedieh und mich überhaupt wie jedes andere Menschenkind benahm, soll er mehrmals geäußert haben: er halte es für eine schlimme Vorbedeutung, daß ich ihn gleich beim Kommen durch die erregten Besorgnisse von seiner Berufsarbeit ferne gehalten, den regelmäßigen Geschäftsgang unterbrochen habe, und fast fürchte er, daß ich niemals ein echter Bauer werde. Dies nun würde ihm ungemein leid gewesen sein. Wie anders denn als Bauer sollte hier zwischen diesen Bergen, im engsten schattigsten Achtale, ein wenig bemittelter Mensch sein Leben durchbringen?

Nach einer mündlichen Überlieferung soll die Familie Felder von einem Gefangenen und in der Gefangenschaft schnell beliebt gewordenen Ungar abstammen, welcher in den Jahren 924 bis 954 von der schwäbischen Seite des Bodensees den Gebirgen zuzog, weil eine Schwarzwälderin es ihm so angetan hatte, daß er lieber unter deutschem Namen mit ihr in den noch unbewohnten Bregenzerwald fliehen, als mit seinen ungesitteten Landsleuten die Früchte deutschen Fleißes als Beute teilen wollte. Der Beweis hierfür freilich würde nur schwer oder gar nicht zu erbringen sein.

Eigentümlich aber bleibt es, daß sich in der Bevölkerung das Bewußtsein ihrer Abstammung aus dem Schwarzwalde fast einzig nur durch diese Erzählung erhalten hat. Noch heute wird jeder, der ein F als Anfangsbuchstaben seines Namens auf dem Hemde trägt – also jeder Felder –, für einen etwas wunderlichen Kauz, für einen geborenen Sonderling angesehen.

Mancher mag wohl gerade dadurch etwas trotzig und sonderbar geworden sein; denn der, welchen einmal die öffentliche Meinung verurteilt oder auch nur auf die Seite wirft, stellt sich, wenn's ihm nicht ganz an Selbstgefühl mangelt, nur allzuleicht der Mächtigen gegenüber, die hier allen und vielen die einzige Erzieherin und Führerin durchs Leben wird.

Unter den vielen Kindern, deren Geburtstage mein Großvater auf das letzte Blatt unserer 300jährigen Heiligenlegende schrieb, war mein Vater das älteste, welches am Leben blieb. Früh schon mußte er nicht nur schwere, durch das große unbequeme Anwesen geforderte Arbeiten, sondern auch das Hausregiment vom kränkelnden Vater übernehmen. Letzteres war um so schwieriger, da es von meinem Großvater allgemein hieß, er habe sogar den Löffel im Korbe verpfändet. Das alte Versatzbuch scheint auch wirklich einem derartigen Gerede wenig entgegenstellen zu können. Vom Vater wurde nun freilich durch manche Rechnung ein so dicker Strich gemacht, daß er wohl die blutsaure Mühe verrät, mit welcher der Fleißige es zum Durchstreichen gebracht hat. Dabei aber erwarb er sich immer mehr das Vertrauen der Dorfbewohner und die Achtung sogar derjenigen, die ihres Geld- und Familienstolzes wegen nicht ganz mit Unrecht »die Adeligen« genannt wurden. Ihm, der früher sich überall zurückgesetzt sah, tat das gewiß in der Seele wohl. Dennoch blieb er dem armen, fleißigen Mädchen treu, welches früher schon stets treulich zu ihm gehalten hatte, und vergebens winkten ihm die Kinder des Glückes mit goldenem Lächeln in ihre schönen Häuser. Er wollte nun alles nur durch sich selbst, und zehn Jahre lang hat er unermüdlich gearbeitet und gesorgt, um dann seine Braut in ein etwas geordnetes Hauswesen einführen zu können.

Das geschah nach Ostern 1836 in seinem 32. Lebensjahre, die Mutter war fünf Jahre älter.

Auf der Rückseite eines alten gelöschten Pfandbriefes sind von seiner Hand alle aufgeschrieben, die an seinem Hochzeitsmahl teilnahmen. Hintendran steht, daß ihm 1837 das erste Kind geschenkt, aber vom himmlischen Vater bald wieder zu seinen Engeln genommen worden sei. Um so ängstlicher sorgte man jetzt für mich, und Base Dorothe, mein Gottle, hat mir erzählt, daß nach dem Essen dem Tischgebete fast jedesmal noch besonders ein Vaterunser für mich angehängt worden sei.

Von dieser Base – es war die jüngste Schwester meines Vaters – habe ich das meiste, was aus den ersten Jahren meines Lebens einigermaßen bemerkenswert ist. Sie wohnte bei uns im Hause und war meine Wärterin, wenn die Mutter dem Vater bei der Feldarbeit half; denn sie selbst litt schon damals an einer Gliederkrankheit, so daß sie nur noch bei der Stickerei sitzen oder leichtere Feldarbeiten verrichten konnte. Meine Pflege mag sie wohl manchesmal zu sehr angestrengt haben, aber sie übernahm alles mit größter Freude.

Ihr, die ans Leben und Arbeiten im Freien so gewohnt

war, wurde es ein Trost, nun die fast endlos scheinenden Sommertage mit mir herumzubringen.

Als ich einmal gehen konnte, bewachte sie jeden meiner Schritte mit der Ängstlichkeit kränkelnder Personen, denen im Gefühl ihrer Schwäche leicht jede Bewegung bei anderen anstrengend und gefährlich erscheint. Vermehrt ward später diese Ängstlichkeit noch dadurch, daß die besorgte Beobachterin aller meiner Tritte mich etwas kurzsichtig fand. Man sah nun auch wirklich einen anfangs ganz unbedeutenden weißen Fleck auf meinem rechten Auge größer werden. Zuerst war die Sache Familiengeheimnis. Die fromme Mutter sagte: da könne nur Gott helfen; zu dem aber habe sie schon vor meiner Geburt in schlaflosen Nächten manches und manches Vaterunser, ja sogar ganze Rosenkränze gebetet. Es sei ihr nämlich schon lange vorgelegen, ihr Kind würde so werden wie jener vom Schnee geblendete Tannberger, dessen Blick sie im Winter einmal so erschreckte, daß sie ihn gar nicht mehr aus dem Gedächtnisse zu bringen vermocht habe.

Den Vater und seine Schwester, das Gottle, erschreckte diese Mitteilung weit mehr, als was sie vorher entdeckt hatten. Sie bekamen aber bald auch mit der Mutter zu tun, die sich's immer schwerer nahm und es für eine unverzeihliche Gewissenssache hielt, daß sie ihr Kind nun mit solch einer Vorstellung auf sein Lebtag unglücklich gemacht haben sollte; man erinnerte sie daran, daß nunmehr sie ja auch für ein zweites Kind zu sorgen habe und nicht durch unnütze Selbstquälerei diesem noch ungeborenen, armen Wesen die Mutter krank machen dürfe.

Aber sowohl derlei Zusprüche wie das Jammern der Verwandten und der durch sie ins Dorf gebrachte Lärm, dessen Echo die Arme täglich von gut meinenden Trösterinnen hören mußte, regten sie immer mehr auf. Natürlich brachte jedermann mit einer ganzen Menge frommer Trostgründe auch immer wenigstens einen guten Rat mit. Das und dieses Mittel, der und jener Arzt wurden dringend empfohlen und sofortiges Handeln fast stürmisch verlangt, wenn man vor Gott und Menschen der heiligen Elternpflicht nachzukommen gedenke.

Je länger man jammerte, tröstete, riet und befahl, desto weniger wußten die Eltern, was sie tun oder lassen sollten. Von der öffentlichen Meinung um so abhängiger, weil ihnen, wie hier wohl den meisten Bauern, das Walten des Arztes überhaupt wie halbes Hexenwerk erschien, war es ihnen ordentlich eine Erleichterung, als man sich überall mehr und mehr in unbeschränktem Lob eines aus der Nachbargemeinde Au stammenden Arztes erging, der sich eben in einem Tiroler Dörfchen häuslich niedergelassen hatte.

Ein familienartiges Gefühl der Zusammengehörigkeit hat sich unter den Bewohnern des Bregenzerwaldes immer erhalten. Es umschließt auch jetzt noch sogar jeden Ausgewanderten, solang er heimatliche Sitte und Art nicht ganz abstreift. Man ist zum voraus überzeugt, daß die Bregenzerwälder zu allem Rechten das Zeug hätten, aber man glaubt, daß sie trotzdem von Gott nicht zu den höchsten und wichtigsten Ämtern, überhaupt nicht zum Viellernen, sondern dazu berufen seien, durch fleißige Pflichterfüllung bei blutsaurer Bauernarbeit mit den Angehörigen den Himmel zu verdienen, wo dann erhöht werde, wer hier sich erniedrigte und demütig den Weg wandelte, der von Gott ihm vorgezeichnet ward. Läßt nun aber die Vorsehung trotzdem doch einmal einen aus seinem Dorfe vom Gütchen des Vaters weg, auf einen nur ein wenig erhöhten Platz, dann ist's schon etwas Ausgemachtes, daß er seine Sache wie sonst wohl kaum der hundertste versteht. Ja, in der Wärme, mit welcher seine treue Heimat ihn immer noch umfing, wächst sein Name in kurzer Zeit zu einer Bedeutung, die schon manches auf Abwege gekommene Landeskind zuerst zu beschämen, dann wieder zu heben vermochte.

Auch von dem erwähnten Arzt wußte man kaum etwas mehr bestimmt, als daß er nun Kranke behandle. Doch jeder hätte sich gern von ihm, dem Schulgefährten, dem Landsmanne, behandeln lassen. Unpäßlichen Leuten wurden eigens durch teuer bezahlte Boten Medizinen von ihm über den Arlberg gebracht, und sein Ruf wuchs um so mehr, weil solche Leute – es waren selbstverständlich meistens Wohlhabende – sich denn doch nicht an einen schlechten Ratgeber gewendet hätten. Mein Vater war freilich von der hier herrschenden Sucht, den Reichen alles nachzuglauben und nachzutun, so frei als einer; aber der Herr Doktor war ein Herr Vetter von ihm, und sogar die leidende Schwester hatte schon ein solches Vertrauen zu dem berühmten Manne gefaßt, daß sie selbst sich noch über den Arlberg bringen lassen, ihr kleines Vermögelein der Gesundheit zuliebe herzhaft daran setzen wollte.

Oft, und niemals anders als mit feuchten Augen, hat das Gottle mir später erzählt, wie es ein großer, wunderbarer, unendlich langer und banger Tag gewesen sei, als wir unser Haus verließen, um Großes, für die ganze Zukunft Entscheidendes zu erleben. Eine Reise über den Arlberg war bei uns keine Kleinigkeit, wenn sie auch nur einen Tag in Anspruch nahm. Durch Beruf und Gewohnheit ist der Bauer fest an sein heimatliches Dorf gebannt. Er, der sich immer rühren und regen muß, kommt am allerwenigsten dazu, die Zeit der Erholung auch nur zu einem Ausflug ins Nachbardorf zu benutzen.

Auch mein Vater war noch nie recht über die Berge hinausgekommen, die meine Heimat mit dem Nachbardorf Au von allen Seiten umgeben und gleichsam von der ganzen Welt abschließen. Schon manchen Morgen war er von den Seinen weg zum gefährlichen Heuziehen über die tiefsten, nur stellenweise von Lawinen überbrückten Abgründe; nie hatte der Starke gezittert, immer fest und heiter den ihn umgebenden Gefahren ins Gesicht gesehen, solang es nur ihm galt und er mit seiner ganzen Kraft sich regen und rühren konnte. Nun aber sollte er weg von der jammernden Mutter, die jetzt seiner gerade doppelt und dreifach bedurfte, nun sollte er sein liebes Kind, seine leidende Schwester fremden Händen anvertrauen, sollte selbst eigentlich nichts, gar nichts mehr tun können.

In dem kleinen Dörfchen, wo die fünfhundert Einwohner alle ihre Verhältnisse übersehen, war unsere Abreise ein Ereignis, an dem alles den lebhaftesten Anteil nahm. Das Gottle sagte mir, »Freunde, Nachbarn und Verwandte« hätten sich vor dem Hause versammelt und es sei gerade gewesen, als ob man von hier eine liebe Leiche zum Vergraben abholen wollte. Auch geweint sei worden, und mein Vater habe die sonstige Festigkeit so ganz verloren, daß er, während man ihm das kaum anderthalbjährige Kind zu dem anderen Gepäck auf den Rücken lud, noch einmal mit zitternder Stimme fragte: »Sollen wir oder sollen wir nicht?« Und dann, als keines der Anwesenden vor Rührung ein entscheidendes Wort sprechen konnte, rief er mit einem schmerzlichen Blick zum tiefblauen Himmel aus: »Du großer Gott, warum willst nicht Du uns eine Deutung, ein Zeichen geben in dieser Not, die wir von Dir haben annehmen müssen?« Die Mutter, sonst die fassungsloseste, war jetzt mutiger als alle anderen. »Man muß das Seine tun, das ist wohl die Deutung des Himmels, der keinem Menschen mehr aufladet, als er tragen kann und zu seinem Heile mit der Gnade Gottes tragen soll«, sagte sie, während sie mich noch sorgfältig einhüllte. Das Gottle hatte unterdessen mit Hilfe des Führers ein Saumpferd bestiegen. Der Vater beeilte sich noch, die mir von allen Seiten zugesteckten Leckereien einzupacken – dann ging's durch das enge Achtal hinein, über den Lech nach Stuben und über den Arlberg.

So lernte ich denn in fremdem Land unter fremden Menschen das Wort »Vater« sprechen, und der Gerufene hörte es nicht. Er trug mich bis ins Haus des Arztes und eilte dann – ohne sich länger als eine Nacht Ruhe zu gönnen – wieder von uns weg zur Mutter zurück. Wie gern er auch geblieben wäre, es trieb ihn die Sorge, die fleißige Bäuerin möchte, um einige Zerstreuung zu finden, sich bei der eben beginnenden Heuernte mehr anstrengen, als ihr Zustand erlaubte. Nur durch Briefe, die damals Wochen und Monate auf der Post zu reisen hatten, vernahm er zuweilen etwas von uns. Diese Briefe sind aber weniger Berichte über unser Befinden, unsere Behandlung und ihren Verlauf, als fromme Trostreden mit dem Bedeuten: durch die Hilfe Gottes könne alles noch ganz gut werden. Der letzte dieser Briefe – im September 1840 – ersucht den Vater, die Kranken noch vor Beginn der kälteren Jahreszeit abzuholen, und meldet, daß mein *linkes* Auge – also nicht das, welches zu behandeln war – infolge einer eingetretenen Entzündung für immer verloren sei. Die erste Folge dieses Briefes war die verfrühte Geburt meines jüngeren Bruders, der nur auf die Welt kam, um sich christlich bestatten zu lassen. Als der Vater die Wöchnerin wieder für einige Tage verlassen zu können meinte, eilte er zu uns und erfuhr nun von der Schwester, deren Zustand sich auch nicht gebessert hatte, daß ich ganz anders heimkommen könnte, wenn der Doktor ihrem guten Rat und ihren dringenden Bitten gefolgt hätte. Er sei nämlich einmal in ganz ungehörigem Zustande heimgekommen und habe sich dann trotz allem Einreden sofort an meine Augen gemacht. Dem Gottle grausete es so, den betrunkenen Mann da so gefährliche Arbeit tun zu sehen, daß es das Zimmer verlassen mußte, um, wie es später oft sagte, nicht rasend zu werden. Am anderen Tage war mein linkes Auge – sonst gesund und klar – entstellt und verdorben.

Die Tage der Heimkehr hat das Gottle immer die traurigsten seines Lebens genannt, wie viel Schmerzliches es auch hernach selbst noch auszustehen hatte.

II.

Daß ein Ereignis, welches für meine ganze Zukunft entscheidend werden mußte, schon so früh eintrat, habe ich nie mit meinen Freunden und Verwandten bedauern können. Freilich ist's traurig, wenn dem Menschen schon früh, bevor er selbst sich sein Schicksal verdiente, dasselbe unerbittlich entschieden, wenn so mancher Weg, durchs Leben zu kommen, ihm schon zum voraus abgeschnitten wird. Aber ist das in unseren gesellschaftlichen Verhältnissen nicht fast mit jedem Menschen der Fall? Wirken nicht auf jeden die Verhältnisse, die Vorurteile und Fehler seiner Erzieher, seiner Umgebung und bestimmen sein Schicksal? Jeder trägt daran, und ich trug wohl nicht am schwersten. Gewiß nur wenigen Kindern stand ein so liebevoller Vater, eine so zärtlich besorgte Mutter samt einem Kreise teilnehmender Verwandter zur Seite. Schwere, zum Teile auch lebensgefährliche Arbeit und bitterste Sorge haben manches Elternherz verhärtet, so daß die ganze Erziehung einzig nur noch darauf hinausgeht, im zweiten Jahrzehnt ja mit dem Kinde wieder soviel hereinzubringen, als das erste seines Lebens an Barem und die Erziehung, oder vielmehr Abrichtung, an Zeit gekostet haben mag. Wäre nun auch von meinen Eltern so gerechnet und danach gehandelt worden, dann würde ich schlimme Tage bekommen haben. Sie aber rechneten gar nicht oder doch nur für mich, ihr einziges Kind. Sie zogen mich zu einem pausbackigen Mutterbüblein heran und umgaben mich mit vielleicht nur zu vieler Sorgfalt.

Mich an meinen Zustand zu gewöhnen, ward mir um so leichter, weil ich eigentlich denn doch von einem anderen wenig wußte und erst nach dem geschehenen Unglück meine Kräfte meinem Wesen gemäß zu üben begann. Nur das weiß ich noch, daß es mir zuweilen war, als ob mir die Nase nicht ordentlich mitten im Gesichte stehe, sondern etwas auf der Seite, wo sie dem freien Blick im Wege sei. Aber auch daran hatte ich mich in kurzer Zeit gewöhnt, und nun wäre es mir wohl kaum noch einmal eingefallen, daß etwas an mir nicht ganz in Ordnung sei, wenn ich nicht durch die Eltern, besonders die Mutter, fast täglich und stündlich daran erinnert worden wäre. Mit Schrecken sah diese mich – noch bevor ich die ersten Höslein anhatte – schon zu oberst und zuvorderst auf allen Bäumen und Büheln. Unter meinen Altersgenossen war keiner, der sich mir nachgewagt hätte. Gar manchen Vater kräftigerer Burschen verdroß es bitterlich, daß ich der kühnste, der gewandteste sein sollte. Meine Eltern, welche freudig von Franzmichels Heldentaten erzählten, wurden mit der Bemerkung gequält, daß ich halt die drohenden Gefahren gar nicht sehe und mich daher jeden Augenblick ohne Sorge wagen könne, wenn auch die Eltern nichts dagegen hätten. Das tat natürlich weh und vergrößerte wieder die Sorge der Armen, mich aber ärgerten die, welche uns mit dergleichen kamen, so, daß ich sie nach mehr als einem Jahrzehnt immer noch darum ansehen mußte.

Nun war es aus mit der Bewunderung, und nur noch bemitleidet und getadelt ward ich, wenn ich wieder einmal zeigen wollte, daß ich nicht etwa kurzsichtig sei. Auch meine Stellung zu den Kindern, mit welchen ich bisher spielte, wurde nun eine ganz andere. Mein Wesen und mein Benehmen hatte sie bisher sowenig als mich selbst an meinen Zustand erinnert. Nun aber lernten sie von ihren Eltern mich bedauern und wie einen Kranken behandeln. Wenn ich mich einmal regen und rühren wollte, wie mir's drum war – und ich hatte Mut und Lebenslust genug für ihrer drei –, so ward ich von den Knaben mit peinlicher Ängstlichkeit zu den Mädchen zurückgedrängt, welche sich dann darin gefielen, mich zu bemuttern. Die schönsten Beeren wurden immer für mich gepflückt, und dann konnten die guten Kinder fast weinen, wenn ich statt des Dankes ihnen sagte, daß ich nicht wie ein Halbjähriger behandelt sein wolle, weil ich ja doch selber zugreifen und mir helfen könne. Ich fühlte wohl, daß ich damit den weichen, gutmeinenden Wesen recht, recht weh tat, aber in diesem Stücke vermochte ich mich nun einmal nicht zu beherrschen.

Meine Gespielinnen wollten mich's niemals empfinden lassen, wenn ich sie verletzt und gekränkt hatte. Ja, sie verstanden es meisterlich, auf Umwegen ihre gute Absicht dennoch zu erreichen, und wenn ich's auch manchmal merkte, daß es nun wieder auf eine versteckte Bemutterung abgesehen war, so tat mir denn doch das zarte, liebevolle Vorgehen dabei gar bald so wohl, daß ich nicht mehr widerstehen konnte und mir alles gefallen ließ. Auch an den Spielen der Mädchen begann ich mehr und mehr Anteil zu nehmen. Ich schnitzte ihnen Wiegen für ihre Boppeln, mauerte kleine Küchen auf und war zu allem bereit und willig, wozu in den kleinen Haushaltungen – von den spielenden Mädchen gebildet – die Kraft oder Geschicklichkeit des Mannes erfordert wurde. Bald fühlte ich mich in dieser Gesellschaft unvergleichlich heimischer als unter den Knaben, die mich ja doch beständig nur zurücksetzten. Zuweilen freilich war's mir fast zu ruhig, nur den Familienvater oder den Handwerker für meine Gemeinde zu spielen, aber auch da wurde bald durch einen Zufall geholfen.

Ein Mädchen hatte für seinen kleinen Haushalt eine Kuh nötig. Nun wurden gewöhnlich beim Spielen die rötlichbraunen Tannzapfen für Kühe gehalten, wie schon unsere Sprache sie Tannenkühe nennt, und da wir uns gerade in der Nähe des freundlichen Wäldchens hinter dem Dorfe befanden, eilte ich sofort, einen stolzen Stamm zu besteigen, der ziemlich weit hinauf kaum einen halb dürren Ast hatte. Als die Mädchen sahen, was ich wagen wollte, schrieen alle laut auf und eilten, mich zurückzuhalten, so hastig herbei, daß einige in der Eile ihr kleines, zwischen bemoosten Steinen eingerichtetes Hauswesen zerstörten. Aber im Drange, mich noch auf Gottes sicherem Erdboden zu erwischen, achteten sie darauf nicht mehr. Trotzdem kamen sie schon zu spät, denn wie eine Waldkatze war ich hinauf geklettert, und statt meiner kamen einstweilen auf alles Bitten und Betteln,

Beschwören und Drohen nur meine schweren, unbequemen Holzschuhe herunter. Noch ein halbes Minütchen Lärm – großer Lärm – dann hagelte es frische Tannenkühe, daß ein kräftiger Waldgeruch, der geschüttelten Frucht entströmend, ringsum die Luft zu schwängern begann. Jubelnd trugen die Mädchen, was ich herunterwarf, zusammen, und das Schelten begann erst dann aufs neue, als ich selbst wieder herabkam und durch meinen Spott sie nochmals an die meinetwegen ausgestandene Angst erinnerte. Aber dieses Schelten klang jetzt gar nicht mehr wie sonst. Es war Bewunderung darin, und zu mir sprach daraus etwas wie das Gefühl, mein Wesen sei denn doch ganz anders geartet als das ihrige. Beinahe scheu standen meine Gefährtinnen, die wohl etwas ähnliches empfinden mochten, im Kreise herum und schauten mich groß an.

Auf einmal richtete ich mich stolz auf und lachte und ballte die Faust und dünkte mich wunder was. Als dann drei Burschen in den Wald hereinlärmten und den Mädchen die von mir gewonnenen Kühe nehmen wollten, ja da warf ich zwei derselben nieder mit einer Kraft und Gewandtheit, über die ich selbst noch erstaunter war als die anderen.

Von diesem Tage an änderte sich mein Verhältnis zu allen meinen Altersgenossen, den männlichen sowohl als den weiblichen. Jetzt versuchten es die Knaben umsonst, mich zuweilen von ihren kühnsten Unternehmungen zurückzuhalten, und wenn ich trotzdem noch lieber die stille, friedliche Gesellschaft der Mädchen suchte, so kam das nur davon, weil mir das ungehobelte Wesen der wilden Burschen recht von Herzen zuwider war, weil ich jede ihrer Derbheiten wie einen auf mich gerichteten Hieb empfand. Daß ich deswegen mancherlei Spottreden hören mußte, läßt sich denken. Ich war auch jetzt dafür durchaus nicht mehr unempfindlich, und der Name »Mädchenheld«, den ältere Burschen mir auftrieben, als Übername, konnte mir die Gesellschaft meiner sanften Gespielinnen für ganze Wochen verleiden.

Aber die derben Spiele der Burschen mit ihren hölzernen Rossen und Kühen – den einzigen Spielsachen, die Eltern und Basen verschafften – hatten trotzdem für mich nichts Anziehendes. Vor den wirklichen lebendigen Rossen hatte ich soviel Furcht, daß ich sogar die geschnitzten und bunt bemalten niemals ohne geheimes Grausen anzusehen vermochte. Die aus Erlenholz geschnitzten Kühe, deren Euter wenigstens so groß sein mußte als ihr Bauch, waren mir schon etwas lieber. Zuwider jedoch blieb mir die Art, wie nun mit diesen Tieren gespielt ward, so natürlich sie auch dem Wesen des Bregenzerwälders sein mochte. Hier zwischen unseren Bergen kommt kaum ein Obstbaum auf, und kein Feldbau will recht gedeihen. Die Kuh ist für die Bevölkerung das wichtigste Werkzeug. Nur durch sie läßt sich der Segen unserer Wiesen und Berge in Bares verwandeln. Ihre Milch, zu Butter und Käse bereitet, bildet bis in die neueste Zeit fast den einzigen Handelsartikel des abgeschlossenen Achtales mit seinen 17.000 Einwohnern. Auch von den spielenden Knaben wurden ihre hölzernen Tiere nur als Werkzeuge behandelt, und schon das tat mir weh. Unmöglich konnte ich sehen, wie solch ein Tier auch nur in seinem schlechten Bilde geschlachtet, mit scharfem Messer zerstückt wurde, sobald man von ihm sagte, daß es zu wenig Milch gebe. Dieser dem Wesen des Knaben überhaupt eigene Umschaffungs- oder meinetwegen Zerstörungstrieb, der an seinen Kühen und Rossen sich nur durch das gewiß etwas verrohende Schlachten zu äußern vermochte, hat mich zuerst auf die wirklichen Kühe und ihre Stellung zum Menschen aufmerksam gemacht.

Was kümmerte mich damals Handel und Verkehr! Mir war es peinlich, den Menschen mit lebenden fühlenden Wesen scheinbar ganz nach Willkür walten, sogar über Leben und Tod bestimmen zu sehen. Noch weiß ich's, wie ich bitterlich weinte, als einst der Vater sagte, daß am nächsten Markt der gelbe Weißfuß verkauft werden müsse. Hatte doch das gute Tier uns den Sommer hindurch mit süßer Milch versehen. Und wenn es drüben hinterm Hause am Fuß des tannengekrönten Berges stand und weidete, daß sein Glöcklein läutete, es sprang doch immer gleich auf den ersten Ruf von den anderen Kühen weg zu mir an das Gatter in der Mauer, welche die Gemeindeviehweide von den Heuwiesen abschloß. Willig ließ es sich in den Stall führen, an den Hälsling binden und melken. Und nun, da es weniger Milch gab und kein Kalb mehr trug, sollte es zum Danke dafür verkauft werden? »Nein, einfältiger Franzmichel«, sagte mir der Vater freundlich und weich, »dafür muß dein Weißfuß nicht verkauft werden, dafür hab' ich ihm ja den Sommer hindurch gutes Futter gegeben in der Viehweide am Berg.«

»Das ist von selbst gewachsen«, murrte ich.

»Aber ich muß Zins und Steuer und Abgaben zahlen zum Augenübergehen, daß man mir den Weideplatz überläßt.«

»Das kann ich schon auch«, sagte ich stolz und eilte, meine kleine Sparbüchse zu holen.

Lächelnd zählte der Vater, was ich zusammengespart hatte. Dann sagte er: »Es müßte wenigstens zehnmal mehr sein, bis es kleckte. Denke dir nur, ich hätte einen Wagen zu machen für soviel Geld, also wenigstens eine Woche zu schaffen.«

Der Vater war nämlich nebenbei auch Wagner und hatte sich im langen Winter und an regnerischen Sommertagen mit seinem Handwerk schon manchen Gulden verdient. Ich stand oft neben ihm am Schraubstock und sah ihm so aufmerksam zu, daß es mir nie entging, wenn er, meine Aufmerksamkeit prüfend, nur ein Werkzeug nicht an seinen gewöhnlichen Ort legte. Es machte ihm sichtlich Freude, wenn ich ihn für jedes scheinbare Versehen ein wenig meisterte. Noch glücklicher jedoch machten ihn die vielen Fragen des Knaben, der es z. B. lange nicht begriff, warum denn andere Leute ihre Heuwagen nicht auch selber machten? Endlich war es aber gelungen, mich zu verständigen, wie und warum der Schneider Häs, der Bäcker Brot, der

Wagner Wagen für alle zusammen mache. Ich begriff daher viel leichter, als er nun auch seine Gründe für das Verkaufen der Kuh an das früher Gesagte knüpfte, und da man mir dann ein ganzes Schnupftuch voll Birnen, die hier eine Seltenheit sind, und einen neuen Hut vom Markte mit heimbrachte, war ich einstweilen gänzlich zufriedengestellt.

Als aber nach etlichen Tagen auch die letzten der süßen Früchte verzehrt waren, begann mich etwas zu beunruhigen, was ich nicht ungern meine ersten Gewissensbisse nennen möchte. Es war doch Unrecht, herzlos im Genusse des treuen Tieres zu vergessen, welches ihm zum Opfer ward, indem ja der Vater von der am Markttag erhaltenen Summe für mich eingekauft hatte. Mir machte das wochenlang um so mehr Kopfarbeit, weil ich's ganz allein in mir verwerchen mußte. Dem Vater nämlich wagte ich durchaus nichts mehr davon zu sagen, denn ich hatte das Gefühl, er müßt' es wie einen Vorwurf empfinden; auch der Mutter vertraute ich's nicht an, weil ich gewohnt war, sie beide immer nur als eines anzusehen. Unsere anderen Kühe waren jetzt auch wieder von der Alp zurück, welche der Vater gemeinsam mit seinem Bruder Johann Josef und seiner verheirateten Schwester Serafine bewirtschaftete. Ich aber mochte jetzt nie mehr mit dem Vater in den Stall. Abends, wenn die Mutter die frisch ausgegrabenen Erdäpfel ob das Feuer brachte, abendlete ich mit dem Gottle in der Stube und lernte von ihm das katholische Glaubensbekenntnis und das Vaterunser beten. Einmal nun nach einer kurzen Einleitung – ohne die ließ ich selten etwas durch – kam ich auf das verkaufte liebe Tier zu sprechen. Ich machte alles so klar, wußte soviel Gutes von der unglücklichen Kuh, und auf meiner Seele lag das ihr geschehene Unrecht so schwer, daß mir schließlich das Lächeln der sonst so zart fühlenden Base das Wasser in die Augen trieb. Das machte dann auch sie weinen. Während ihre zarte Hand mich neben sie hinzog und mir die Träne abwischte, begann sie ungewöhnlich ernst: »Du liebes gutes Kind! Wir alle haben das einmal durchmachen müssen.

Noch weiß ich's ganz gut, wie der Jakob, dein Vater, zum ersten Male auf den Viehmarkt ging mit seiner Lieblingskuh, die neben ihm aufgewachsen war. Er sah ganz bleich aus und zitterte, daß er das unwillige Tier kaum zu führen vermochte.«

»Und warum hat er es denn doch fortgetan?«

»O Gott! unser Vater war krank, und vom Erlös mußte der Doktor bezahlt und mußten mir und den anderen Geschwistern Kleider für den kalten Winter gekauft werden.«

»Das war hart, Gottle, und da hat denn freilich auch die Kuh mithelfen müssen.«

»Gewiß, wie man für sie auch jahrelang sorgte, besser als man es für sich selber konnte.«

Und noch manchen Abend redeten wir von ähnlichen Fällen, bis ich endlich begriff, wie dem Bauer seine Tiere nur Werkzeuge sind und wie die Not der Seinen, die Sorge ums tägliche Brot, auch den besten zuweilen wirklich hart gegen sie zu machen imstande ist. Klarer noch, aber auch unerträglicher war mir das im Winter, wo ich unsere sechs Kühe vom Vater mit der Ängstlichkeit versorgt sah, die man sonst nur für einen launischen Wohltäter, etwa so einen alten reichen Erbvetter, zu haben pflegt. Das Unwohlsein, das Kalben eines der Tiere und ähnliche Stallereignisse waren fürs ganze Haus höchst wichtig und brachten meine Eltern halbe Wochen lang fast um allen Schlaf. Da sah ich sie zittern für das, was der Schweiß und die blutige Sorge von Jahren ihres Lebens zusammengebracht hatte.

War mir früher das Los unserer Haustiere wegen ihrer vermeintlichen Abhängigkeit als ein sehr bedauernswertes erschienen, so mußte ich jetzt mehr und mehr uns selbst von ihnen abhängig sehen und bedauern. Nun konnte ich den Stall nur noch mit einer gewissen Scheu betreten. Ich war zuweilen recht böse auf die närrischen Tiere, um derentwillen der Vater im strengsten Winter mit Lebensgefahr die höchsten Berge besteigen mußte, um das im Sommer mühevoll gesammelte Heu an Tod drohenden Abgründen vorüber heimzuführen. Mehr und mehr verstand ich, warum die Summe löblicher Kuheigenschaften in der Regel nur durch Taler ausgedrückt wurde. Ich begann das harte Erdenlos des Kleinbauern immer schmerzlicher zu empfinden und den Wert des Geldes kennen zu lernen.

Jetzt auf einmal kam das bisherige Spielen und Herumklettern mir nicht nur ungemein einfältig, sondern geradezu wie ein großes Unrecht vor, welches ich Rücksichtsloser an den von ewiger Arbeit und Sorge gequälten Meinigen beging. Mit beinahe verächtlichem Lächeln wies ich die freundlichsten Einladungen bisheriger Gespielinnen zurück und blieb daheim, wo ich stets dem Vater zu helfen, der Mutter einen Gang zu ersparen suchte. Als einmal der Winter uns in die Stube sperrte und den Vater wieder beinahe ganz zum Wagner, die Mutter zur Stickerin machte, ward ersterem der Diensteifer des Knaben nur gar zu groß. Ich wollte auch mit Bohrer und Säge arbeiten, so daß die Sorge, ich könnte mit den scharfen Werkzeugen mich beschädigen, ihn kaum noch ruhig arbeiten ließ; noch mehr beunruhigte ihn mein Eifer außer dem Hause, wenn ich etwa nur unter der Aufsicht der Base blieb. Er schickte mich mehrmals zu anderen Kindern. Aber wer im schönen Herbst, wo die abgemähten Wiesen bloß für unser Hüpfen und Spielen da zu sein schienen, dem so munteren Treiben entsagte, dem ist im Winter so etwas vergebens wieder empfohlen.

Die jungen Knaben, die noch nicht in die Schule geschickt werden, sind während der strengen Jahreszeit wahrhaftig zu bedauern. Den ganzen Tag und ein ganzes Halbjahr sollen sie ruhig in der kaum mit einem schlechten Heiligenbilde geschmückten Stube sitzen, wo es ihnen sowohl an erfreulicher Mannigfaltigkeit der Spielsachen als an munteren Spielen fehlt, wie sie anderwärts Körper und Geist der Kinder üben und beschäftigen. Die Burschen sah ich da und dort bei der Spielkarte sitzen, welche mancher früher als das A, B, C kennen lernte. Die Mädchen dagegen hatten an den Stickereien älterer Schwestern oder der Mütter ihre Geschicklichkeit mit gutem Erfolge versucht und arbeiteten jetzt am eigenen Stickrahmen für die kleine Sparbüchse. Mir gefiel das am besten. Ich ersuchte den Vater, mir auch für so eine schöne einträgliche Beschäftigung zu sorgen, wenn mir das Gottle seine Stickerei nicht anvertrauen dürfe. Es wollte ihm aber nichts Passendes einfallen, bis ich einmal dem Gottle eine seiner zierlichen Stickereien so gänzlich verdarb, daß dem Arbeitgeber der Stoff bezahlt werden mußte. Das wirkte. Zwar das erste Erträgnis meiner Leistungen war nur eine tüchtige Strafpredigt. Man traute aber ihrem Erfolge so wenig, daß man jetzt alles Ernstes für mich auf eine passende Beschäftigung sann. Endlich fertigte mir des Vaters geschickte Hand einen kleinen, ungemein einfachen Webstuhl, und Vetter Weber, ein Nachbar, zeigte mir, wie man da aus rohem Garn Bänder für den Hausgebrauch anfertigen könne. In einem halben Tag war meine Lehrzeit überstanden. Zuerst gab's nun freilich zuweilen für mich noch sehr verwickelte Fälle, und ich mag für mehrere Groschen Garn verdorben haben. Der Vater, sonst sehr sparsam, tröstete mich hierüber und sah mich lächelnd durch Schaden klüger werden.

Übung macht den Meister. Bald ging alles nach Wunsch, nur daß es meiner Arbeit lang vor dem Ende des Winters schon an Käufern fehlte. Da entstanden täglich dreißig bis fünfzig Ellen Band. Soviel aber wußte man unmöglich zu verbrauchen, obwohl man bei mir zehn Ellen für einen Groschen haben konnte, wovon dann so der dritte Teil als Arbeitslohn in meine Sparkasse fiel. Ich begann daher meine Ware als Hausierer im ganzen Dorf an den Mann zu bringen. Die Leute hatten ihre Freude an dem kleinen Händler. Ich befliß mich auch, gegen jedermann artig zu sein, und da sich mir gegenüber kein Mensch einigen Zwang antun mochte, habe ich schon früh das Eigentümliche jedes meiner Kunden so gut herauszufinden vermocht, daß ich sogar die Redeweise zur Belustigung meiner Vertrautern ganz treu wiedergeben konnte. Der Beifall, den das fand, schärfte meine Aufmerksamkeit mehr und mehr. Auch mir selbst wurden meine Beobachtungen immer wichtiger. Ohne Mühe kam ich darauf, wie sich am leichtesten mit den Leuten verkehren, am meisten von ihnen erreichen läßt. Zum Schmeicheln freilich hatte ich zu sehr das gerade Wesen meines Vaters, mochte zu gern die gemachten Beobachtungen verwerten, aber ich wußte auch zu schweigen und verstand es, etwas Artiges zu sagen, ohne daß es geradezu eine Schmeichelei genannt werden durfte. Und je mehr ich andere Menschen beurteilen und nach der Verschiedenheit ihres Wesens zu behandeln mir angewöhnte, desto mehr ward ich mir auch meiner Eigenart bewußt.

Aber nicht nur beim Verkauf, auch bei Erzeugung meiner Ware hatte ich frohe Stunden. Zuerst arbeitete ich nur daheim und dünkte mich nicht wenig, wenn ich meinen Webstuhl auf den Tisch aufgestellt hatte und man dann zwischen die wuchtigen Hammerschläge des Vaters hinein mein kleines Schifflein im aufgespannten Garne rauschen hörte. Am kurzweiligsten war's, wenn auch das Gottle daheim blieb: da mußte es mir dann von der und jener Person erzählen, die mir durch etwas beim Hausieren an ihr Beobachtetes merkwürdig genug war, daß ich, um Näheres über sie zu erfahren, mir nicht nur ihr Aussehen, sondern auch Lage und Nummer ihres Hauses merkte. Das Gottle hatte eine ganz eigene Gabe, das Wesen eines Menschen bei seinem Kern zu erfassen und in wenigen Zügen wiederzugeben. In langen Sommertagen, die es allein oder mit mir zu Hause verbringen mußte, hatte es nur schon zu viele Gelegenheit, über die Schicksale seiner wenigstens äußerlich glücklicheren Schulgefährtinnen, ja aller Bekannten, nachzudenken. Es sagte auch oft, daß es seinen Trost gewinne in der Betrachtung menschlicher Verhältnisse und in der Erkenntnis, daß jeder sein Teil zu tragen bekomme oder sich selbst auflade. Da lerne es dann sein Leiden geduldig tragen, obwohl man das Wohltätige an eigenen Widerwärtigkeiten weit weniger einsehe als an Heimsuchungen, die Gott anderen Menschen zugeschickt habe. Es war mir eine Wohltat und Genuß, vom klarsehenden, liebevollen Bäschen mir menschliche Dinge und Verhältnisse zeigen zu lassen.

Leider blieb es, wenigstens solange es sticken und gehen konnte, nur selten einmal daheim, wenn auch der Vater da war und mit seiner Wagnerei ein Gerumpel machte, welches noch Gesunderen als dem Gottle leicht einiges Kopfweh verursachen konnte. Die Stickerinnen, wenigstens die verheirateten, bleiben überhaupt nicht gerne allein zu Hause. Es plaudert sich ganz allerliebst, während die weiße, geübte Hand den kaum weißeren Faden durch den feinen Tüll auf und ab zieht, daß Nadel und Fingerhut immer wie im Takte dazu klappern. Drum geht die Stickerin fast jeden Tag mit ihrem Stock oder Rahmen zu irgendeiner Nachbarin zur Stubat; am liebsten selbstverständlich zu der, welche man heute schon auch von zwei anderen besucht werden sah. So recht vertraute Gespräche werden freilich auf der Stubat nur selten gehört. Man liebt es mehr, zu necken als offen zu sprechen. Zuweilen kommt man, aber nur ein klein wenig – ins Klatschen hinein, doch in der Regel pflegt in der wohltuenden Stubenwärme der gesunde Humor der Bregenzerwälder immer seine schönsten Blüten zu treiben. Das Gottle lebte in solchen Gesellschaften, wo es seine Leiden vergaß und sich wieder einmal den anderen gleich fühlte, ganz neu auf. Es war auch so willkommen auf jeder Stubat, daß man sogar mich als sein Anhängsel mitsamt meinem Webstuhl duldete. Aber wie gern ich zuweilen auch in größerer Gesellschaft arbeitete, um meine Künste zu zeigen, es wollte mir doch nicht recht behagen, wo ich vom Gesprochenen so wenig verstand, auf meine Fragen häufig nur ein Gelächter als Antwort erhielt und mir überhaupt wie das fünfte Rad am Wagen vorkommen mußte.

Ich begann daher, mir eigene Häuser, eigene Gesellschaft zu suchen. Wo es mir beim Hausieren besonders gut gefiel, blieb ich nun etwas länger, erzählte von der Bedeutung meines Geschäftes, frug, ob man nicht einmal meinen Webstuhl und mich daran arbeiten sehen möchte. Schenkte man mir bloß ein gefälliges Kopfnicken, so versprach ich, ohne noch auf eine Einladung zu warten, schon die nächsten Tage zu kommen. Die Leute ließen mich lächelnd gewähren, und mir war das genug, denn es machte mir wenig Sorge, die Hand zu bekommen, wenn man mir einmal den kleinen Finger überließ.

III.

Besonders lebhaft gedenke ich hier eines alten Mannes aus der Nachbarschaft, bei dem ich nun manchen Tag verbrachte. Zuweilen war er mit Stricken beschäftigt; häufiger jedoch pflegte er, sein Pfeifchen rauchend, beim Ofen zu liegen, denn es fror ihn leicht, und er meinte, in den verlebten neunzig Jahren schon sein Teil gearbeitet zu haben. Das war auch richtig. Er hätte nach allem, was man hörte, viel erzählen können von ausgestandenen Mühen und Plagen. Immer hatte er mit der bittersten Armut gekämpft, bis endlich seine fleißigen Enkel ihm das Leben etwas behaglicher gestalteten. Kam er aber einmal darauf zu reden, so brach er schnell wieder ab mit dem Bemerken, daß ihm ja das schon genug Jahre verbittert habe; viel zu viel, um sich nur noch eine Minute damit zu quälen. Lebhaft stand ihm seine früheste Knabenzeit vor der Seele. Er äußerte oft, der Umgang mit mir täte ihm darum so wohl, weil ich seinen liebsten Erinnerungen so leicht, so gern folge, während andere ihr mitleidiges Lächeln über den kindischen Alten nur durch ein Gähnen zu unterdrücken vermöchten. An mir hatte er auch wirklich stets einen eifrigen Zuhörer, wenn er des langen und breiten erzählte, wie es zu seiner Zeit gewesen sei. Ein klares Bild jener Zeit ließ sich freilich aus diesen Mitteilungen nicht gewinnen, dazu hatte er in einem viel zu engen Kreise gelebt und alles zu sehr vom Standpunkte des armen Handwerkers aus beurteilt oder gar nicht.

Aber was kümmerten mich auch die Ereignisse und Sitten jener längst entschwundenen Zeit, solange mir der Alte schöne wunderbare Geschichten zu erzählen wußte. Keine gelesenen, sondern jene Geschichten, die er als Knabe von der Mutter oder anderen Kindern gehört und später als Küfer an regnerischen Tagen den Arbeitgebern, die ihn besuchten, wieder gegen andere umgetauscht hatte. Merkwürdig war, daß sich alle so frisch in seinem Gedächtnis erhalten konnten, während ihm ein bedeutendes Dorfereignis der letzten Tage so leicht wieder verlorenging. Freilich wenn man ihn erzählen sah – und sehen mußte man ihn, nicht bloß hören –, dann fühlte man, wie ganz er in seiner schönen wunderbaren Welt lebte, wie sehr ihm, was vielleicht anfangs nur seinen Sinn von quälenden Sorgen abziehen, an schönen Tagen seine einsame Werkstätte bevölkern sollte, nach und nach ein liebes inneres Eigentum geworden war. Er erzählte von seinen Helden wie von ganz guten werten Bekannten, so daß alles den Eindruck des Selbsterlebten auf den Knaben machte. Der ließ bald sein Schifflein ruhen, rückte von der Weberei weg zu dem greisen Erzähler und horchte, bis die Mutter zum Essen rief.

Da hörte ich zuerst »vom hörnen Siegfried«. Wie der sich mit dem Blut eines erschlagenen Drachen ganz hörnig machte bis auf ein Plätzlein am Herzen, wo er dem Gefühle des Schmerzes von einer kleinen Wunde nachgab. Nun war er ein Mann, unser Siegfried! Fühlte ich mich doch selbst größer, stärker und weitete sich's ums Herz herum, als ich ihn immer Kühneres, Größeres unternehmen, ihn überall als mächtigen Helfer auftreten sah. Zuweilen war er mir fast zu groß, aber die nicht hörnige Stelle weckte doch wieder Besorgnisse und brachte ihn so mir menschlich näher. Drum war es mir dann fast leid, daß er abermals nach dem Drachenwalde ging, um womöglich noch mehr ähnliches Blut fließen zu machen, wodurch er dann ganz stich- und hiebfest werden wollte. In der Höhle des Drachen fand er eine schöne Prinzessin, die, vom Vater wegen ihrer Neigung verstoßen, mit ihrem Buhlen hier in der sorgfältig gemiedenen Höhle scheinbar ganz behaglich lebte und aus goldenen Gefäßen aß. Er erfuhr von der Jungfrau, wie lang die Zeit ihr geworden, wie gern sie heim wäre, wenn sie sich noch vor die Leute, besonders vor den strengen Vater, gewagt hätte. Nun stand ja ein Starker vor ihr, der sie mächtig schützen und zu Ehren bringen konnte. Es kostete Siegfrieden daher nicht viel Redens, bis sie mit ihm ging und den Schwächling seinem Zorn überließ. Die beiden heirateten sich dann, aber die Prinzessin war nicht glücklich. Siegfried ließ sich nicht leiten und beherrschen von ihr wie der in der Drachenhöhle. Als dieser nun später einmal als Gast in der Nachbarschaft war, sagte sie ihm, auf was für Art ihr Mann nicht unverletzbar sei, und welcher Gestalt er getötet werden könnte. Bald hernach, bei der Verfolgung eines Wildes, ermüdet eingeschlafen, wurde Siegfried von dem Buhlen der Treulosen kaltgemacht. Nun aber fühlte sich die Ehrgeizige mit ihren Gewissensbissen an der Seite des Schwächlings doppelt unglücklich. Jahrelang weinte sie um Siegfried, lieferte seinen Mörder und ihren Verführer dem Zorne des Vaters aus und beschloß ihr Leben in einem Kloster.

Diese Geschichte mußte mir der Greis so oft und so umständlich erzählen, daß ich sie mir in ihren Hauptzügen ziemlich treu wiederzugeben getraute. Mehr nachher Gedachtes und Geträumtes würde sich wohl einmischen, wenn ich mich auch an eine andere seiner Erzählungen wagte, die ich fast noch lieber vollständig geben möchte: »An einem Eichbaum war einem bösen Geist ein Altar aufgerichtet. Nun aber war es merkwürdig, daß immer wieder ein Brocken aus der doch ganz frischen Eiche fiel und den Altar zerschlug, sobald er zum Gottesdienste hergerichtet war. Da stieg denn der Vornehmste einmal in die nach und nach entstandene Öffnung des Baumes. Da sah er dann in eine ungeheuere Tiefe, die zu seinem Erstaunen unten ganz hell zu sein schien. Man knüpfte nun Stricke zusammen, bis man ein Trum hatte viele Stunden lang und ließ den Mann auf einem Sessel langsam hinab.« Die Hauptsache der Geschichte wäre nun wohl das, was der Mann drunten im Reiche der Abgeschiedenen erlebte, aber meine Einbildung hat nachher sich so oft mit diesen Wundern beschäftigt, so manches gestaltet und umgestaltet, daß ich nur den Schluß wiederzugeben, oder vielmehr nur anzudeuten wage. Der Held kam ganz anders, wohl als ein ganz anderer, wieder auf die Welt herauf; er war jetzt ein eifriger Verkünder des christlichen Glaubens, dessen Wahrheit er im Reiche der Ungetauften vollkommen erkannt hatte. Auf seiner Heimreise lehrte und bekehrte er, daheim aber wurde er unerkannt gefangen, und sein Sohn verurteilte ihn zum Martertod. Nun gab er sich zu erkennen, erzählte so viel aus der anderen Welt und predigte, daß schließlich alle sich bekehrten und auf dem Platz eine große, schöne Kirche bauten, wo früher der Eichbaum gestanden war.

Mir war's, als ob ich durch den Greis aus bergumschlossener dunkler Tiefe in weite freie Höhen gehoben würde. Nicht nur eine neue Welt sah ich, fast dürfte gesagt werden, daß mir auch eine andere Sonne aufging, welche mir die ganze Umgebung in einem neuen Licht erscheinen ließ. Die Tiere, die Flüsse, Berg und Wald belebten sich und sprachen mit dem Knaben, der überall Wesen seiner wunderbaren Märchen sah, als deren Held er sich so gerne dachte. Jetzt waren unsere Kühe nicht mehr nur Werkzeuge. Ihren ernsten großen Augen glaubte ich's anzusehen, daß sie reden und viel Geheimnisvolles, Wichtiges offenbaren könnten, sobald sie möchten oder eine höhere Macht, die sie aus irgend einem selbstsüchtigen Grunde zum Stummsein bannte, gebrochen wäre. Hatte doch mein Alter mir erzählt, wie in der heiligen Nacht von 12 bis 1 Uhr die Kühe sich über die Zukunft und besonders über das Schicksal ihres Herrn zu unterhalten pflegen. Ein Bauer, der sie auf dem Heuboden belauschte, hörte statt der erwarteten Aufschlüsse nur Klagen über sich selbst, einzig die letzte der gehörnten Schwätzerinnen tröstete die Leidensgefährtinnen damit, daß nun bald alles aus sei, indem ja der Bauer schon vor Ablauf der Woche unterm Kreuz auf dem Friedhof liege. Das war dem Lauscher zu arg. Wütend sprang er auf, um die Unglücksprophetin zu züchtigen. Aber in der Hast des Zornes verfehlte sein zitternder Fuß im Dunkel des Stadels die Leiter; er stürzte vom Heustock herunter, brach sich das Genick und starb. So wurde die Vorhersagung erfüllt, und der Bauer nahm schnell ein böses

Ende, wie noch jeder, der die redenden Tiere zu Weihnachten belauscht.

Daß ich derlei Geschichten ohne weiteres geglaubt hätte, könnte ich freilich nicht sagen. Wenigstens glaubte ich nicht länger ganz daran, als davon erzählt wurde. Unterdessen aber hatte mich der Alte vollkommen in seiner Gewalt. Ich vergaß, daß ich mich in der niedrigen, rauchgeschwärzten Stube meines Nachbarn befand. Wie der zu erzählen begann, waren nicht nur die verklebten Fenster, sondern auch die alten mit wunderlichen Heiligenbildern überklebten Wände weg, und es wurde frei und weit. Ja dann durften die Hühner unter dem Steinhaufen, den man Ofen zu nennen pflegte, nach Herzenslust gackern, und die alte Schwarzwälderuhr konnte so viele Stunden gucken, als sie wollte, oder stille stehen, ich merkte und hörte nichts mehr als meinen Erzähler. Fast möchte ich sagen, daß ich auch ihn nicht hörte, jedenfalls war bei allem Aufpassen mein Ohr noch am wenigsten beschäftigt. Mit den meinem Auge vorgeführten Helden schwitzte und fror ich, mit ihnen ballte sich meine kleine Hand zur Faust, jede von ihnen gemachte Bewegung wiederholte ich, wie man das tut, wenn man einem gewandten Arbeiter bei einer Verrichtung zusieht, welche man selbst seit Jahren übte. Wenn dann mein Erzähler aufhörte, merkte ich's kaum, denn lange noch bewegten sich vor mir die hergezauberten Gestalten, bis ich endlich die Pyramide des Ütscherspitzes wieder groß und herrlich durch das papierbeklebte Fensterchen hereinschauen sah. Was kümmerte mich's, ob die Geschichten auch wahr seien? Ich fand sie schön, wenn ich sie mitempfinden konnte, und ohne daß ich recht glaubte, nahm ich doch jedesmal wieder eine neue Vorstellung mit heim, die mir auch mein Alltagsleben bereicherte, ohne daß ich unzufrieden mit dem Gewöhnlichen wurde.

Der Weber wußte auch viele Geschichten zu erzählen, und alle waren wahr, denn sie standen irgendwo gedruckt; trotzdem gefielen sie mir nie so gut wie die meines Alten.

Was der Bauer Witziges zu seinem Pfaffen sagte, war mir ziemlich gleichgiltig. Zum Schaden unterdrückter, »abgeputzter« Juden konnte ich nicht mit ihm lachen, sondern mußte die Armen heimlich bemitleiden. Offen hab ich das nur einmal gewagt und mich dadurch einer gewaltiglichen Strafpredigt teilhaftig gemacht, so daß ich nachher nicht wußte, was für ein Gesicht ich machen sollte, als der kluge Schäfer Abt von St. Gallen wurde, weil er dem Kaiser drei für diesen so schwere Fragen so witzig und gut zu beantworten wußte. Der Weber aber richtete sich groß auf, als ob er selbst jener Schäfer gewesen wäre, und schoß das Schifflein so heftig herum, daß der Faden riß. Dann, während er einen Knopf machte, sagte er: »Ja, gelt, er war ein kluger Kerl, mein einfacher Schäfer, viel klüger als der angesehene Herr. Ja wohl, ha ha! das versteht sich!« Kluge Leute hatte der Weber überhaupt gern. Witzige Antworten waren ihm selten zu grob; ja er liebte es, wenn sie die gehörige Beize hatten, recht tief ins Fleisch einschnitten.

Wenn sein Seppel – er war vier Jahre älter als ich und wurde im ganzen ungemein strenge gehalten – den ehrwürdigen Häuptern der Gemeinde oder anderen Dorfgrößen allerlei Bemerkungen nachrief, die meistens mehr grob als witzig waren, so lachte er aus vollem Halse und sagte: »Kinder und Narren reden die Wahrheit, und das ist gut, denn sonst würde sie so ein dicker Glückspelz niemals zu hören bekommen. Mein Seppel hat mehr Herz als alle da herum, und soll manchem noch einmal warm machen, daß ihm die Butter ein wenig vergeht!« Seppel wurde durch solche Reden immer noch beherzter. Seine Mutter, eine Schwester der meinigen, hatte manche Unart zu beweinen. Der Vater aber lachte über seinen Seppel, bis der einmal dem Pfarrer nicht sagen wollte, wie sein Vater heiße, indem er meinte, das sollte der Pfarrer besser wissen als manches andere, was er doch mit aller Bestimmtheit behaupte. Nun aber war auch des Vetters Geduld zu Ende, und Seppel mußte seine Unart schmerzlich büßen. Doch was man lange wachsen ließ, weicht nicht mehr dem ersten jähzornigen Riß. Der arme Bursche hatte sich durch seine scharfen Witzeleien schon da und dort verfeindet. Maßgebende Basen begannen die Kinder bereits vor ihm zu warnen. So schlossen wir zwei zurückgedrängte Vettern uns denn etwas mehr aneinander an, als man bei der Verschiedenartigkeit unseres Wesens hätte erwarten können. Er riß mich zu hundert kühnen Unternehmungen. Viel und vielmal habe ich um ihn und seinetwegen auch für mich selbst gezittert. Sein frischer Humor, die Gesundheit seines derben Wesens zog mich immer wieder mit dämonischer Gewalt an ihn, wie peinlich mir auch der Ausdruck seiner Eigentümlichkeiten sein mochte. Monatelang habe ich den Vorsatz gehalten, mir durch ihn nicht mehr böses Spiel bei den Leuten zu machen; kam er wieder in meine Nähe, so konnte ich ihm nicht widerstehen.

Meine Eltern sahen mich ungern bei ihm. Die Mutter nannte jedesmal den Seppel, wenn sie mich im Morgengebete den Schutzengel bitten ließ, mich vor der Gelegenheit zur Sünde und vor Verführern zu bewahren. Früher beklagte man es daheim, daß mir der Alte mit seinen einfältigen Fabeln den Kopf verdrehe, nun aber schob mir die Mutter von Zeit zu Zeit einen kleinen Butterstollen zu, daß der mir dafür wieder »etwas Blaues von einem hölzernen Gliedeisen« vorschwätze.

Einmal nun, als ich meinen Stollen mit sicherem Selbstgefühle dahertrug, rief mir ein Mädchen, welches zwischen unserem und dem Hause des Alten bei einer Base wohnte, freundlich nach: »Wenn du mir so kämst, könnte ich dir schon auch etwas erzählen.« »Heißt und gilt«, antwortete ich fröhlich und versprach nachmittags mich einzufinden. Die Mutter machte mir das Worthalten schwer. Endlich aber meinte sie: den armen Leuten, die nur eine Ziege melken können, sei es zu gönnen, und sie erschräken sicher nicht besonders, wenn so aus Spaß Ernst werde. Ich machte dann auch wirklich große Freude durch mein Kommen; erregte jedoch einige Verlegenheit mit meiner Mahnung an die versprochenen Geschichten. Ich bekam nun allerlei lustige und wunderliche Stücklein zu hören, aber wie beredt das Mädchen auch sein mochte, es gelang ihm nicht so gut wie dem Alten, mich zu befriedigen. Mißvergnügt saß ich da, denn ich hatte etwas besonders Schönes erwartet. Dem Mädchen war's wohl unbehaglich, daß es mich nicht unterhalten konnte, und sicher mehr für sich, nur um etwas zu tun, begann es erst leise, dann immer mit vollerer Altstimme ein Liedchen zu singen. Ich hatte das schon oft gehört, aber noch nie so darauf geachtet wie jetzt, daher war es mir ganz neu. Und wieder sah ich nichts vom Winter draußen und hörte nichts vom Sturme und vom Krachen der Lawinen, die vom Üntscherspitz herunterstürzten. Jetzt war mir wieder so wunderbar frei und wohl, wie wenn mein Alter erzählte, und doch ganz anders. Sobald ich ein wenig aufgeatmet hatte, mußte wieder von vorn angefangen werden und das solange, bis ich selber mitsingen konnte:

»Vor em Hüttle send mer g'sesso
Do sind d'Tübli zuans ku;
Denket no, si hend üs 's Fresso
Us o Händo usser gno.«

Ja ich versuchte, das erstemal im Leben, zu singen. Die Weise hatte ich so gut im Kopfe, daß es mir wohl tat, nur daran zu denken. Dennoch brachte ich sie nicht so hervor, wie ich wollte, und gewiß war meine Lehrerin nicht so unzufrieden mit mir als ich selbst. Lieblich aber klang mir schon das Hersagen der Verse, und plötzlich frug ich das Mädchen, ob ihm das einmal der Schutzengel eingesagt habe? Lachend versicherte die Sängerin: sie habe es zwar nur von anderen gelernt, wäre aber sogar imstande, etwas ähnliches zu ersinnen. Sprachlos vor Erstaunen konnte ich lange nichts hervorbringen als: das glaub' ich nicht.

»Soll ich dir auch ein Lied machen?«

»Wenn du es könntest.«

»Hab' mich schon besonnen:

Deine Mutter
Schickt mir Butter,
Und ich lehr' dich drum ein Lied,
Daß man guten Willen sieht.«

Wieder stand ich eine Weile sprachlos und begann dann:

»*Meine* Mutter
Schickt *dir* Butter
Und –.«

»Ja es paßt nicht für dich«, sagte meine Lehrerin. »Nehmen wir lieber anderes, was schon gemacht ist.«

Und noch am nämlichen Tage lernte ich eine ganze Menge Verse auswendig. Viele davon waren mir vollkommen unverständlich, aber wenn's am Ende nur klappte! Von jetzt an war ich viel in diesem Hause. Das Mädchen gewann mich lieb und brachte mir von einer Besuchsreise nach Dornbirn eine kleine Trommel mit. Dazu lehrte es mich nun singen:

»Juheirasasa,
Franzmichel ist da,
Er hat ein Trommenkübel
Und schlägt ihn gar nit übel.
Und wenn er's dann gut kann,
Dann steht's ihm prächtig an,
Dann geht er auf die Gasse
Und macht sich einen G'spasse.«

Dieses Liedchen singend, zog ich nun mit der Trommel durchs Dorf. Das war für alle Knaben ein Ereignis, denn so etwas hatte man noch nicht gesehen und nicht gehört. Ich glaubte, noch größeres Erstaunen erregen zu können mit der beschworenen Mitteilung, daß die Strickerin das Lied eigens für mich ersonnen habe; doch das wurde zu meinem Ärger ziemlich gleichgiltig angehört und geglaubt. Nur als ich sagte, daß auch ich einmal Lieder machen werde, welche wir dann zusammen singen könnten, erregte das einigen Zweifel, der mir eigentlich mehr wohl tat, als daß er mich verletzt hätte.

Meine Eltern glaubten jetzt ein musikalisches Talent in mir entdeckt zu haben, was besonders die Mutter glücklich machte. Bei nächster Gelegenheit brachte sie mir eine kleine Mundharmonika von Messing mit heim und legte sie schweigend zu meinen Spielsachen, um sich dann an meiner Überraschung zu weiden. Ich freute mich an dem glänzenden Ding, seinen Gebrauch aber kannte ich noch nicht, und so blieb es denn längere Zeit unberührt liegen. Einmal wollte ich den Staub wegblasen, der sich darauf gesammelt hatte, da gab es einen schrillen Ton von sich, der mir durch Mark und Bein ging. Erbleichend warf ich das Ding weg, sprang zum Hause hinaus und kam nicht eher wieder zurück, bis mir versichert wurde, daß das Ungeheuer im Feuer verbrannt sei. Abends im Traume und später noch oft hörte ich jenen schrillen, mir furchtbaren Ton. Mit einer Harmonika konnte man mich in den folgenden zehn Jahren über Berg und Bühel treiben. Das Instrument war mir so zuwider, daß mich schon ein Messingblech erschreckte. Wenn ich mit dem kleinsten Kinde etwas Ungerades hatte, so wußte dieses meinem Zorn zu entgehen mit der Drohung, daß es sofort aufspiele, wenn ich nicht nachgeben würde. Ich ward wegen dieser Wunderlichkeit so oft geneckt, daß ich den Umgang mit Kindern jetzt fast noch ängstlicher mied. Am wohlsten war mir halt doch bei meinem Alten, bei der freundlichen Sängerin, oder draußen im grünen Tannenwald an der Ach. Dort weilte ich jetzt besonders gerne und lachte über den Knaben, der sich einmal wunder was dünkte, weil er eine Tanne erklettern und Kühe herunterwerfen konnte. Jetzt versuchte ich Lieder zu machen, oder ich lauschte dem Gesang der Vögel und dem Tosen des Stromes. Im Dorfe konnte ich mich nie recht gehen lassen, hier aber fühlte ich mich eins mit der Umgebung. Hier erschienen mir die Helden jener wunderlichen Erzählungen und begannen ihr Spiel, oder ich durchzog in Gedanken mit des Fortunatus unerschöpflichem Geldbeutel das Dorf, teilte überall große Summen aus und lachte über die verschiedenen Folgen meiner Spenden, die ich mir dann lebhaft ausmalte.

IV.

Ein großer Tag der Freude war mir der, an welchem ich zum erstenmal mit dem Vater in die Kirche gehen sollte. Das wird hier sicher bei jedem Kinde mehr oder minder der Fall sein, je nachdem es mehr oder minder auf das Reden und Tun der Erwachsenen achtgibt. Die besten Kleider nennt man »Kilkohäs«. Ja in den größten Augenblicken des Lebens wird einem zu Mute wie unter dem Gottesdienst. Wenn es läutet, wird jedes Gespräch durch lautes Gebet unterbrochen, und was man in der Kirche gehört hat, ist eine ausgemachte Sache selbst für den, welcher sonst alles mit den Händen greifen will. Schon dadurch muß das eigentümlich geformte, ungewöhnlich große steinerne Gebäude, das weit über die niedrigen sonnverbrannten Holzhäuser der Dorfbewohner hinausragt, in den Augen des Kindes eine ganz besondere Bedeutung gewinnen, wenn dieses auch mit der Bezeichnung »Haus Gottes« noch so wenig anzufangen weiß.

Unsere Kirche steht am Fuße des Berges, welcher gegen Norden eine Fortsetzung der Bergkette Widderstein–Üntscherspitz bildet. Sie steht etwas ob den Häusern auf einem kleinen Felsenvorsprung, und die über das Tal hereinragenden Felsenköpfe schauen ernst und freundlich auf sie herab. Ich hatte mehr als einmal versucht, in das wunderbare Gebäude hineinzusehen, von dem daheim stets mit so großer Ehrfurcht gesprochen wurde. Doch sobald ich nur die Tür öffnete, kam mir ein ganz eigener Duft entgegen, und erschrocken trat ich wieder zurück. Mit anderen Kindern wagte ich mich noch weniger hinein, weil ich immer sorgte, daß etwa das eine oder andere sich eine Unart erlauben möchte. So war es denn für mich ein wahres Ereignis, als endlich auf mein Bitten und Betteln hin der Tag bestimmt ward, an dem ich mit dem Vater beim Gottesdienste erscheinen sollte. Schneider und Schuster und Näherin bekamen zu tun auf diesen Tag und ich selbst auch, denn wenn ich mir noch einmal eine Unart erlaubte, so hieß es: »Ja bist du so, und willst in die Kirche?« Mit einer so frommen, zugleich hoffnungsvoll gehobenen und doch wieder so demütigen Stimmung wie diesem Tag habe ich später nicht einmal dem der ersten Kommunion entgegengelebt. Endlich kam er, hell und freundlich wie nur einer, und die Sonne schien mir sogar größer als gewöhnlich neben dem Üntscherspitz ins Tal herabzusehen. Stramm und aufrecht schritt ich in den auf Wachstum berechneten Hosen und den breiten Schuhen durchs Dörflein hinab. Ich wagte nicht rechts, nicht links zu sehen, um ja nicht den vom Gottle gemachten künstlichen Halstuchknopf zu verderben oder gar den Hemdkragen aus der Ordnung zu bringen. Derlei Rücksichten beschäftigten mich jedoch nur, bis ich in die Kirche kam. Dort war mir ganz wunderbar, als ich Große und Kleine, Reiche und Arme vor dem Altar kniend gemeinsam beten sah. Und nun ertönten der Orgel feierliche Klänge zu frommem Gesang, lieblich duftende Rauchwolken stiegen vor dem geschmückten Hochaltar empor, alles war groß, himmlisch, und in mir regte sich so viel, so Unaussprechliches, daß ich überlaut zu weinen begann. Der erschrockene Vater versuchte auf jede Weise mich zu beruhigen, um nicht öffentlich Ärgernis zu geben und den heiligen Ort durch meine Unart zu entweihen. Aber umsonst war sogar die Drohung, mich wegzubringen, wenn ich mich nicht beherrsche, umsonst versprach er das Beste. Ich war mir selbst nicht mehr Meister, und als um uns herum ein unzufriedenes Gemurmel entstand, brachte der verlegen Errötende mich mitten unter dem Gottesdienste heim.

Unter dem Mittagessen kam – wie ich gefürchtet hatte – die Sache zu ernstlicher Besprechung. Der Vater wollte gesehen haben, daß ich durchaus nicht anders konnte, aber er meinte, eben das wäre das Traurige, daß ich mein sonderbares Wesen nicht zu beherrschen vermöge. Derjenige, welcher hier zu leben bestimmt sei, müsse das durchaus lernen, darum werde er mir Zeit dazu lassen und mich daheim behalten, bis ich's könne, damit es mir nicht immer wieder gehe wie heut, wo ich – freilich ohne Grund – allgemein für ein recht ungezogenes Kind gegolten habe.

Ein »Aber« ließ man keineswegs aufkommen. Ich mußte fortan heim, sobald es zum Gottesdienste läutete, und da in meinen abgetragenen Zwilchkleidern zusehen, wie der Vater aus dem Schlaf- und Ankleidezimmer neben der Stube, dem Gaden, kam, in seinen kurzen gemsledernen Hosen, und sich die von der Mutter kunstvoll gestrickten Strümpfe unter den Knieen festband. Dann legte er das Kamisol an, welches er als Hochzeiter getragen hatte, und schritt mit der Mutter, welche, wie alle Bregenzerwälderinnen, ganz in schwarze Glanzleinwand gekleidet war, der Kirche zu. Ich durfte nicht mehr mit. Nur mein feuchter Blick und meine Gedanken begleiteten sie. Das Gottle, welches ebenfalls jetzt immer daheimbleiben mußte, suchte vergebens mich zu beschäftigen und zu unterhalten. Zuerst saß ich eine Weile schluchzend am Fenster, dann stellte ich einen Stuhl mitten in die Stube, warf ein Taschentuch über die Lehne und richtete da einen Altar auf. Tannenzweige mußten die Blumensträuße ersetzen, welche ich in der Kirche sah; Weidenruten waren meine Kerzen, und Kuhschellen läuteten zu der Messe, welche ich in einem über die Kleider angezogenen weißen Hemde las, oder doch – da ich nicht lesen konnte – vor dem aufgeschlagenen Buche brummte. Wenn ich die Woche hindurch irgendwo einen Tuchrest auftrieb, machte ich eine Fahne daraus, und da ich kein rotes Tuch fand, schnitt ich mir einmal absichtlich in einen Finger, um ein weißes Stück mit meinem Blute zu färben. Bald gottesdienstete ich auch an Werktagen, so, daß meine Eltern auf die fromme Spielerei aufmerksam wurden.

Die Mutter freute das, und sie war geneigt, darin den Ausdruck einer schönen religiösen Gesinnung zu sehen. Der Vater aber schüttelte bedenklich den Kopf. Ihm erregte es ernstliche Sorgen, daß alles einen so tiefen Eindruck auf mich machte. Er beklagte es, daß ich mich jeder Liebhaberei, die der unbedeutendste Zufall anregte, mit Leib und Seele rücksichtslos hingab. »Ein armes Bäuerlein«, meinte er, »könne nicht wie ein Schmetterling durchs Leben fliegen und nach Belieben an jeder Staude hängen bleiben. Das müsse durch die Welt wie ein Saumroß, mit Scheuledern vor den Augen, daß es nicht rechts und links alles Verwirrende, Lockende und Schreckende, sondern bloß den schmalen, schlechten Weg vor sich zu sehen bekomme.« Trotzdem schnitzte er mir manches für meinen Altar, räumte für meine Spielerei unsere Rumpelkammer etwas aus und ließ auch die Verwandten, welche mir allerlei Schönes, Geeignetes einkauften, lächelnd gewähren. Ja er hatte doch auch seine Freude daran, daß ich alles so schön und regelrecht aufzustellen, jeden Gegenstand in gefälliger Weise zu verwenden wußte. Zum Teil kam seine Freude wohl von der Wahrnehmung, daß ich nun den wilden Seppel, welcher den größten Teil des Jahres mit seinem Vater am Tannberg lebte, wo dieser eine Wiese und eine Alp besaß, weit weniger schmerzlich vermißte. Ich hätte es freilich nicht hören sollen, wenn er zuweilen zur Mutter sagte: »Sich selbst ist der Franz Michel doch auch etwas; für den Umgang mit anderen aber ist er viel zu empfindlich, und wir müssen ihn schon immer daheim behalten, wenn sein Wesen auch nur einige Festigkeit gewinnen soll.«

An diesem Gedanken hing der Vater so fest, daß er mich auch im folgenden Winter, wo ich schulpflichtig wurde, daheim behalten wollte. Ich sollte da von ihm und dem Gottle für den Hausgebrauch ein wenig lernen, wenn allenfalls etwas in mich zu bringen war. Er hatte deswegen mit unserem Pfarrer eine längere Unterredung, aus welcher mir ganz klar wurde, daß diese Ausnahme weniger wegen meiner Kurzsichtigkeit als meiner anderen Eigenheiten gewünscht wurde. Der Mutter tat diese Verhandlung weh, mir schnitt sie tief ins Herz, und wir beide atmeten tief auf, als der Pfarrer den Vater freundlich, aber entschieden zu widerlegen begann. »Erst auf diese Weise würde ich recht zum Sonderlinge werden, indem ich öffentlich nicht wie andere Kinder behandelt würde. Durchaus dürfe man die gebotene Gelegenheit nicht versäumen, mir im Umgange mit ihnen manches Eckige noch rechtzeitig und auf unschädliche Weise abstreifen zu lassen.« Der Vater versprach endlich, den Versuch zu machen und geduldig zuzusehen, bis auch der Pfarrer durch die Erfahrung auf andere Gedanken gebracht sei.

Eines schönen Morgens im November holte Seppel, welcher vor kurzem vom Tannberge heim kam, mich in die Schule ab. Der Vater gab mir das Weihwasser, während die Mutter sich die Augen wischte. Ich hatte mich recht auf die Schule gefreut, aber die Ängstlichkeit meiner Eltern machte mir etwas bang. Das währte jedoch nur, bis ich meinen Platz ganz hinten im untersten Stuhle der kleinen dunklen Schulstube bei den ABC-Schützen gefunden hatte. Vor allen diesen lag noch das Täfelein, welches ich nur noch mit hatte, um zu zeigen, daß ich's vorsich und hintersich aufsagen könne. Ich tat das auch ganz herzhaft, und der erfreute Lehrer klopfte mir freundlich auf die Achsel und sagte: »Richtig – wenn du deine Sache schon so gut machst, dann darfst du auch nicht mehr so ganz im Dunkel bleiben. Komm nur da vorn heraus, denn du bist der erste von allen Diesjährigen, der ein Namenbüchlein bekommt.«

Ich merkte, daß mir das Weinen wieder nahe war. Aber wie damals in der Kirche sollte es mir jetzt nicht mehr gehen. Ich bat den Lehrer mit halb erstickter Stimme, mich ein wenig hinaus zu lassen. Als ich nun allein war, mußte ich aber nicht weinen, sondern lachen, so laut und herzlich, wie ich noch selten gelacht hatte. An den Wänden hinauf hätte ich mögen vor lauter Lust, und ich machte wirklich einige Freudensprünge, bevor ich wieder in die Schulstube, an meinen Ehrenplatz, zurückeilte. Nun wollte ich lernen, daß man davon reden sollte. Ich mußte das Recht verdienen, neben anderen Kindern in der Schule zu sitzen und auch mit ihnen in die Kirche zu gehen.

Das war mir anfangs der Sporn zu Fleiß und Ausdauer. Hundert Kinder hierzulande haben weder diesen noch einen anderen. Vom Lehrer hören sie von frühester Jugend an nichts Besseres, als daß er sie schon gehörig mustern und eine Menge Ruten an ihnen zerschlagen werde. Wer den armen Geschöpfen die größte Furcht vor dem Lehrer einzujagen vermag, glaubt diesem am besten vorgearbeitet zu haben. Lust am Lernen zu wecken, fällt wenigen Eltern ein; vielmehr muß es der Lehrer fast für eine Gnade halten, daß man ihm auch diejenigen Kinder zuschickt, welche schon irgend einen Kreuzer verdienen könnten. Da glauben dann die Kinder, man müsse nur dem Lehrer zuliebe lernen, und wähnen, diesem durch ihre Nachlässigkeit einen rechten Possen zu spielen.

Etwas besser ist es freilich geworden, seit durch freiere Gesetze, die eine Volksvertretung im Staat und in der Gemeinde schufen, der Talentvollere auch beim Volke wieder zu einiger Geltung gelangte. Damals war's der größte Stolz eines Elternpaares, rechte Werchadern zu erziehen, die für nichts als ihren Stall besorgt waren; jetzt möchte man denn doch auch in der Gemeinde und im Ländchen etwas gelten.

Mein Vater hatte schon damals derartige Wünsche. Er war daher überglücklich, daß sein Schüler sich über alles Erwarten gut hielt. Als ich ihm die ersten gedruckten Zeilen vorgelesen, hat er mich – geküßt, was bei ihm, wenigstens solang ich weiß, nicht jedes Jahr einmal vorzukommen pflegte. Dieser Beifall entzündete meine Lernbegierde mehr und mehr. Schon begann ich auch am Gelernten an und für sich eine Freude zu haben, und mich davon innerlich bereichert zu fühlen. Besonders wurden später die von mir verfaßten Aufsätze gelobt. Wie trocken auch ihr Inhalt sein mochte, ich wußte doch etwas fürs Gemüt dabei anzubringen. Der Lehrer lobte es, daß ich schreibe, wie man spreche, und mich dabei ganz in die gegebene Lage denke, während von anderen immer nur Gehörtes zusammengeflickt werde. Mir war das Auswendiglernen überhaupt am schwersten, und wegen der Fragen im Katechismus, die man wörtlich nach ihm beantworten sollte, habe ich die meisten Schulstrafen bekommen. Der Lehrer hielt mich in diesem Stücke für nachlässig, während der Pfarrer stets zufrieden war, wenn ich mit meinen eigenen Worten in meiner Weise zu antworten wußte.

Pfarrer Stockmayr, ein geborener Tiroler und bei uns allgemein geachtet und geliebt, der gesuchte Vertraute fast aller Familien, nahm sich meiner überhaupt in wärmster, liebevollster Weise an. Als er hörte, wie ich daheim täglich Messe lese, schenkte er mir ein Ministrantenbüchlein und machte mich überglücklich mit dem Antrag, ihm in der Kirche, in unserer wirklichen großen Pfarrkirche – dem Hause Gottes – bei der heiligen Messe zu dienen. Jauchzend sprang ich mit dem Heftchen heim, und nun schien sich fast zu bestätigen, was der Lehrer von meiner Nachlässigkeit beim Auswendiglernen gesagt hatte. In wenigen Tagen konnte ich alles, was der Ministrant unter der Messe im Namen des christlichen Volkes zu sagen hatte, obwohl es nur lateinische Gebete und Antworten sind, bei denen sich für unsereinen nicht viel Vernünftiges denken läßt. Vielleicht aber lernte ich das Lateinische gerade darum so leicht wörtlich auswendig, weil ich nichts anderes daraus machen konnte und überhaupt nichts davon verstand, bis mir der Pfarrer eine deutsche Übersetzung gab, damit »doch einer in der Kirche wisse, was unter der Messe gebetet und gesungen werde«.

Das war nun wieder ein wichtiger Tag, an dem ich dem Pfarrer zum erstenmal bei der Messe dienen durfte. Sah auch nicht alles unter dem ganzen Gottesdienst einzig nur auf mich und jede meiner Bewegungen, wie ich mir nicht ungern eingebildet hätte, so hieß es doch hernach: man hätte lange nicht so einen ordentlichen Diener vor dem Altar gesehen.

Mich machte das überglücklich. Das Altarkämmerlein aber besuchte ich viel seltener, seit ich regelmäßig in die Kirche kam und dort etwas zu tun hatte. Ich fühlte mich wirklich gehoben durch den heiligen Dienst vor dem Altar; und wenn mir das Urteil anderer über die Art, wie ich ihn verrichtete, nicht gleichgiltig war, so kam das nur von der Sorge, daß ich wegen Kurzsichtigkeit aus dem Chor verwiesen werden könnte. Mehr als ein halbes Jahr lang zitterte meine Hand jedesmal, wenn sie den Wein reichen oder Wasser einschenken sollte. Es ging aber alles nach Wunsch, und ich brauchte nie vor der frommen Versammlung zu erröten. Nur in meinen quälendsten Träumen ließ ich das schwere Meßbuch fallen, worauf mich dann das Jammern der andächtigen Schar bis zum Erwachen ängstigte. Ich war überhaupt sehr empfindlich für Lob und Tadel. Das Urteil der öffentlichen Meinung ließ mich um so weniger gleichgiltig, weil ich alle, die in meinen Augen etwas galten, mehr oder minder davon abhängig sah. Dabei aber fühlte ich die Ungerechtigkeit und Härte des öffentlichen Urteiles gegen einzelne so sehr, daß ich sie immer herzlich bemitleiden mußte, ja sie zuweilen öffentlich und mit der ganzen Leidenschaftlichkeit meines Wesens zu verteidigen wagte.

Nur in einem Stücke war ich auch hart, härter als andere. Wer nicht fleißig lernte, durfte von mir kein nachsichtiges Urteil erwarten. Das verzogenste Mutterbüblein hielt sich nicht so ängstlich von armen, kränklichen und unsauberen Kindern ferne, als ich allen Umgang mit durchaus schlechten Schülern mied.

Unser Pfarrer pflegte die aus der Werktagschule Entlassenen in der Christenlehre beim Nachmittagsgottesdienst aus dem Katechismus oder der vormittags gehörten Predigt zu fragen. Diejenigen, welche es durch richtige Antworten verdient hatten, wurden wohl mit einem Heiligenbilde belohnt. Leider aber konnte er diese Freude anderen und sich selbst nur höchst selten einmal machen. Die jungen Leute vom 14. bis zum 24. Lebensjahr – mit denen er es hier zu tun hatte – gewannen wohl selten noch eine freie Stunde und mochten in der Regel nicht aufgelegt sein, die Minuten der Ruhe dem Wiederholen dessen zu opfern, womit sie in der Schule sich nun schon zu lange plagen mußten. Meistens können es auch die Eltern kaum erwarten, bis ihre Kinder schulfrei werden, daß man sie dann zur Bauerschaft, zu einem Handwerk oder auf andere Weise »an den Nutzen« tun kann. Kaum hat man noch Zeit, das vom Pfarrer und vom Lehrer unterfertigte Schulzeugnis, den sogenannten »Entlassungsschein«, zu lesen und einige Bemerkungen über die dabei entdeckten Ungerechtigkeiten des »günsterlichen« Lehrers zu machen. Dann werden Bücher und Zeugnis zusammengepackt und in den hintersten Winkel der obersten Rumpelkammer geworfen, um fürderhin von ihrem leidigen Anblick verschont zu bleiben. Man will keine klugen Köpfe, keine aufgeklärten Sonderlinge, man will nützliche Menschen, die man gehörig ins Joch spannen kann. Klagt doch jetzt noch mancher, daß nur zuviel gelernt werde, und meint sich nicht schlecht damit, daß er derlei Krimskrams gar nicht brauche. Das sei überhaupt nur für magere, kränkelnde Federfuchser, die sich auf Unkosten der ganzen Gesellschaft, und natürlich besonders des allgeplagten Bauersmannes, durch die Welt zwängten. Für den Jungen ist es daher keine Schande, wenn er das mühevoll Eingetrichterte wieder verliert, was um so schneller zu geschehen pflegt, wenn das nur aus Furcht Gelernte nie recht sein inneres Eigentum geworden war. Daß dann mit dem bißchen Sprachlehre auch vom Religionsunterrichte das meiste wieder verlorengeht, wird freilich bedauert, weil das ein trübes Licht auf die im Hause herrschende Ordnung werfen könnte.

Pfarrer Stockmayr versuchte daher, die Leute bei dieser Schwäche zu packen. Er ließ die in der Christenlehre Aufgerufenen volle fünf Minuten lang schweigend und zitternd vor der Versammlung stehen und nach der Antwort auf seine Fragen sinnen. Das wirkte anfangs ganz gut; denn keiner wollte sich von der ganzen Gemeinde für einen Stockfisch halten lassen. Es gab aber bald so viele, die dem Pfarrer wenig oder gar nichts zu sagen wußten, daß man sich an halbe Antworten gewöhnte und sogar den nur noch bemitleidete, der keines Wortes mächtig vor dem Pfarrer stand. Es hieß: ein einfacher Bauer könne doch neben ewiger Arbeit und Sorge nicht auch das noch im Kopfe behalten, worüber ein Studierter das ganze Jahr nachzusinnen die Zeit und sogar auch den besten Lohn habe. Wollte man die Kinder zu müßigen Gelehrten machen, so würde man sie lieber gleich das Studieren lernen lassen.

Den Pfarrer ärgerten solche Reden schwerlich mehr als mich. Das hieß mir denn die Nachsicht doch zu weit getrieben. Konnten die Faulpelze nicht ihren Kegelgraben meiden? An Winterabenden, die man doch kaum herumzubringen wußte, gab es auch Zeit genug, das Gelernte zu wiederholen, und dann mußte es ein leichtes sein, dem Pfarrer gehörig zu antworten. So eiferte ich und erregte dadurch ein gewisses Aufsehen. Hielten es viele für keine Kleinigkeit, vor der ganzen Gemeinde in der Kirche zu reden, so sagte ich, daß ich das für die höchste Ehre halten würde. Ich kam auch wirklich nicht in Verlegenheit, als der Pfarrer, der auch von meinen Reden gehört haben mochte, mich eines Sonntags plötzlich aufrief, nachdem er bei anderen lange vergebens eine Antwort erwartet hatte. Der achtjährige Knabe machte seine Sache gut. Alles war mit ihm zufrieden, nur die Burschen und Mädchen vom 14. bis zum 24. Jahre nicht. Sie alle sahen sich durch mich herabgesetzt, während meine jungen Schulfreunde mich nach dem Gottesdienst als einen Helden begrüßten.

Dieser kleine Vorfall machte mich in meiner Heimatgemeinde zu einer öffentlichen Persönlichkeit. Ich hatte wenigstens diese Empfindung und war ein bißchen stolz, was mir auch nur von den Beschämten und den ihrigen verargt wurde. Andere verteidigten mich. Ich hatte also nun schon sowohl Freunde als Feinde und lernte dabei aus der Stellung des einzelnen seinen Parteistandpunkt herausrechnen. Gerade dadurch sah ich aber sowohl Freundschaft als Feindschaft ungemein viel von ihrer Bedeutung verlieren. Ich war noch mehr als vorher bemüht, mir selbst zu genügen. Dabei aber kann ich nicht leugnen, daß ich mich gerne loben hörte und mich darum meinen Mitschülern auf jede Weise dienstbar zu machen suchte. Sie bekamen immer mehr Zutrauen zu mir und ließen mich gern ihre Schulaufgaben machen. Was ich sagte, ist manchem besser eingegangen, als was der Lehrer des langen und breiten erklärte, weil ich in das Gesagte stets unwillkürlich die Art legte, wie ich's mir selber klarzumachen vermocht hatte. Einen Freund gewann ich damit in dem Sohne unseres damaligen Gemeindevorstehers, den man nicht nur zu den wohlhabendsten, sondern auch zu den gebildetsten Männern in unserem Dorfe zählte. Sein Peterle hatte freilich im ganzen wenig von des Vaters Art, aber es war halt auch nicht in Frankreich und nicht in der Schweiz gewesen als Stukkaturarbeiter, sondern daheim geblieben bei der zarten Mutter, bis diese starb. Jetzt war der Vater des Knaben Erzieher geworden. Aber der Verlust seiner guten Frau hatte seinem Wesen eine ganz eigene Weichheit gegeben, so daß das Peterle als ein etwas verzärteltes Mutterbüblein in die Schule kam und sich nur mir einigermaßen anschloß. Ich fand es mir in manchem ähnlich und es wurde auch demgemäß von mir behandelt. Ihm wie noch mehreren der bereits Erwähnten bin ich auf meinem Lebenswege noch manchesmal begegnet.

V.

So kamen wir ins Jahr 1848, welches auch mir ein denkwürdiges werden sollte. Das erste Ereignis des Jahrganges war das Erscheinen des neuen Kalenders. Der Vater kaufte ihn am Neujahrsabende von einem hausierenden Spielmann, welcher, das Neujahr angeigend, seinem Instrumente so gotterbärmliche Töne abzwängte, daß das Gottle ihn sofort mit einem Geldgeschenke zum Schweigen zu bringen suchte. Gleich nach seiner Entfernung mußte die Mutter ein Licht in die Stube schaffen, daß man sehen konnte, ob der Kalender auch so hübsche Bilder habe, wie der, welchen uns im letzten Jahr ein Fuhrmann aus der Schweiz brachte. Das Licht kam. Ich setzte mich neben den Vater an unseren runden Tisch. Das Gottle langte seinen Stock unter dem Kanapee hervor – dieses war aber mit Buchenlaub gefüllt und hieß »die Gutsche« – und gnepfte auch zu uns herauf. Die Mutter hatte draußen in der Küche die Milch zur Abendsuppe wieder vom Feuer abgestellt, damit ihr, während sie in der Stube bleibe und mit uns sich den Kalender besehe, nicht etwa Schaden aufgehe. Der Vater blätterte nun rasch das ganze Heft aus, ohne das Gesuchte zu finden. Unmutig besah er sich den rotgedruckten Titel, dem das Inhaltsverzeichnis beigegeben war, und sagte dann: »Ja, der ist halt nur von Bregenz, und da draußen können sie wohl nichts Rechtes machen.«

»Aber was ist denn das?« rief er plötzlich erfreut aus, »da haben wir ja etwas vom Klushund, von dem ich schon einmal hörte, als ich in Dornbirn draußen war auf dem Viehmarkt. Der Verräter soll sich auch wieder sehen lassen, und das bedeutet immer Krieg.«

»Was ist's mit dem Klushund?« frug ich.

»Es war einmal ein listiger, gewissenloser Mann, der den Feind – ich glaube den bösen Schweden – bei Nacht und Nebel auf unbewachten Wegen verräterischerweise ins

Bregenzer Städtlein führte um den Sündensold von ein paar goldenen Ketten. Dann ist er gählings ohne Feuer und Licht weg gestorben – kein Mensch hat ihm nachgebetet –, und seitdem zieht er, in einen großen Hund verwandelt, mit schweren eisernen Ketten belastet, als Kriegsprophet in ganz Vorarlberg herum.«

Unterdessen hatte das Gottle die Geschichte vom Klushund gesucht und begann mit zarter Stimme vorzulesen:

An em Obend spät, so uf a zehni ischts gange,
Sitzt der Hirschowirt vo Rankwil alei i der Stubo,
Blättert a bitz i dor Brattig ud brummblot nämms zu nem selber
Einermol hört er Tritt ko durs Vorhus ihar i d Stubo:
Und set: das ischt gli no an spato Gast, wers doch si mag?
»A Gottwillche, Herr Melchi! chunst o iz no amol zunes?
Aber was fehltor, was hast? Bischt schtuchowis – ischt dor übel?
Kum nu wedle und trink a Schöpple, es wird dor dä besser.«
»Übel ischt mer grad nüt, a Schöpple sel mag i«, set Melchi – –
Und erzählt dann, nachdem der Wirt den gewünschten Wein gebracht, wie ihm »dun uf die Wiesa der Chlushund verchu.
Mit langa zozliga Horo, wilda füriga Ouga,
Grod wi na Schiba, und zücht wol zenterschwör Kettona nohi.«

Worauf dann der Wirt die obige Geschichte vom Klushund in gesprächigster Weise zum besten gibt und eine schwere durch ihn verkündete Zukunft besorgt.

Ich hatte damals keine Ahnung, daß das Gelesene der erste Versuch des hoffnungsvollen jungen Dr. Vonbun war, die vorarlbergische Mundart im Hexameter wiederzugeben. Was wußte ich von Versen, welche nach unserer Auffassung nicht einmal Verse waren? Und doch klang es meinem Ohr so lieblich, prägte sich so leicht und tief ein, daß ich das

Obige noch jetzt aus dem Gedächtnisse wiederzugeben vermochte. Das ganze allerdings könnte ich nicht mehr wörtlich herschreiben, da mir jener Kalender beim Ausleihen verlorenging und ich ihn hier herum nirgends mehr aufzutreiben wüßte. Aber nicht nur die Form der Erzählung, die Freude, einmal eine der unseren verwandte Mundart gedruckt, fast in jedem Wort ein Bild, eine bekannte Gestalt zu sehen, auch der Inhalt fesselte mich den ganzen Abend an den Kalender und ließ mich auch in der Nacht nur wenig schlafen, wie alles, was einmal meine Einbildung beschäftigte oder mich freudig erregte.

Während Weihnachten hier dem Kinde still und kaum bemerkt vorübergeht, ist ihm der erste Jänner einer der wichtigsten Tage im Jahr und der einzige, an welchem es von seinen Vettern, Basen und Nachbarn ganz bestimmt ein kleines Geschenk erwartet. Am häufigsten werden eigens für diesen Tag gebackene tellerartige Brote mit allerlei Verzierungen gegeben, welche man daher kurzweg »Neujahr« zu nennen pflegt. Auch vom Götti und Gottli werden die Kinder mit einem Neujahr beschenkt, welches sie aber stets redlich durch einen schriftlichen Glückwunsch verdient zu haben glauben. Die übrigen Bekannten müssen morgens in aller Frühe mit mündlichem Glückwunsch überrascht werden, wenn man ihnen das Neujahr abgewinnen will. Die Mutter war daher gar nicht erstaunt, daß ich am anderen Tage schon mit ihr und dem Vater erwachte; um so mehr aber erstaunte sie, daß ich mich nicht sofort aus dem Hause machte, um den Nachbarn in ihren Ställen, in dunklen Heustadeln oder in Holzschöpfern aufzupassen, um sie mit meinem Glückwunsche zu überraschen, sondern gleich wieder den Kalender zur Hand nahm, mich zum Licht setzte und laut begann:

An om Obed spät, so uf a zehni ischt gango usw.

Das Gottle hielt mich für krank, weil ich beim Morgenessen noch nicht ein einziges Neujahr aufweisen konnte, während ich früher jedesmal erzählte, wie listig ich den und jenen erwischt habe. Der Vater sagte traurig: »So hat er es ja immer, wenn ihn wieder etwas auf die Seite reißt. Ein Vierteljahr lang wenigstens werden wir jetzt nur noch vom Klushund hören.«

Der Vater hatte nicht ganz unrecht. Ich lernte die Geschichte vom Klushund schneller auswendig als früher die kleinste Katechismusaufgabe, und niemand machte mich glücklicher, als wer sie von mir hören wollte. Solcher gab es denn auch genug und vielleicht war es größtenteils der von mir gewonnene Beifall, was auch andere Kinder nicht mehr ruhen ließ, bis sie ebenfalls die Geschichte auswendig hersagen konnten. Mir machten sie es freilich mit aller Genauigkeit nicht recht, denn ich hatte unbewußt schon etwas von der Form des Verses gemerkt. Anderen aber war die Gespenstergeschichte an und für sich die Hauptsache und rief hundert andere derartige Erzählungen in Umlauf. Ich hatte mit dieser einen und ihren Nebenumständen genug zu tun. Wer war der böse Schwede? Was hatte er in Bregenz zu tun? Warum wollte man ihn nicht freiwillig in die Stadt lassen? Diese Fragen beschäftigten mich Tag und Nacht. Um so aufmerksamer lauschte ich nun den Erzählungen eines ausgedienten Kaiserjägers, der im Winter dem Vater das Brennholz heimziehen half. Er erzählte wenig von Mord und Krieg, da er selbst nur italienisches Fieber ausgestanden hatte; sonst aber wußte er ungeheuer viel.

Staunend hörte ich von ihm, wie die Welt so ungeheuer groß sei und wie die Völker alle, die Schweden und die Dänen, die Welschen und die Deutschen, sich drückten, quälten und bekriegten. Die Mutter meinte oft: das alles sei nur erlogen, denn so etwas könnte Gott nicht geschehen lassen, und auch die Geistlichen täten gewiß von allen Kanzeln dagegen reden. Ich aber verstand nun auch aus meiner Bibel manches viel besser, und des Soldaten Berichte kamen mir ziemlich glaubhaft vor. Weil er aber schon etwas alt war, meinte ich: Jetzt sei das alles überstanden. Man hörte ja nie etwas derartiges. Der Soldat wußte nicht viel gegen mich aufzubringen; doch meinte er: Österreicher seien wir immer noch und müßten die armen Welschen wie Gefangene halten.

»Nennt man die Österreicher, welche Gefangene halten müssen?« frug ich schnell, denn wieviel ich auch von Abraham, Isaak und Jakob, von David und Salomon in ihrer Herrlichkeit wußte, wie der Staat heiße, in dem wir lebten – oder ob wir überhaupt in einem Staate lebten – war mir bisher noch nicht bekannt geworden. Der Soldat erklärte mir nun: Österreich sei der Name eines großen Staates – freilich nicht so groß wie früher der jüdische –, und wir vom Bodensee bis zum Adriatischen Meer gehörten zu diesem Staat und unter den Kaiser von Österreich.

Das alles war mir neu, und ich brachte es am anderen Tage als große Wichtigkeit mit in die Schule. Es kam allen merkwürdig vor, daß sie noch nie etwas davon gehört hatten. Jeder nannte den anderen scherzweise »Österreicher«, bis endlich mein Peterle sich beim Lehrer beklagte, daß man es, vermutlich weil sein Vater gestern einen Tisch gemalt habe, jetzt einen »Öhlstreicher« nenne.

»Nein, bloß Österreicher, wie der Franz Michel uns auch nannte«, verteidigte sich sein Stuhlnachbar.

»Öhlstreicher oder Österreicher«, eiferte das Peterle, »geschimpft ist geschimpft.«

Der Lehrer lächelte. Da er selbst im Sommer als Maurer in der Schweiz lebte, wußte er besser Bescheid als damals mancher seiner Berufsgenossen, der nur Lehrer ward, um der lästigen Rekrutenaushebung zu entrinnen. Er langte nach der Landkarte, die – eine uns bisher unbekannte Größe – ob dem Schreibtisch an der Wand hing, und begann auf dem wunderlich närrischen Gekribbel herumzuzeigen, bis etwas Vernünftiges daraus wurde. Für viele freilich war der Gewinn dieser Stunde verloren. Es gab aber auch manche, denen es noch später Freude machte, vom nahen, uns wenigstens durch Hörensagen bekannten Bodensee aus jede Stadt aufzusuchen, von der sie zufällig einmal hörten.

Noch allgemeiner hätte diese Freude mit einer Karte von Vorarlberg werden können, wo auch genauer Bekanntes zu suchen und zu finden gewesen wäre. Unstreitig hätte dann das Suchen jeden so gut belehrt, als das Finden erfreut, und unter der großen Karte von Palästina hätte unser kleines Vaterländchen noch recht gut Platz finden können.

In mir ward der Wunsch, etwas von den blauen, grünen und gelben Ländern um unseren Bodensee herum zu erfahren, immer lebhafter. Ich bedauerte ordentlich, daß wir nur in der Bibel lesen durften vom heiligen Land, da doch gewiß auch in diesen weniger heiligen Ländern seit Abraham und Moses etwas Wichtiges geschah. Die biblische Geschichte für Kinder von Christoph v. Schmid nämlich war und blieb in allen acht Schuljahren eigentlich unser einziges Lesebuch. Daraus lasen wir – die das Namenbüchlein überwunden hatten – nun täglich zweimal abwechselnd laut vor. War man mit dem Buche fertig, so wurde gleich wieder von vorne angefangen, so daß mancher das Ganze gut genug auswendig wußte, um – unerwartet vom Schwätzen zum Lesen aufgerufen –, ohne einen Blick ins Buch, fortfahren zu können, wenn er nur die letzten Worte des vorher Lesenden noch gehört hatte. Da ich meine Lernbegierde in der Schule nicht vollkommen befriedigen konnte, ersuchte ich den Vater, daß er den Pfarrer um Bücher für mich bitte. Aber da kam ich gut an. Der Vater meinte: ich hinge mich ja schon hier an jeden Nagel, und wenn mein Sinn jetzt auch noch in der ganzen Welt herumgeworfen würde, so wüßte kein vernünftiger Mensch, was es aus mir noch abgäbe. Nur das sei gewiß, daß dann nichts Rechtes, Festes aufkäme, sowenig, als in einem Erdäpfelacker, wo man den Samen täglich ausgraben und an einen anderen Platz bringen täte. Ich suchte nun meinen Alten wieder auf; doch der konnte mich nicht mehr befriedigen, seit ich auch Fragen an ihn stellte. Ich war ordentlich böse auf ihn und nahm ihn erst wieder liebend ins Herz auf, als eines Morgens die Sterbeglocke verkündete, daß er nun sein letztes Pfeifchen geraucht und auserzählt habe.

Besser gefielen mir jetzt die Erzählungen Vetter Jakobs, des Webers. Der hatte viel in alten Kalendern und auch den »Kaiser Oktavian« gelesen. Aber seine Erzählungen waren so traumhaft wunderbar, seine Berichte aus der Welt herein so ungeheuer, daß ich an Schmids Bibel und an meine einfachen Verhältnisse gar nicht anknüpfen konnte. Nun suchte ich daheim nach Büchern, fand aber nichts als das Leben Schinderhannes, Genovefa, das »Buch zum Todlachen« und die 300jährige Legende, auf deren letztem Blatte der selige Großvater die Geburtstage und -stunden seiner vielen Kinder verzeichnet hatte. Ich begann aus purer Langweile diese Geschichten der lieben Heiligen Gottes zu lesen, jeden Tag eine, und wenn es mir zuweilen auch fast lächerlich vorkommen wollte, was gewiß nur zur Erbauung geschrieben war, so gewann ich das dicke Buch doch immer lieber. Aus der Redensart manches Helden konnte man auch über sein Land, seine Zeitgenossen und ihre Anschauungen manches schließen. Das, und nur das, nicht etwa besonders frommer Sinn, wie die gute Mutter meinte, fesselte mich täglich an das großmächtige Buch, während meine Schulgefährten mit ihren kleinen Reitschlitten – »Brittler« genannt – jauchzend, singend und lärmend über schneebedeckte Halden hinabflogen. Der Vater sah mein Lesen recht ungern und war bemüht, mich auf andere Weise zu beschäftigen; sogar gegen den Willen des Gottle, welchem es doch gar manchen Zeitvertreib gewährte.

Das blieb so, bis man im April, so um den Schluß der Schule herum, auf einmal überall von einem großen Kriege redete, der plötzlich ausgebrochen sein sollte. Eigentlich sei es kein rechter gehöriger Krieg, wo man gleich herzhaft und mit gutem Gewissen Partei nehmen könne, sondern ein gesetzloses Metzeln und Morden, Sengen und Brennen aus purer Verbitterung, Neid und Haß. Schaudernd hörte man von Hausierern, bettelnden Handwerksburschen und allen, welche kamen und gingen, täglich neue Greueltaten. Eine rechte Bedeutung aber bekam die Sache erst, als unser Pfarrer einen Hirtenbrief des Bischofs vor Weinen in der Kirche gar nicht fertig lesen konnte. Jetzt sah ich meine unterdrückten Welschen – bisher in nebelhafter Ferne stehend – Gestalt gewinnen und furchtbar schnell riesengroß heranwachsen. Ich stand entschieden auf ihrer Seite und war nicht allein. Auch hier gab es Gefechte, aber nur Wortgefechte, die für die meisten keine Wichtigkeit hatten. Mir war's unheimlich dabei zu erfahren, wie schwankend der Begriff von Recht und Unrecht sei. Du guter Gott! Und in der Welt draußen sollten sie nun für diese Meinungsverschiedenheit ihr Leben lassen; vielleicht auch viele, die gar keine Meinung hatten! Ich vermochte die Sache nicht zu entwirren; beschloß aber die Tatsachen mit größter Aufmerksamkeit zu verfolgen. Jeden Posttag, das heißt jeden Sonnabend, schlich ich mit dem Peterle zum Vorsteher, wo ich dann die vom Gerichtsboten gebrachten Zeitungen lesen hörte. Anfangs wagte ich kaum, das Erfahrene daheim wieder zu berichten. Bald aber forderte mich der Vater dazu auf, und im Mai, als die Feldarbeit begann und sich nicht mehr erraten ließ, wann der Vorsteher Zeit zum Lesen hatte, ersuchte der Vater ihn selbst, uns die alten Zeitungen zu überlassen. Der Vorsteher sah es vielleicht nicht ungern, daß neben dem Oberlehrer Albrecht sich auch andere mit den Zeitungen zu plagen anfingen, weil ihnen beiden ihr Lesen schon oft verargt worden war. Wir bekamen freilich nur ganz alte Blätter; denn zuerst blieben sie oft eine ganze Woche auf dem letzten Postamt, in Bezau, liegen, bevor sie vom Gerichtsboten abgeholt wurden, dann mußten Pfarrer, Vorsteher und Lehrer Zeit zum Lesen gefunden haben, und was dem ersteren unpassend scheinen mochte oder was den anderen beiden besonders gut gefiel und des Aufbewahrens wert schien, bekamen wir gar nicht mehr zu sehen. Wir schätzten es aber schon als ein großes Glück, nur überhaupt etwas zu bekommen und verfolgten die Ereignisse, so gut es eben ging. Die übrigen Dorfbewohner dagegen hatten die Sache bald wieder herzlich satt. Zuerst äußerte sich mancher, als ob es ihm ganz recht sei, wenn auch den Hohen einmal gehörig warm gemacht, ihr Gewissen aufgerüttelt werde; nun aber war alles gegen die, welche Unfrieden anzetteln wollten. Man litt allgemein unter den Folgen, die ein unsicherer Zustand dem Handel und dem friedlichen Verkehr immer bringt. Die Stickerinnen wurden schlecht bezahlt, Hunderte von Arbeitern, die sonst in der Fremde ihr Brot verdienten, mußten in dem engen, ohnehin schon überfüllten Ländchen bleiben, und dabei sprach man immer lauter davon, aus der waffenfähigen Mannschaft eine Landwehr zu bilden. Wie sollte das kommen, wenn vom 18. bis zum 45. Lebensjahr alles statt Sense und Gabel die Schießprügel zur Hand nehmen mußte? Die Bauern sahen ihre Wiesen schon unbearbeitet, ihre Kühe verwahrlost, und den Kathrinentag – den Zinstag – sahen sie kommen, kalt und rauh, und hatten kein Geld – und die Söhne im Pulverdampf. Im letzten Winter hatte man die Milch um einen Spottpreis an den Milch- und Käsehändler verkauft. Was half es dem armen Bauern, daß er die gemachten Käse so teuer absetzte? Deswegen zahlte er im Sommer doch keinen Pfennig mehr für die Milch, weil man ja bei so unruhigen Zeiten niemals wisse, wie es noch gehen werde. Das alles lastete auf den Gemütern, und man wollte daher so schnell als möglich Frieden um jeden Preis.

Mein Vater sagte manchem, daß der Krieg und die Unruhe doch auch etwas Gutes habe. Wenn einmal das Gewässer verlaufen sei, werde man erstaunt sehen, wieviel fruchtbaren Boden die Überschwemmung herbeigebracht habe. Man müsse nur die Zeit erwarten und könne so etwas nicht übers Knie abbrechen, wie einen dürren Stock. Aber wenn der Vater die vom Lesen gewonnenen Ansichten aufstellen wollte, so fühlte er nur zu bald, daß er noch zu wenig wußte, um über Zeitfragen streiten zu können. Trotzdem galt er schon für einen Leser und war auch als ein solcher gesucht und gemieden. So kam er mehr als vorher in die Gesellschaft des Vorstehers und anderer, die auch zuweilen »ihre Nase in Büchern und Schriften hatten«. Da lernte er denn auch über mich ein wenig anders urteilen und war froh, wenn ich ihm nach heißen Sommertagen das Neueste vorlas. Unsere Tagwerker lachten ihn aus, daß er sich mit so etwas abgeben möge. Als jedoch plötzlich die jungen Dorfbewohner unter der Aufsicht eines ausgedienten Kaiserjägers täglich zwei Stunden exerzieren mußten, waren die Unruhen in der Welt draußen keinem Menschen mehr gleichgiltig. Der Lärm der Trommel tönte wunderlich ins friedliche Geläute unserer Kuhschellen hinein, das Krachen der Schüsse verscheuchte die munteren Sänger in den Wäldern, und mit dem alten stillen Frieden der Heimat schien es aus zu sein für immer. Väter und Mütter jammerten und redeten von den letzten Zeiten, welchen ja doch – allem nach – solche Unruhen vorangehen mußten. In der Schweiz drüben sollte die Mutter Gottes erschienen sein, im Tirol hatte eine gewisse Margarete Stoffel den Sturz des Papsttums verkündet, und von überall hörte man Wunder und die beunruhigendsten Dinge. Die Geistlichen eiferten auf den Kanzeln gegen den Zeitgeist, wie man's noch nie gehört haben wollte. Die geängstigten Bauern beteten und taten Buße. Selbst nach der strengsten Feldarbeit wagte man in keinem Hause mehr den Abendrosenkranz zu unterlassen. Auch bei uns wurde er jeden Abend laut und gemeinschaftlich gebetet; doch wenn ich wieder neue Zeitungen vom Vorsteher bekam, hatte die Mutter ihre liebe Not, mich, den Vater und das Gottle noch für eine halbe Stunde zum Beten zu bringen. Das Lesen war uns schon so Bedürfnis geworden, daß mir der Vater selbst auftrug, mich für die langen Winterabende in der Nachbarschaft nach alten Kalendern umzusehen.

Das Aufregende der damaligen Zeit, wo jeder Hausierer etwas Neues, Ungeheures brachte, hatte für mich etwas ganz eigenes. Bald richtete ich mich trotzig auf, und es war mir, als ob ich auch Ketten abschütteln müßte; dann konnte ich wieder tagelang trauern über soviel Elend auf der Welt und so viele Unzufriedenheit. Aber selbst diese Trauer war viel süßer als früher das Gefühl, daß ich allein niedergedrückt und unverstanden sei. Seitdem der Vater mit mir um die Wette las und das Gelesene nicht selten Gegenstand unserer Tischgespräche war, kam ich mir weit weniger als ein Sonderling vor. Ich schloß mich daher immer leichter auch an andere Knaben meines Alters an, besonders da nun das Exerzieren der Erwachsenen eine ganz neue Zeitverkürzung wurde. Wir begnügten uns natürlich nicht lange mit dem Zusehen, sondern begannen bald alle Übungen nachzumachen. Ich war besonders kriegslustig, daher hierin einer der ersten und wurde von den anderen zum Hauptmann gewählt oder wenigstens stillschweigend angenommen. Nun suchte ich meine Trommel wieder hervor und brachte damit die Dorfbuben jeden Nachmittag zusammen, wenn ich gerade nichts zu lesen hatte. Den Älteren waren unsere kriegerischen Übungen fast unheimlicher als die der Erwachsenen; besonders als sie auch mit dem Beginne der Werktagschule im November nicht aufhörten. Man ist gewöhnt, im Spiele der Kinder allerlei Vorbedeutungen für ihre Zukunft zu sehen. Schon jammerte manche Mutter: ob denn alle Söhne Soldaten werden müßten und keiner ihr bleibe für die alten Tage zu ordentlicher, nutzbringender Arbeit. Mein Vater suchte vielen eine Sorge auszureden, wie sie früher auch meine wunderlichen Liebhabereien ihm verursacht hatten, die ihm aber um so unbegründeter schien, je mehr er auch andere Kinder von der Zeitströmung mitbewegt sah.

VI.

Den Kalender für 1849 ließ sich der Vater nicht mehr erst am Neujahrsabende von einem Schmalzgeiger bringen. Schon im November ward einer mit recht vielen Bildern aus der Buchhandlung in dem zehn Stunden von meiner Heimat entfernten Bregenz durch einen Fuhrmann bezogen. Ich selbst nahm ihn am Sonntag mit zitternder Hand in Empfang; kam aber nicht gar so schnell ans Lesen, als ich mir schon seit Wochen vornahm. Bis mir auf das hingelegte Geldstück herausgegeben war, schien der Boden unter meinen Füßen zu wanken, daß ich kaum ruhig stehen konnte, es war unmöglich auszuhalten, bis des Fuhrmanns Töchterlein genug Batzen zusammengesucht hatte. Als aber dann der Fuhrmann zu erzählen begann, wieviel derlei Zeug in der Buchhandlung aufgebeigt liege, war ich plötzlich wie angebannt und dachte nicht mehr ans Gehen. Staunend, ja mit Ehrfurcht, hörte ich das Maß der Wände beiläufig angeben, an denen sich hart übereinander die langen Bücherreihen hinzögen. »Und doch«, schloß er, meine Erregung bemerkend, »ist das noch nichts gegen die Bibliothek in Innsbruck. Dort hat man eigene Leute, die immer das Neueste anschaffen, lesen und zurechtlegen müssen. Pfundweise kommen die Bücher in jeder Woche, und der Herr Bibliothekari ist mit Durchsehen so beschäftigt, daß er kaum noch einem Menschen ein freundliches Wörtlein gönnt.«

Wie arm, wie erbärmlich kam ich mir nun mit meinem neuen Volkskalender vor! Auf dem Heimwege durchblätterte ich ihn mehrmals; aber weniger um seinen Inhalt kennenzulernen, als um unmutig auszurechnen, für wie manchen Abend er wohl etwa langen könnte. Dabei sah ich immer den mit Lesen beschäftigten, unfreundlichen Herrn Bibliothekari und die langen Reihen, welche die Wände in der Bregenzer Buchhandlung bedeckten.

Während nun daheim der Vater und seine Schwester sich an den gebrachten Bildern freuten, suchte ich meinen kleinen Webstuhl wieder aus der Rumpelkammer hervor. Die Woche hindurch gönnte ich mir keine Zeit zum Lesen. Es entstand in meinen schulfreien Stunden eine Elle Band nach der anderen. Mit diesem Erwerb und mit den Kreuzern, welche ich in der Kirche fürs Dienen erhielt, wollte ich nach und nach ein kleines Loch schießen in die geschlossene Bücherreihe, die mir recht schwer auf dem Herzen lag. Das schien mir das einzige mögliche, um meinen Lesehunger zu befriedigen; denn daß ich nicht Bibliothekari werden könne – du lieber Gott! – das wäre mir klar genug gewesen, wenn mir's auch der Pfarrer nicht so ernstlich ausgeredet hätte, wie das wirklich einmal, bald nach dem Abholen des Kalenders, in der Schule geschah.

Noch weiß ich's ganz gut; es war ein heller Vormittag, wie man sie hier im Jänner selten und doch nur im Jänner sieht, wenn selbst unsere verschneiten Bergwände und die sonst so dunklen Tannenwälder leuchten und glänzen. Der Pfarrer kam in so heiterer Stimmung in die Schule, daß sie ihm schon anzusehen war, und frug nun uns Kinder, was wir jetzt werden möchten, wenn's gleich nach unserem Wunsche ginge? Der gute Pfarrer bekam allerlei Antworten zu hören. Die meisten in der Schule hielten einen schuldenfreien Bauer mit Wiesen und Alpenweiden für zehn Kühe und einige Rinder für den beneidenswertesten Mann, und der Pfarrer war damit vollkommen einverstanden. Es gab dann aber doch auch solche, die sich mit einem guten Handwerk, mit riesiger Körperkraft, besonderer Gewandtheit oder auffallender Schönheit begnügt hätten. Die Armen wünschten sich Geld und die Reichen Ehre. Ich mußte bei all dem Wünschen an die Helden in den wunderbaren Geschichten meines Alten denken. Früher würde ich mir sicher eine ihrer herrlichen Gaben gewünscht haben; jetzt fiel mir das nur noch ein, ohne mich jedoch so wie damals zu reizen. Still saß ich da, hörte lächelnd den anderen zu und sann über die

Folgen ihrer Wünsche nach, wenn sie sich nun gleich erfüllen sollten. Da kam endlich der Pfarrer zu mir und fragte: »Aber Franz Michel, was möchtest denn du Sonderbares werden?«

»Bibliothekari«, antwortete ich, ohne mich lange zu besinnen.

Die Schüler hatten sicher noch nie von einem Bibliothekari gehört. Sie sahen mich erstaunt an. Der Pfarrer setzte mir nun des langen und breiten die Torheit meines Wunsches auseinander. Er sagte: Alles menschliche Wissen mache den Menschen nicht wahrhaft glücklich, sondern verwirre nur den Sinn und ziehe nur die Seele von Gott ab. Zuletzt verwies er so ernstlich auf das eine Notwendige, daß ich errötend vor den Schülern stand, welche zu glauben anfingen, ein Bibliothekari müsse etwas recht Schlimmes, dem Pfarrer Mißfälliges sein. Der freundliche Herr sah das Zittern meiner Lippen, sah, wie ich würgen mußte, um das zu verschlucken, was der Unmut herauf- und heraustreiben wollte. »Etwas lernen wollen«, fügte er begütigend bei, »ist schon recht und schön. Aber in deinen Verhältnissen hast du den deutlichsten Wink Gottes, daß du nicht zum Bücherwurme geschaffen bist; was du auch nicht bedauern darfst. Mein Gott, wie oft hab' ich schon gewünscht: wenn ich nur bei der Mistgabel geblieben wäre! Da, nur da kann man recht frei und unabhängig sein nach oben und unten. Und etwas lernen kann man darum schon auch. Ja, erst da geht's gut und ist einem rechte Erhebung, wenn man die freie Wahl hat, wann und wie man es treibt.«

»Ja, wenn man auch Bücher hätte«, fiel ich unmutig ein.

»Ja so, potztausend«, sagte der Pfarrer lächelnd, »nun, da kann doch vielleicht noch geholfen werden, ohne daß man gleich Bibliothekari zu werden braucht. Komm gelegenheitlich einmal zu mir, dann wollen wir sehen, was wir Passendes finden.«

Nun war's dem Pfarrer vergeben und vergessen, daß er mir mit meinem Wunsch ein wenig warm gemacht hatte.

Kam derselbe doch jetzt auch mir etwas närrisch vor. Man konnte ja doch lesen, ohne daß man sich so von der Welt ab nur zu Büchern einsperren mußte, daß man für keinen Menschen mehr ein freundliches Wort hatte. Es gab ja doch nichts Schöneres, als mit anderen freundlich reden; nichts Erhebenderes als den lebendigen Verkehr der Gedanken. Stand man sich anfangs auch etwas steif gegenüber, so konnte man länger reden, sich klarer werden, näher zusammenrücken und kam endlich zur gegenseitig fördernden Tat. Das alles hatte ich eben erlebt. Der Pfarrer sagte mir Bücher zu, ich versprach ihm in Gedanken, nicht mehr an den bisher so beneideten Bibliothekari zu denken. O viel, viel Unrecht hatte ich dem guten Pfarrer abzubitten! Zu dieser Erkenntnis war ich aber nicht durch Lesen und Nachdenken, sondern durch Reden gekommen. Ich glaubte schon, er verstehe mich sowenig als die anderen. Ich Tropf! wie sollte er und wie sollten andere mich verstehen, wenn ich immer so stumm und unfreundlich an ihnen vorbeischnauzte, als ob ich schon der Herr Bibliothekari wär und die ganze Welt mich sauber nichts anginge?

Ein altes Sprichwort sagt: Not lehrt Beten. Mich aber hat die Not nicht recht fromm, das Unglück immer nur verschlossen und trotzig gemacht. Eine frohe Stunde dagegen öffnete mir das Herz, ließ mich demütig und liebevoll werden und erfüllte mein ganzes Wesen mit einer Wärme, in welcher hundert gute Vorsätze schnell zur Tat wuchsen. Das Glück, die Freude weckt mein Vertrauen auf Gott und öffnet mein sonst verschlossenes Wesen nicht nur der Gerechtigkeit, sondern auch der Liebe gegen alle. In solchen Augenblicken empfinde ich am richtigsten, wieviel mir noch fehlt und was zuerst anders werden muß.

Ich ging nicht sogleich in den Pfarrhof, um Bücher zu holen. Der lief mir gewiß nicht davon. Lesen konnte ich noch den ganzen Winter, wenn ich sonst gerade nichts zu tun, mit niemandem zu verkehren hatte. Mein Lesebedürfnis kam wohl nur davon, weil es mir an vertrautem Umgang, an

Verständnis fehlte, aus eigener Schuld. Nun sollte etwas anderes versucht werden, denn durchs Lesen kam ich den Leuten nicht näher und sie mir auch nicht. Wir sollten uns aber näher kommen, und das war mir klar, den ersten Schritt mußte ich machen. Ich versuchte es mit bestem Willen, und es ward mir leicht. Williger zu allem, was der Tag forderte, wollte die Mutter mich nie gesehen haben als jetzt. Der Vater war erfreut über ihr Lob und hatte bald Ursache, in dasselbe miteinzustimmen. Das wirkte wieder auf mich zurück. Ich versprach, das Lesen gänzlich aufzugeben, dafür mehr arbeiten und erwerben zu helfen. Das rührte nun meine Eltern und machte sie aufmerksamer und besorgter. Es hieß: man wisse doch nicht, was man einem Kinde raten und wehren dürfe. Jedenfalls habe mir Gott meinen sonderbaren Sinn gegeben, und es sei vielleicht gegen seinen Willen, daß mir Zwang angetan werde. Man kannte mich gut genug, daß man wußte, wie schwer ich mich zur jetzigen Lebensweise entschloß. Um mir doch auch wieder eine Freude zu machen, schickte man mich nun selbst in den Pfarrhof, eines der zugesagten Bücher zu holen.

Wie froh ich folgte, ist schwer zu sagen. Wenn ich's aber auch gut zu schildern vermöchte, ich unterließe es, zurückgehalten von der Besorgnis, daß man mir's nicht glauben würde, wie wichtig und erfreulich mir dieser Tag war. Ich hatte nun das Gutheißen der Eltern für meine Liebhaberei und durfte dem Pfarrer herzhaft ins Auge sehen, während ich meine Bitte vortrug. Er gab mir Haubers Jugendfreund mit mehreren kleinen Erzählungen von Christoph v. Schmid.

Nun ging es wieder an ein Lesen wie noch nie vorher, denn auch die Mutter hatte, da die Bücher vom Pfarrer kamen, nichts mehr dagegen. Ja, jetzt ließ sie sich zuweilen sogar eine Abkürzung des Abendrosenkranzes gefallen. Ich hatte daheim die schönsten Stunden. Mit dem Vater und dem Gottle redete ich viel vom Gelesenen. Sie hörten mir immer freudiger zu, und wir rückten uns geistig näher; ich fühlte, wie ich ihnen lieber wurde, seit sie mir auf meinem Wege entgegenkamen und mich verstehen lernten. Herzlich dankbar für jedes freundliche Wort lebte ich mich nun auch mehr und freudiger in des Vaters Berufsleben hinein. Ich wollte nicht mehr nur Geld zu Büchern verdienen; es machte mich glücklicher, der Haushaltung etwas zu erwerben, da ich wohl sah, wie grausam nötig man auch jede Kleinigkeit brauchen konnte. Nicht mehr außer dem Hause oder im stillen Altarkämmerlein, in der Stube, im Kreise der Meinen, mit ihnen arbeitend und plaudernd suchte und fand ich meine beste Kurzweil. Wenn auch der Vater an einem Abende zum Vorlesen, ja sogar zum Zuhören keine Zeit hatte, so war mir darum doch wohl, wenn er nur daheim blieb. Ich konnte unmöglich mehr genug neben ihm sein, und jede Stunde schien mir verloren, die ich früher absichtlich und ohne vernünftigen Grund außer dem Hause verbracht hatte. Es war recht öd in der Stube ohne den Vater. Auch seinen Werkzeugen, Bohrern, Sägen und Zangen schien es öd. Wenn er da war, kam es mir vor, ob sie alle sich auf ihre Weise bewegten; sonst aber hingen sie tot ob der Hobelbank herum, wie Kirchenglocken am Karfreitag. Alles war dann still und ernst, und ich hatte nichts dagegen, wenn die Mutter den Abendrosenkranz auch noch so lang machte.

Am unliebsten sah ich ihn aber doch am Abende des 12. Februar fortgehen, ohne daß ich wußte warum. Er ging nicht etwa an eine gefährliche Arbeit, sondern bloß über die Ach hinüber nach Gräsalp, wo seine ältere verheiratete Schwester etwas unpäßlich sein sollte. Die Nacht war hell. Groß und freundlich sah ich die Sterne herunterschauen, als er ging. Die Wege durch den klaftertiefen Schnee waren so gut, daß ich ihn bat, mich mitzunehmen. Er aber besorgte, die ungewöhnliche Kälte der Nacht könnte mir um so eher schaden, weil ich überhaupt nicht besonders gut mit Winterkleidern versehen sei. Unter der Stubentür gab er mir noch das Weihwasser und betete wie jeden Abend:

»Behüte Gott dich diese Nacht,
Was er beschützt, ist wohl bewacht;
Gelobt sei Jesus Christus.«

»In Ewigkeit«, sagte ich und blieb in der dunklen Stube beim Gottle, während die Mutter ihm hinaus leuchtete.

Ich sah ihm nach, bis er im Dorfe drunten zwischen den Häusern verschwand. Hierauf betete ich mit der Mutter, solang sie wollte, denn ich ging nicht gern zu Bette. Erst als die Mutter meine trübe Stimmung sah und sie das Nachklingen des verletzten Eigensinns nannte, ging ich auf mein Zimmer, wo ich aber noch so lang zu dem gestirnten Himmel ob den stillen, schneebehangenen Bergen hinaufschaute, bis ich vor Kälte ganz starr ward. Ich hatte das Wiederkommen des Vaters erwartet, aber er kam nicht mehr – nie mehr.

Lange wälzte ich mich schlaflos im Bette herum und hörte auf das leiseste Geräusch aus dem Stalle, der nahe bei meinem Schlafzimmer war. Nach und nach aber verwandelte sich das leise Läuten der wiederkäuenden Tiere in lautes Schellengeklingel. Ich war auf unserer Alp, wo ich mich beim Suchen seltener Blumen verklettert hatte. Auf meinen Notschrei eilte der Vater herbei. Schon löste ich die Hand von dem Busch, an dem ich mich krampfhaft festgehalten – schon glaubte ich mich erfaßt und sicher –, als ein lauter Schrei – es war das Gottle – mir alle Kraft benahm und ich tiefer und tiefer stürzte. Dann sah ich wieder den gestirnten Himmel, sah die weiß und grün angestrichenen Fensterläden des Nachbarhauses und hätte nun wach zu sein geglaubt, wenn ich nicht noch immer das Gottle schreien und jetzt auch die Mutter jammern gehört hätte. Ich zerrte an den Augenlidern, kneipte mich in die Arme und tat alles, mich aus dem bösen Traume zu wecken.

»Mutter, Gottle!« rief ich ängstlich, und nun entstand neues Jammern, aus dem ich endlich heraushörte, wie keine der beiden es mir sagen dürfe und könne, daß mein Vater am Schlagflusse gestorben sei.

In der Wohnstube hörte ich fremde Stimmen. Ich sprang aus dem Bett und stürzte unangekleidet aus der Kammer. In der Stube lag der Vater neben seinen Werkzeugen, die beim Scheine eines matten Lichtes lange, starre Schatten warfen. Vor dem Vater stand der weißgekleidete Pfarrer und betete. Einige Burschen, die am Tische saßen und ebenfalls zu beten schienen, begannen laut zu weinen, als ich kam. Ich vergaß im Schrecken alle dem Priester schuldige Ehrfurcht, zupfte ihn am weißen Kleid und fragte: was denn um Gotteswillen dem Vater fehle und was ein Schlagfluß sei? Der Pfarrer hörte sofort auf, lateinisch zu beten. Er erfaßte meine zitternden Hände und sagte: »Nichts mehr fehlt ihm, du mein gutes Kind – denn der liebe Gott hat ihn zu sich genommen.«

Ich verstand, was das hieß. Aber das war nicht möglich, war zu ungeheuer für den lieben Gott. Der Pfarrer redete noch lang, aber ich habe nichts mehr davon verstanden. Um mich herum ward es heißer, dunkler, und mir wurde es, als ob der Boden unter meinen Füßen weiche und ich zu sinken anfänge, tief, tief. Auf mich wälzte sich etwas Unaussprechliches, Ungeheueres. Erst der Stundenschlag der Uhr brachte mich wieder zu mir selbst. In dem Klange glaubte ich etwas von der Stimme meines Vaters zu hören. Nun sah ich ihn wieder vor mir liegen, aber er war doch gewiß nicht tot. Nein, nein, das nicht! jetzt ja sah ich's durch meine zitternden Tränen hindurch, wie er zu lächeln, sich zu regen begann. »Hol' nur den Doktor«, rief ich, »denn das kann so nicht sein – es ist unmöglich!«

Ach, wie gaben sich diese Menschen Mühe, mich zu überzeugen, daß wirklich alles aus, gar keine Hoffnung mehr sei. Mir aber sollte, mußte etwas geschehen. So müßig dastehen, jeden Augenblick neue, noch ungeheuerere Lasten auf mir fühlen konnte ich nicht. Ich selbst wollte in das nur eine leichte Stunde entfernte Dorf Au und den Doktor holen. Ohne noch ein Wort zu sagen, eilte ich ins Schlafzimmer zurück, um mich anzukleiden. Da hörte ich wieder das Jammern der Mutter. Das ging mir durch mein Inniginnerstes und nahm mir jede Kraft, jede Hoffnung. Ich eilte zu ihr und sank laut aufschreiend in ihre Arme.

Von da an weiß ich wenig mehr zu erzählen aus dieser Schreckensnacht. Wenn ich ihrer gedenke, sehe ich einige Burschen um den runden Tisch herum sitzen, auf dem ein mattes Kerzenlicht brennt. Einer erzählt, wie er den Vater tot auf dem Wege gefunden; ein anderer, wie er noch fünf Minuten früher gemütlich mit ihm geplaudert habe. Auch was jeder von ihnen heute noch außer dem Hause wollte, wird erzählt und dazwischen wieder ein Rosenkranz für den Verstorbenen zwar laut, aber doch mit gedämpfter Stimme gebetet. Ob nur meine Einbildung, die sich später noch oft mit dieser Schreckensnacht beschäftigte, das so zusammengestellt hat, oder ob ich es wirklich sah, kann ich nicht mit Bestimmtheit sagen. Am anderen Morgen saß ich im Gado, wohin die liebe Leiche gebracht worden war, neben der Mutter. Sie hatte krampfhaft meine beiden Hände erfaßt und schien zu schlummern. Ich wagte mich nicht zu regen, nur mein Auge suchte das ihrige. Es war offen und bald auf mich, bald auf die Leiche gerichtet. Als nun mein Blick dem ihrigen begegnete, hielt sie meine Hände noch fester und schrie laut auf: »Er ist tot, ist fort und läßt uns allein!« Als ich laut aufweinte, sagte sie: »O du hast es gut, daß du weinen kannst; daß das heiße Weh nicht jeden Tropfen in dir auftrocknet! aber du weißt auch nicht so ganz recht, was du verloren hast – du und ich. Ja, du bist noch so jung und unerfahren und ich sollte dir alles sein, wie genug ich auch mit mir selbst schon zu tun hätte.«

Gewiß, der Gedanke, daß nun die Sorge für mich, fürs Gottle, fürs ganze Hauswesen einzig auf ihr, der Verlassenen, liege, drückte sie anfangs noch tiefer nieder; aber gerade dieser Gedanke richtete sie auch zuerst wieder einigermaßen auf. Ihre Frömmigkeit, ihr festes Gottvertrauen bestand auch diese Prüfung und ging sogar noch größer und schöner daraus hervor. Sie war ein Weib, eine

Hausmutter, die die ganze Gemeinde bewundern mußte. Im Geiste des Geschiedenen wollte sie wirken. Schon am Tage nach jener Unglücksnacht kam sie zu mir ins Altarkämmerlein, wo ich stundenlang weinte, und sagte feierlich: »Gott der Herr selbst hat den Vater zu sich genommen. Die Leute jammern, daß er unversehen – ohne Beichte und Kommunion – gestorben ist, mir aber macht das nicht viele Sorge. Das hat Gott so wollen, der gewiß nicht das Unrechte will. Der Vater hat so gelebt, daß er leicht Rechenschaft ablegen kann vor dem Richterstuhl des Allwissenden. Wäre das nicht, so hätte der ihn sicher nicht so schnell hinweg genommen, drum ist's mir noch fast ein Trost. Für den Vater sollte ein schneller Tod gewiß keine Strafe, sondern bloß eine Erleichterung des Scheidens werden. O er hat sie verdient! Er war ein rechter, ein lieber, der beste Mann; und ich wollte jetzt nur, daß ich seiner mich wert zeigen könnte vor dir, dem Gottle und der ganzen Gemeinde, daß er vom hohen Himmel zufrieden segnend auf uns herabsehen könnte. Nur das bleibt mir auf dieser Welt noch zu wünschen.«

Und die Starke hat diese Gnade wirklich gehabt. Die vielen Leute, welche kamen, um für den Verstorbenen zu beten, bewunderten die Ruhe, mit welcher sie ihre Anordnungen, besonders zur Beobachtung der durch die Sitte vorgeschriebenen Bräuche, treffen konnte. Dieser Bräuche bei Todfällen gibt es so viele, als ob es gerade darauf abgesehen sei, die Bewohner des Trauerhauses auch nicht einen Augenblick zu sich selber kommen zu lassen. Vom Morgen bis zum Abend währt das Kommen und Gehen derjenigen, welche ein »Seelenalmosen« – gewöhnlich ein Kleidungsstück des Verstorbenen – wie einen ihrer Armut schuldigen Tribut in Empfang nehmen, wofür sie den trauernden Spendern gewöhnlich eine endlos lange, ungemein peinliche Trostrede halten. Abends, nach dem Nachtessen, versammelt sich so ziemlich das ganze Dorf in allen Räumen des Hauses, um für den Verstorbenen einen

Psalter, aus drei Rosenkränzen bestehend, zu beten. Die Ärzte und auch einzelne gebildete Geistliche haben bisher noch immer vergebens geredet gegen diese jeden fühlenden Menschen quälende Sitte, die überdies noch gefährlich ist, wenn der Gestorbene einer ansteckenden Krankheit erlag. Es wird allerdings zugegeben, daß man auch in der Kirche sich versammeln und beten könnte – fast besser, als in einem engen Hause, wo alles sich drängt und stört. Doch man will es dem Toten nicht antun, ihn ganz allein liegen zu lassen, und man sagt, daß so eine fromme Versammlung für die Überlebenden recht tröstlich sei. Diesen kommt es freilich nicht so vor, wenn sie es einmal ausstehen müssen, aber sie dürfen nichts sagen, und so bleibt es immer bei der alten Plage. Uns wenigstens tat es recht in der Seele weh, als wir die von des Vaters Hand noch an ihren Platz gestellten Werkzeuge, den Schraubstock, die Hobelbank und alles aus der Stube entfernen, im ganzen Hause das Unterste zuoberst räumen mußten, um für die vielen Andächtigen, Teilnehmenden und Neugierigen etwas Platz zu bekommen. Weh tat uns auch das Lachen der jungen, ungezogenen Leute und ihr dummes Geschwätz vor und nach dem Psalter. Über alles mögliche unterhielt man sich da, die Pfeifchen der vielen Raucher dampften, bis ein Qualm entstand, der endlich die meisten heim trieb. Nur etwa noch ein Dutzend junge Leute aus unserer Verwandtschaft blieben in der Rauchwolke zurück und halfen uns die Nacht durchwachen. Noch einmal wurde ein Psalter gebetet. Die übrige Zeit vertrieb man sich mit Kaffeetrinken, Spielen und Plaudern. Uns kam es vor, als ob wir gar nicht mehr da zu Hause wären. Wieder und wieder flohen wir zum Sarge des Vaters, auf welchem neben einem Kruzifix zwei Lichter brannten. Die Nacht war endlos lang, doch konnten wir trotz aller Müdigkeit nicht schlafen. Wenn uns die Augen zufielen und wir uns allmählich an den Lärm in der Stube gewöhnten, kam uns auf einmal wieder in den Sinn, warum die draußen versammelt waren. Erschrokken fuhren wir dann auf. Ein unaussprechlicher Schmerz, der uns durchzuckte, schien furchtbar schnell die wenigen Minuten des Vergessens und der Erholung wieder einbringen zu wollen. Das laute Weinen des einen schreckte auch das andere wieder auf, bis endlich – und doch noch zu früh – der Morgen kam, an dem wir den Sarg zunageln, die schwarze, hart gefrorene Erde ins Grab fallen hörten. Ja das alles hab' ich gehört, und die Glocken läuteten dazu so ernst, und alles weinte. Noch lange glaubte ich im Glockenklang immer auch das Fallen gefrorener Erdschollen und das Weinen der Mutter zu hören, während mich früher das Läuten nur an den ersten Gang zur Kirche und andere glückliche Stunden erinnert hatte.

Nicht nur wir, auch die Gemeinde hatte viel an dem Verstorbenen verloren, besonders die Armen. Wer sich mit seinen Angelegenheiten nicht selbst an den Vorsteher zu wenden wagte oder beim Pfarrer eines Fürsprechers zu bedürfen meinte, kam ohne Scheu zu meinem Vater, welcher für alle und für jeden einzelnen da war. Jeder ging hoffnungsvoll oder doch getröstet von ihm. Er hatte eine ganz eigene gewinnende Art, mit den Leuten umzugehen, so daß sie sich auch das Unerwünschteste von ihm raten und befehlen ließen. Als der Weg durchs Achtal nach dem im hohen Gebirge gelegenen, vier Stunden von uns entfernten Schröcken auf Unkosten der Gemeinde neu angelegt werden sollte, und keiner der Bauern rechte Lust zu der schweren, wochenlangen Arbeit zeigte, die sie selber verrichten mußten, wurde dem Vater die Oberaufsicht von der Gemeinde übergeben, weil man glaubte, daß die Arbeiter ihm am willigsten folgen würden. Man fand sich auch nicht getäuscht. Er verstand es meisterlich, jeden auf seinen Platz zu stellen und auf seine Weise zu behandeln. Alle Dorfbewohner arbeiteten mit Lust, und die Straße – anderwärts würde sie freilich nicht so genannt werden – war in kurzer Zeit fertig; viel eher, als vorher jemand erwarten zu dürfen glaubte. Noch sehe ich ihn vor mir, seine gesunde, kräftige, nur von strenger Arbeit etwas gebeugte Gestalt, sein heiteres selbstgenügsames Lächeln, das man immer auch ein wenig hörte, wie er überhaupt nur laut zu denken vermochte. Größer, aufrechter sah ich ihn nie, als da er den ersten zweirädrigen Wagen nachschaute, welche in die Achschlucht auf der neuen Straße hineinfuhren, und da ich ihm die erste Zeitung vorlas.

Er war ein frischer, freier, frommer, fleißiger, fröhlicher Mann, von dem noch lang im Dorfe geredet und gerühmt ward. Ich habe später in besonders guten und bösen Tagen stets seiner in Wehmut gedenken müssen, denn je älter ich wurde, desto besser lernte ich ihn verstehen, desto höher schätzen nach dem, was mir von ihm im Gedächtnisse geblieben ist.

Friede seiner Asche!

VII.

Es gibt auch eine Poesie des Todes, eine tiefe, wunderbare; so tief und wunderbar, daß sie bei weitem nicht von jedem empfunden wird. Der Schlaf ist des Todes treuestes Bild. Der aber, der, wie wir jetzt, im stillen bergumschlossenen Dörfchen die Nacht durchwacht, gleicht dem, der sein Liebstes vor seinen Augen versinken sah. Wehmutsvoll wendet sein Blick sich hinauf aus der dunklen Welt, die in ihrer starren Ruhe dem Schlummerlosen recht hart und selbstsüchtig erscheint. Da steht er allein im Dunklen; droben aber winken tausend und abertausend Sterne, ziehen ihn ins Unendliche, und sein Wesen beginnt sich wunderbar zu weiten, daß er sich nicht mehr sehnt nach dem Lärm des Tages, nicht mehr hinein sich wünscht ins ruhelose unzufriedene Treiben der Menschen. Zeigt uns der Tag mit seinen bunten Bildern die Größe und Kleinheit des Menschengeistes, so wirst du, freundliche Mutter Natur, dem Einsamen die hehre Verkünderin der Allmacht, der Unendlichkeit des Welterhalters, wirst ihm das Bild der Ewigkeit. O mancher, den ihr unglücklich wähnt, der es auch ist und sich von euch nicht trösten, nicht zerstreuen läßt, teilnahmslos an eueren lautesten Festen vorüberschleicht, vermochte in der Stille der dämmernden Nacht, wo kein Bild des Leides, des Weltunfriedens, den Geist gefangen nahm, sein Leid ins All zu versenken, daß es im uferlosen Meere ins Nichts verschwand.

Auch um uns herum war es seit dem Tode des geliebten Vaters überall Nacht. Wir achteten wenig mehr auf das Treiben der Menschen, denn unsere Blicke waren nach oben gerichtet. So innig waren wir an den Hingeschiedenen gebunden gewesen, hatten so fest an ihm gehangen, daß er uns mit hinüberzog in jene Welt, in der ihn jetzt unser frommer Glaube unter den Verklärten wandeln sah. Die Pforte zwischen uns und ihm, zwischen Zeit und Ewigkeit, war nicht ganz wieder verschlossen. Das verklärte Lächeln des Seligen belohnte uns noch jede gute Tat. Wir mußten einander noch nahe sein. Mir wenigstens war der Gedanke an ihn mein Gewissen, und die Mutter sagte, einem Priester, der an Gottes Statt wirke, müsse ähnlich, obwohl noch viel erhabener zumute sein als ihr, wenn sie am Platze des Vaters und in seinem Namen das Hauswesen leite. Es war uns wirklich zumute wie dem einsamen Bewunderer einer herrlichen Winternacht, für den der Lärm des Alltagslebens keinen Reiz mehr hat, sondern nur noch das Versenken seines ganzen Ich ins Überweltliche, ins Unendliche.

Unsere Freunde und Verwandten sahen nicht ohne Besorgnis die Mutter immer stiller, immer gleichgiltiger werden gegen viele ihnen wichtige Dinge. Nicht etwa, daß sie die Pflichten der Haushälterin irgendwie vernachlässigt hätte. Dazu war sie viel zu besorgt um meine Zukunft, zu eifrig, sich ihres Gatten wert zu zeigen und der nach seinem Tode von Gott an sie gestellten Anforderung zu genügen. Zurückkommen durfte die Haushaltung nicht, wenn's irgend zu vermeiden war. Dieser Gedanke beherrschte die Mutter fast allmächtig, so daß sie nicht mehr auf ihre Gesundheit Rücksicht nahm. Aber weil sie die Erfüllung ihrer schweren Aufgabe wie eine Art Gottesdienst ansah, begann ein Ernst sie zu umgeben und allem äußeren zu verschließen, der die, welche ihr nahe standen, immer besorgter werden ließ.

Nun versuchte man sie zu trösten, aber mit Gründen, die ihrem Wesen fremd waren, gegen die sie sich sogar mit aller Kraft wehrte. Wer jemand aus der Tiefe des Schmerzes erheben will, der muß vorher auch in diese Tiefe hinabsteigen können und lesen in der Seele des Leidenden. Dem bloßen Rufe, heraufzukommen, folgt er nicht, und hat nicht die Kraft, den zu seiner Rettung ihm zugeworfenen Strick zu erfassen. Das ist aber häufig nicht gar ein so großes Unglück, als man glauben könnte. Ausklingen muß der Schmerz im Herzen wie eine geschlagene Glocke, die leicht zerspringt, wenn man sie zu schnell mit einem fremden Gegenstand drückend in Berührung bringt. Im kräftigen Einstehen an des Vaters Platz hätte die Mutter sicher noch den besten Trost gefunden, wenn es ihr durch die Verhältnisse nicht gar zu schwer gemacht worden wäre. Freilich konnte man sie für ein Alter von fünfzig Jahren noch ungewöhnlich gesund und kräftig nennen, aber sie brauchte das. Im Winter mußte sie neben der Küche und dem kranken Gottle noch unsere fünf Kühe versorgen. Ich machte ihr mit Waschen und Flicken der Kleider gewiß noch ebensoviel oder mehr Arbeit, als ich ihr anderweitig neben der Schule abnehmen konnte. Einen Knecht wollten uns unsere Mittel nicht erlauben, und die Mutter hätte sich auch ein Gewissen daraus gemacht, mir etwas von dem zu nehmen, was die saure Arbeit, die bittere Sorge hinterließ. Verdienen konnte ich wohl auch künftig nie viel, daher mußte auf jede Weise gespart werden.

Gerne hätte sie unseren Anteil an der Alp verkauft, die der Vater mit seinen Geschwistern vom Großvater erbte. Doch das war nur mit Nachteil zu machen in einer Zeit, wo kein Mensch den Verhältnissen so traute, daß er etwas unternehmen mochte. Alle Preise schwankten, und da man im größeren nur noch um Papiergeld handelte, so wußte man nie, was man in der Hand habe und was eine bestimmte Summe über Nacht noch wert sei. Unser Vormund, der einzige am Leben gebliebene Bruder des Vaters, ein rotbackiger, noch unverheirateter Mann in den besten Jahren, riet uns, die Alp, welche ja doch des Vaters Brotkorb gewesen sei, einstweilen zu behalten und lieber einige Grundstücke zu verkaufen. Auf der Alp werde doch alles mit Knechten getan, und es sei besser für die Mutter, wenn sie künftig im Winter nicht mehr soviel Kühe zu versorgen habe. Gewiß wäre es dem Vormund nicht recht gewesen, einen ganz fremden Teilhaber der Alp neben sich zu bekommen. Eigennützig darf man ihn aber darum doch nicht nennen. Im Gegenteil, er übernahm das Kaufen und Verkaufen der Kühe, die wir jeden Sommer brauchten und mit denen wir im Herbst nichts mehr anzufangen wußten, ohne irgend eine besondere Belohnung und erwies sich uns überhaupt in jeder Weise gefällig. Mir war er schon wegen seiner Ähnlichkeit mit meinem Vater ungemein lieb. Nur daß er an seinem Hochzeitstage, etwa ein halbes Jahr nach dem Tode des Vaters, Tanzmusik hielt, habe ich ihm lange nicht recht verzeihen können. Überhaupt kam mir noch immer jeder frohe Mensch etwas rücksichtslos und selbstsüchtig vor. Wer noch keinen Verlust eines Lieben zu beklagen hatte, der sollte Gott im stillen täglich danken, aber nicht anderen mit seinem lauten Jubel darüber wehe tun.

Hatte denn der und der seinen Vater mehr verdient als ich? Oder brauchte er ihn notwendiger? Warum hatten denn gerade wir so unglücklich werden müssen? Mit solchen Gedanken ging ich manchesmal durchs Dorf hinab. Die Arbeiten und Sorgen des täglichen Lebens drückten mich und die Mutter mehr und mehr aus jenen Höhen herab, in welche zuerst unser Geist dem Geschiedenen gefolgt war. Zuerst war es uns immer gewesen, ob er unsichtbar noch um uns sei; jetzt aber empfanden wir es immer und überall, daß er uns fehlte. Wir glaubten zwar, daß wir nur nach dem Wissen und Willen Gottes leiden mußten, aber eben darum begannen wir den lieben Gott fast für unseren Schuldner zu halten. Die vielen sich folgenden Unfälle im Stall trafen uns immer doppelt, weil sie uns nicht nur um einen bedeutenden Teil unseres kleinen Vermögens, sondern auch beinahe um jenes kindliche Vertrauen brachten, welches in jedem Ereignisse das Eingreifen Gottes sieht und vom Schlimmsten immer wieder das Beste hofft. Die Mutter hatte bisher ihre religiösen Bedürfnisse durch pünktliche Pflichterfüllung befriedigt, ohne daß dabei besonders viele Worte gemacht wurden; jetzt suchte sie mehr als je erbauliche Gespräche und gestand offen, daß nur dadurch ihr Vertrauen wieder geweckt, ihr Mut gehoben würde. Besonders viel sah ich sie mit einem armen verwaisten Mädchen verkehren, welches alljährlich zweimal wallfahrtete und Mitglied aller bekannten Bruderschaften war.

Unser Abendrosenkranz wurde immer länger, da das fromme Bäbele immer wieder neuer Heiligen gedachte, deren kräftige Fürbitte bei Gott man sich auch noch durch ein Vaterunser erflehen sollte. Selbst dem Gottle währte manchesmal das Vaterunserbeten zur ganzen Allerheiligenlitanei etwas zu lang, obwohl auch es immer ernsthafter wurde und mich kaum noch etwas anderes als die vom Pfarrer entlehnten Schriften von Alban Stolz oder etwas aus unserer Heiligenlegende laut vorlesen ließ. Anfangs freilich war mir das etwas schwer, aber diese frommen Werke, deren Inhalt mehr und mehr auch den einzigen Stoff unserer Gespräche bildete, begannen bald auch auf mich zu wirken. So ergeben in Gottes Willen wurden wir freilich nicht, daß wir ohne bittere Klagen an den Verlust des Vaters zu denken vermochten. Gott hatte gewaltsam in den natürlichen, berechtigten Lauf der Dinge eingegriffen. Es war ein Wunder geschehen, und zwar ein so großes, wie wenn ich nun plötzlich auch am linken Auge wieder sehend geworden wäre. Dem lieben Gott war gewiß das letztere noch viel leichter, gewiß griff er nochmals, wie schon oft, auf ganz besondere, jedem sichtbare Weise in unser Leben ein, wenn man recht herzlich ihn darum bat. Ich konnte ja dann ihm, der Mutter und den Nebenmenschen viel besser, freudiger dienen, meine Berufspflichten genauer erfüllen. Angeregt ward dieser Gedanke durch das Bäbele, genährt aber wurde er hauptsächlich durch die vielen Wundergeschichten, die ich in der Legende las, während anderseits Alban Stolz die nüchterne, glaubens- und vertrauenslose Verstandesrechnung mit dem alltäglichen Lauf der Dinge fortkämpfte und beschämte.

Ja ich erwartete etwas ganz Sonderbares, ein Wunder. Trotzdem aber war ich überrascht, als einmal mich die Mutter schon um Mitternacht weckte und mir die mitgebrachten Sonntagskleider anzuziehen befahl, weil mich das

Bäbele zu einem Geistlichen bringen wolle, der wirklich schon mehrere Wunder gewirkt habe. Anfangs tat ich alles mögliche, um sicher zu werden, daß ich nicht etwa nur träume, denn ich begriff nicht, wie die Mutter mir solange verhehlen oder doch nur verblümt andeuten konnte, wie nahe die Erfüllung meines heißesten Wunsches sei. Man machte mich nun darauf aufmerksam, daß ich meinen Wunderglauben nicht verstohlen genug vor anderen Kindern gehalten hätte. Die Welt sei besonders jetzt eine böse. Was der heilige Schutzengel und was wahrhaft fromme Menschen einem eingäben, das werde unchristlich bekämpft und niedergespottet. Ich aber würde dabei leidenschaftlich und könnte leicht im frommen Eifer das Heiligste sündhaftem Spotte preisgeben, indem ich meine Behauptungen durch einen Hinweis auf Tatsachen bekräftigen wollte. Derlei Bedenken hätten gänzliches Stillschweigen mir gegenüber weitaus als das klügste erscheinen lassen.

Ich wurde mit dem Ankleiden unmöglich fertig und hätte sicher ohne den Beistand der Mutter mich in der Aufregung nur schlecht gegen die Kälte der Winternacht geschützt. Auch mußte sie mir Weste und Rock zuknöpfen, da meine Hände so zitterten, daß ich selber damit wohl kaum zustande gekommen wäre. Von dem aufgestellten Essen rührte ich kaum noch etwas an, wie sehr mich das Bäbele, welches schon herüber gekommen war, auch immer dazu nötigen wollte. Wieder und wieder sah ich mich in der Stube um, denn so wie jetzt sah ich sie nun wahrscheinlich nicht mehr. Alle meine Spielplätze hätte ich noch einmal besuchen mögen, um mir ihr Bild recht tief einzuprägen. Künftig mußten sie, mußte die ganze Welt mir anders erscheinen; mußte ich selbst ein anderer werden. Ja jetzt wagte ich's, mir zu gestehen, daß denn doch meine Kurzsichtigkeit an mancher meiner Sonderbarkeiten schuld sein möge.

Noch segnete mich die Mutter, dann ging's aus dem Hause und durch das stille, dunkle Dorf hinab. Mir war es lieb, daß das Bäbele so wenig redete, denn auch ich hatte genug mit meinen eigenen Gedanken zu tun. Im Nachbardorf Au, vor einem Hause, in welchem ich trotz der frühen Stunde schon mehrere Lichter brennen sah und ein geschäftiges Treiben hörte, standen wir still. Ein älterer Mann trug viele große, aber scheinbar nicht besonders schwere Päcke auf einen großen Schlitten. Da ich den Mann sofort kannte, konnte ich mir denken, daß er die in Au und Schoppernau gemachten Stickereien wieder nach der Schweiz ins Appenzellerländle bringen wolle. Die vielen Arbeiten langer Wochen und tausend schlafloser Nächte sah ich ihn ganz gleichgiltig aufeinander werfen; dann faßte er mich – ein Schwung, und ich steckte mitten zwischen den riesigen Ballen. Mit dem Bäbele machte er kaum etwas mehr Wesens. Unversehens lehnte es neben mir und wickelte mich in seinen Mantel. Nun ward ein alter Schimmel, an dessen Rippen und Knochen man Kleider hätte aufhängen können, aus einem baufälligen Stalle geholt und voran gespannt. Das Tier schien schlecht zu hören oder der Schlitten mußte angefroren sein, denn schon dreimal hatte des Ferggers gewaltige Stimme »hi hi!« gerufen und noch waren wir auf dem nämlichen Platze. Auf einen mit Geißelhieben bekräftigten Fluch aber begann sich's zu regen. Die Häuser wichen zurück, und bald ging es mir und dem Schimmel nur zu schnell. Mir, weil ich hart unter uns links die kalte Ach fließen sah und fürchtete, das Fuhrwerk möchte das Gleis verlieren und nebenaus kommen; dem Schimmel, weil der eisenbeschlagene Schlitten ihm ein ums andere Mal an die hinteren Beine schoß. Da bekam dann das Bäbele mit mir, der Stücklefergger mit seinem Rosse zu tun. Dieses schien nichts so gut zu können als stillestehen, wenn man aus irgend einem Hause herausrief, daß man auch noch etwas zu übergeben habe. Das geschah immer häufiger, je heller es wurde. Da mußte ein Brief, dort ein Päcklein und hier ein Bericht mitgenommen oder zurückgelassen werden. Die Leute, die dabei zu uns heraus kamen, schienen mir sich fast alle zu gleichen, seit ich niemand mehr kannte und mir bei keinem etwas Bestimmtes denken konnte. Auch die Häuser sahen sich ziemlich alle gleich. Die sonnengebräunten Wände sahen uns, unter der klafterdichten Schneekappe heraus, welche auf dem niedrigen Dache lag, recht unfreundlich an, und sonst war im Schneegestöber am Morgen weniger zu sehen, als vorher im Dunkel der Nacht, welches dem Auge doch wenigstens die Umrisse der Berge ließ. Von den vielen Krümmungen der Ach merkte ich im Fahren nichts. Meine anfängliche Aufregung wich mehr und mehr dem Gefühle des Frierens. Bald war ich so schläfrig, daß ich nicht mehr aufsehen mochte, wenn auch ein Gerede oder ein Lärm um uns herum entstand, bis man mich endlich in Schwarzenberg vom Schlitten hob. Der Fergger trieb gleich den Schimmel wieder an, und langsam verschwand sein Fuhrwerk im Nebel; mich aber führte das Bäbele in ein ihm befreundetes Haus, wo wir uns nun wieder erwärmen und erquicken konnten. Zuerst kam es mir da unheimlich vor, wie freundlich sich mir auch das alte Mütterchen erweisen mochte, dann aber schloß ich mich, wie noch selten an ein Kind, an seinen Josef an, obwohl er viel älter war als ich. Man gab mir nun seinen Sonntagsanzug, weil ich bis auf die Haut durchnäßt war, und ich fühlte mich wohl darin, wie wenig er mir auch passen mochte. Nach dem Mittagessen ging es nun zum Kaplan, dem Wundermann. Die Dorfjugend hatte ihren Spaß, die weiten Kleider an mir herumplumpen zu sehen. Ich aber kümmerte mich wenig um alle spöttischen Bemerkungen, denn ich war zu sehr mit der Frage beschäftigt, was nun kommen werde? Meine Aufregung wuchs, je näher wir der Kirche und vermutlich auch dem Pfarrhofe kamen, und wurde schließlich so groß, daß ich mehr in des Kaplans Wohnung hinein stolperte als ging. Der Gesuchte war daheim. Wie er aussah, weiß ich nicht mehr, denn ich wagte nie recht, ihm ins Gesicht zu sehen. An seine Stimme dagegen kann ich mich noch ganz gut erinnern, wie ich überhaupt für Stimmen ein besonders scharfes Gedächtnis habe. Die merkte man sich auch sehr leicht. Sie hatte bei aller Zartheit etwas Gewaltiges, das einem tief ins Herz ging, etwas, wie ich später es nur bei Jesuitenpredigten wieder hörte. Diese Stimme fragte nun das Bäbele: wie ich denn unglücklich geworden sei? Das Mädchen berichtete den ganzen Verlauf und sagte dann, da es den Geistlichen tiefbetrübt sah, wie um ihn zu trösten: »Gar so schlimm, als man anfangs geglaubt habe, sei es aber doch noch nicht. Ich könne springen und arbeiten so gut als einer, und lesen könne ich, wie man es von Unstudierten sicher noch niemals gehört habe.«

»Also das Kind liest viel?« fragte der Kaplan in einem Tone, der mir wie ein Vorwurf klang. »Soviel als einer«, antwortete das Mädchen.

»Dann«, sagte der Geistliche, »hat vielleicht der liebe Gott ihm gerade auf diese Art den Riegel vorschieben wollen, daß es nicht abkomme von dem Wege des Heiles. Es ist besser, mit einem Auge ins Reich Gottes zu gelangen, als zwei Augen haben und verdammt werden.«

Wir schwiegen. Ich ärgerte mich ein wenig über den Geistlichen, denn ich hatte ja die meisten Bücher von unserem Pfarrer; das Bäbele glaubte zuviel gesagt zu haben und wußte doch lange nicht, wie es wieder verbessern könnte. Endlich aber sagte es: »Wär's aber nicht gut für ihn, wenn ihm geholfen würde, daß er dann seiner alten Mutter auch helfen, die Berufspflichten leichter erfüllen könnte?«

»Allerdings«, antwortete der Kaplan, »das wohl, das wäre freilich besser, und drum wollen wir nun im Namen Jesu an unser Werk.«

Ich wurde in ein anderes Zimmer geführt, in dem ein kleiner Altar aufgerichtet war. Vor diesen mußte ich nun knieen, der Geistliche stellte sich hinter mich und legte die eine Hand auf mein Haupt, während die andere ein Büchlein mit rotem Schnitt hielt, aus welchem er nun lateinisch zu beten begann.

Jetzt wurde Gott von seinem Priester für mich angerufen, ein Wunder zu tun. Jetzt sah er auf mich herab und erforschte mich. Mir ward himmelangst und ich zitterte am ganzen Leibe. Wie lang der Kaplan betete, weiß ich nicht. Bald schien mir kaum eine Minute vergangen, bis die Uhr wieder eine Viertelstunde schlug, bald kam es mir vor, ob ich schon eine halbe Ewigkeit da gekniet wäre. Endlich machte der Kaplan sein Buch zu, segnete mich und sagte mir, daß er nun das Seinige getan habe. Gehen aber ließ er mich noch nicht, sondern hielt, wie vorher, eine Predigt über die traurigen Folgen des Lesens, wie schon der liebe Gott selber mich sichtbar davon abhalten wolle, wenn er mir nicht mehr Augenlicht schenke. Zuletzt gab er mir ein Fläschchen geweihten Öles. Das sollte ich tropfenweise im Namen Jesu an den Schläfen verschmieren, dabei seiner Worte gedenken, sieben Vaterunser beten und dann überzeugt sein, daß nun Gottes heiliger Wille geschehe, wie es auch immer gehen möge.

Unterdessen hatte sich draußen alles gehellt und verklärt. Über die weißen, von der Abendsonne vergoldeten Bergspitzen schaute ein tiefblauer Himmel ins Tal herab. Aber über welch ein Tal? »O wie ist doch die Welt so groß!« rief ich erstaunt, daß nicht schon eine Viertelstunde vor mir sich Berg an Berg reihte, sondern wenigstens eine Stunde weit, und gegen Osten sich gar noch weiter sehen ließ. Was in meinem engen Heimatstal zu sehen war, wußte ich schon so gut auswendig, daß ich mich seit Jahren nie mehr darum kümmern mochte. Las ich irgendwo von einem Dorfe, so dachte ich mir mein Schoppernau, hörte ich von einer Stadt, so glich sie mir dem Nachbardorf Au, welches um mehr als die Hälfte größer war. Die Berge, meinte ich, sähen alle aus wie die unsrigen und die Täler ebenso eng. Nun hatte ich andere Formen vor mir, ganz andere Felsenköpfe ragten über unbekannte Dörfer hinaus, und auf dem allem lag so ein großes Stück Himmelsbläue, wie ich's noch mein Lebtag nie geschaut hatte. Kaum war ich noch vom Platze zu bringen; denn je länger ich mich umsah, desto herrlicher kam mir alles vor. Das Bäbele gewann die Überzeugung, daß ich wirklich viel besser sehe als vorher. Nach und nach glaubte ich das auch selbst, denn soviel hatte mir ein Baum, ein Felsenkopf, noch nie zu verwundern gegeben als jetzt. Auch den stattlichen Häusern schenkte ich mehr Aufmerksamkeit als früher den einfachen Wohnungen in Schoppernau. Daß aber wirklich ein Wunder an mir geschehen sei, das glaubte ich dem Bäbele erst, als wir am anderen Tage wieder in mein enges heimatliches Tal zurückkamen.

Ich sah nämlich jetzt auch unsere Berge mit ganz anderen Augen an. Die Bildung jedes Felsenkopfes war mir wichtig, während ich früher nie daran dachte, daß sie auch anders sein könnte, als sie eben war. Und einmal zur aufmerksamen Betrachtung der Umgebung angeregt, wurden mir viele Dinge merkwürdig, an denen ich früher achtlos vorüberging, so daß man glaubte, ich hätte sie gar nicht gesehen. Ja, mir kam alles viel klarer und schöner vor als früher, und ich konnte daher nicht anders, als meinen Vettern und Basen zugestehen, daß wenigstens ein kleines Wunderchen an mir geschehen sei. Ich kann nicht leugnen, daß mir das schmeichelte, so daß ich mir in der Schule Mühe gab, das Lesebuch etwas weiter vom Auge zu halten und überhaupt als ein etwas anderer zu erscheinen. Es gelang mir das in manchem Stück, seit ich mir Zwang antat; nach und nach aber artete mein Bemühen in Verstellung aus. Ich wollte gesehen haben, was ich nicht sah. Vor anderen gab ich mir dadurch allerdings nicht so viele Blößen, als man hätte denken sollen, denn meine anderen Sinne hatten sich merkwürdig geschärft. Das Geld zählte meine Hand so gut als mein Auge; wenn jemand abends vor dem Hause vorbeiging, kannte ich ihn am Auftreten, am Husten und an hundert Dingen, auf welche andere nicht achten. Ich fand sogar, daß gewisse Menschen immer einen ganz eigenen Geruch mit sich bringen. Mit solchen Gaben und Fähigkeiten vermochte ich daher andere leicht zu täuschen, bei mir selbst aber wollte mir das nicht lange gelingen. Ich mußte mir gestehen, daß ich doch eigentlich nicht mehr sehe als vorher. Das ließ mir nicht einmal die Freude an dem, was mir durch strenges Üben meiner Sinne und durch eine Selbstbeherrschung möglich war, wie sie bei Kindern meines Alters nur selten anzutreffen sein dürfte. Ich ward immer unzufriedener mit mir selbst und begann über meine Reise zum Wundermann um so schärfer nachzudenken, weil ich für den in mir gesammelten Unmut einen Ableiter brauchte. Gott wolle mich durch Zulassung eines Unglückes von dem gefährlichen Lesen bewahren, hatte der wunderliche Kaplan gesagt. Warum ließ denn Gott nicht lieber die erblinden, welche schlechte Bücher schrieben? Dadurch wäre ja das Unglück gleich im Keim erstickt worden. Wieviel auf der Welt hätte doch Gott anders machen müssen, wenn er so den freien Willen der Menschen hätte beschränken wollen! Das war sicher nur eine Ausrede des frommen Mannes, weil er nichts anderes für mich hatte. Es war nichts als eine Täuschung mit frommen Worten, und daß ich, daß andere mir schon geholfen wähnten, war auch nur Täuschung. Wie mochte es wohl seinerzeit mit anderen, mit allen Wundern gewesen sein, von denen uns erzählt wurde? Früher glaubte ich, der heilige Klaus bringe mir in der Nacht des 6. Dezembers alle die schönen Sachen schnurgerade vom Himmel herab, die am Morgen in meinem Hute aufgebeigt lagen; jetzt wußte ich, daß nur die Eltern uns Kinder täuschten, um uns auf diese Weise zum Gehorsam zu erziehen. War es vielleicht nicht mit allen Wundergeschichten so? Eine Frage rief die andere hervor. Im zehnten Lebensjahr litt ich die furchtbarsten Qualen eines Zweifels, der auch noch Erwachsene recht unglücklich machen müßte.

VIII.

Vom folgenden Sommer wüßte ich kaum mehr zu erzählen, als was ich alles dachte und litt. Daheim gab es täglich neue Widerwärtigkeiten, die mich doppelt quälten, weil ich das fromme Gottvertrauen der Mutter nicht zu teilen vermochte. Je mehr ich las und die Verhältnisse um mich herum beobachtete, desto weniger konnte ich an ein Eingreifen Gottes in menschliche Zustände glauben; und je weniger ich davon glaubte, desto trostloser kam mir alles vor. Zum Glück hatte man unserem Pfarrer nichts von meiner Reise nach Schwarzenberg gesagt. Ich zog ihn daher jetzt auch nie mit in die Wundergeschichte hinein, sondern hing noch immer mit Leib und Seele an ihm. Er suchte das Christentum stets mehr aus seiner Lehre als aus Wundern zu beweisen, und das war, was ich jetzt brauchte, wenn mein Glaube nicht gänzlich Schiffbruch leiden sollte.

Leider hatte ich keinen Menschen, dem ich mich anvertrauen durfte. Weder von den Meinigen noch von sonst jemand wußte ich mich verstanden. Alle waren frömmer und glücklicher als ich. Am besten paßte noch der Seppel zu mir. Der glaubte auch nicht alles, was man ihm sagte. Doch die Art, wie er urteilte, oder vielmehr witzelte, konnte mich nicht überzeugen, sondern bloß das überlärmen, was sich in mir regte und mich unaussprechlich quälte. Aber auch das war mir am Ende tröstlicher als mein ewiges Grübeln. Er riß mich gewaltsam aus meinem Gedankengewebe heraus, und ich war ihm dafür dankbar, wie weh mir sein derbes, schonungsloses Wesen auch manchesmal tun mochte.

In einer Art Verzweiflung ließ ich mich zu allem hinreißen, wenn ich hoffen konnte, dadurch mir selber zu entrinnen und mich einigermaßen zu zerstreuen. Seppel brachte sich selbst und mich durch seine tollen Streiche in tausend Verlegenheiten, aber mir war alles lieber als Ruhe und Einsamkeit. Wenn wir uns verklettert hatten, daß wir zitternd ob einem Abgrunde hingen, wenn unsere kleinen Reitschlitten mit uns über die gefährlichsten Stellen schossen, war doch wieder einmal Gedanke und Tätigkeit eins. Das Leben schätzte ich nicht mehr hoch, die Gefahr hatte einen ganz besonderen Reiz. Ich suchte Aufregung und wurde daher, als ich einmal in einem Nachbarhause die Karten kennen gelernt hatte, ein so leidenschaftlicher Spieler, daß ich monatelang kaum noch einmal Zeit zum Lesen hatte. Ich lernte nur solche Spiele, wo Gewinn und Verlust fast gänzlich vom Zufall abhängig waren; aber gerade diese hatten am meisten Aufregendes, und das war es, was ich suchte. Hatte ich schon früher für häuslich gegolten, so wurde ich jetzt geradezu karg, paßte auf jeden Kreuzer und quälte mich die ganze Woche, um ja am Sonntag wieder eine Stunde mit »ramsen« zu können. Für die Schulaufgaben, welche ich dem Peterle machte, nahm ich nur noch bares Geld. Auch die Kreuzer, welche ich in der Kirche fürs Dienen erhielt, wurden im Nachbarhause jeden Sonntag auf den Spieltisch gesetzt. Gewinnen wollte ich eigentlich nicht. Wenigstens war ich herzlich zufrieden, wenn ich den ganzen Abend mittun konnte und erst zuletzt mein Geldlein verlor. In diesem Stücke war Seppel wieder ganz anders. Er spielte, um zu gewinnen, denn er hätte sich manches anschaffen mögen, wofür er seinen sparsamen Vater um keinen Kreuzer bitten durfte. So wollte er – um nur eines zu erwähnen – nicht mehr ohne seine Pfeife und Rauchtabak sein. Vor dem Vater durfte er sie freilich nicht sehen lassen, aber etwas Verbotenes hatte für ihn einen doppelten Reiz. Er gab in diesem Stücke nicht einmal sich selber nach. Wie übel ihm auch wurde, wenn er im engen Dachkämmerlein in einer Rauchwolke saß – geraucht mußte werden, und wenn's nicht mehr gehen wollte, so wurde es wieder mit einer anderen Tabaksorte versucht. Aufgegeben konnte das nicht mehr werden, nachdem man einmal aus der Werktagschule entlassen war.

Aber nicht bloß im Dachkämmerlein und beim Spieltische, überall steckten wir beisammen, und die Leute hielten uns für ganz gleich oder mich noch für den ärgern, weil ich ja doch noch viel jünger war. Seppel mußte wenigstens nicht mehr in die Schule, ich aber war erst in die andere Klasse unter den Oberlehrer Albrecht gekommen. Dieser hatte den Seppel nie recht leiden können und beging nun anfangs den Fehler, mich so streng wie ihn zu behandeln. Damit aber brachte man mich nicht weit. Ich hatte eine böse Zeit, bis er das einsah, und mein Trotz trieb mich um so mehr zu allerlei Unarten, weil ich mich einige Male schon zum voraus ungerecht verurteilt sah. Mein Ehrgeiz machte vieles wieder gut. In der unteren Schule war ich's gewohnt, auf dem ersten Platze zu sitzen, und jetzt wollte ich nicht mehr hintendran sein. War doch auch Marianne – meine Stuhlnachbarin aus der unteren Schule – schon wieder ganz oben dran. Sollte ich etwa hinter ihr zurückbleiben? Um keinen Preis!

Lehrer Albrecht bemerkte bald, daß ich ein ganz anderer Felder sei als der Seppel, und er begann mich auch anders zu behandeln. Für meine Unarten ward ich nur noch durch Zurücksetzung bestraft. Das wirkte; denn ich wollte so schnell als möglich neben Mariannen auf den ersten Platz kommen. Mein Eifer hörte aber noch nicht auf, als ich endlich dieses Ziel erreicht hatte. Erst jetzt begannen wir beide um die Wette zu lernen; aber ganz friedlich, ohne die vielen Neckereien, mit welchen sich sonst der erste Schüler und die erste Schülerin zu bekämpfen pflegen. Unsere Briefe und Rechnungen ließen wir einander verstohlen sehen. Gegenseitige Anerkennung machte uns fast noch glücklicher als das Lob des Lehrers, welches wir am liebsten teilten wie die Näschereien, welche wir zuweilen in die Schule zu bringen hatten.

Der Lehrer sah wohl, daß ich im zweiten Teile der christlichen Gerechtigkeit – Tue das Gute – viel stärker als im ersten – meide das Böse – war; aber er hatte Erfahrung genug, um zu wissen, daß unter der Sonne nichts vollkommen ist. Er sah mir manches nach, und statt mich zu tadeln, suchte er mich soviel als möglich zu beschäftigen. Er gab mir daher so nebenbei Bücher des verschiedensten Inhaltes aus seiner ziemlich reichhaltigen Bibliothek zum Selbstunterricht und ließ mich im übrigen meine eigenen Wege gehen.

Dem Peterle half ich noch immer, soviel ich konnte. Er schrieb selten einen Brief, den ich ihm nicht einsagte. Dabei gewann es aber nicht soviel als ich. Es wurde daran gewöhnt, sich helfen zu lassen; ich aber konnte mich dabei üben. Es war mir nämlich nicht genug, ihm nur einen Aufsatz zu verfassen, der gelobt wurde; er mußte auch dem Peterle ähnlich sehen. So lernte ich mich auch auf den Standpunkt eines anderen bringen und demselben neben dem meinigen Ausdruck geben. An schriftlichen Aufsätzen arbeitete ich überhaupt am liebsten, und es kamen mir derlei Aufgaben neben der biblischen Geschichte und dem Katechismus nur viel zu selten vor. Ich begann daher in müßigen Stunden eine »Schoppernauer Schulzeitung« zu schreiben, die bald jede Woche erschien. In derselben wurden auch Dorfneuigkeiten mit viel Humor berichtet. Einmal nahm mir der Lehrer so ein Blatt weg, und da ich dann – wie gewöhnlich – im Katechismus nicht recht Bescheid wußte, wurde ich für mein Unternehmen tüchtig abgestraft. Das aber machte meine Zeitung nur berühmter; der Lehrer ließ mich daher von jetzt an machen und tat, ob er gar nichts merke. Nun wanderte mein Blättchen fast von Hand zu Hand und machte auch manches Erwachsene herzlich lachen. Für mich hatte meine Zeitungsschreiberei das Gute, daß mir nun keine Zeit mehr zum Spielen blieb. Der Beifall, welchen mein Blättchen fand, machte mich zu glücklich, als daß ich noch an etwas anderes hätte denken können. Sogar selbsterlebte Widerwärtigkeiten berührten mich jetzt weit weniger schmerzlich, weil sich gerade daraus am leichtesten etwas recht Lustiges machen ließ. Ich hatte schon vom Seppel alles niederspotten gelernt, was mich beunruhigte. Jetzt aber hatten wir beide wenig mehr miteinander zu tun. Während ich mein Blättchen schrieb, suchte er bekannte Spieler auf und verlor mit ihnen manches schöne Stück Geld. Sogar kleine Schulden machte er und arbeitete dann als Taglöhner, um sie bezahlen zu können. Davon wußte sein Vater nichts und glaubte ihn daher stets am Spieltische, wenn er nicht zu Hause war. Nun sah der Bursche sich ungerecht behandelt, des Vaters Vorwürfe gingen ihm nicht mehr ein, und die beiden standen sich immer schroffer gegenüber. Des Vaters Härte ließ den Sohn nicht mehr zum Ausführen der besten Vorsätze kommen, welche zuweilen die Sehnsucht nach einem friedlichen Familienleben in ihm weckte. Wenn Seppel arbeitete, war er strenger als sein Vater; aber er wollte sich dadurch nur wieder einen Genuß verschaffen, während jenem das Ersparen nicht nur als die größte Tugend, sondern auch als die höchste Glückseligkeit galt. Ein weniger strenger Erzieher mit etwas mehr Menschenkenntnis hätte am Seppel seine Freude erleben können. Ein Bauer wäre er freilich nicht geworden und ein Weber auch nicht. Er wollte durchaus studieren, aber der Vater konnte die Gelehrten nicht leiden und glaubte überdies, den Sohn unter seiner Aufsicht behalten zu müssen. Sie beide meinten es herzlich gut; doch jeder auf seine Weise, keiner gab nach, und so kamen sie immer weiter auseinander. Wenn Seppel dem Vater ein neues Kleidungsstück vom Markte heim brachte, ward über seine Verschwendungssucht geklagt und aufbegehrt, als ob er weiß Gott was angestellt hätte.

Wie jeder echte Bauer meinte auch der Weber, man habe es auf der Welt nirgends so gut als daheim. Er verdingte daher seinen Sohn auf einige Wochen als Kuhhirt bei einem wohlhabenden Bürger in dem Marktflecken Dornbirn, der bei uns schon für eine ziemlich bedeutende Stadt gilt. Seppel sollte dadurch gestraft werden und schlimme Erfahrungen machen, aber es geschah das gerade Gegenteil. Der aufgeweckte Bursche fühlte sich recht behaglich in seiner Verbannung. Er las die Zeitungen, welche sein Dienstherr wegwarf, und im regen Verkehr gewerbfleißiger Bürger sah er sich eine ganz neue Welt aufgehen. Von da an paßte er schon gar nicht mehr heim. Täglicher Hauskrieg trieb ihn in allerlei Gesellschaften, und der Vater hatte nicht ganz unrecht, wenn er ihm sein Fortgehen übel auslegte; unrecht aber hatte er, daß er nie daran dachte, dem Burschen daheim auch nur das unschuldigste Vergnügen zu gewähren. So wurde einem allerliebsten Hündchen, welches er einmal mit heim brachte, sofort mit einer Holzaxt der Kopf abgehauen. Das und anderes brachte den Sohn zum Aufbegehren, und schließlich, als der Vater mit einem Prügel auf ihn losfuhr, floh er aus dem Hause, von wo er später mit Hilfe seiner Schwester alle ihm gehörenden Kleidungsstücke abholte, um in die Fremde zu gehen. Er tat sich schwer, bis er endlich einen Platz hatte. Ein halbes Jahr brachte er sich als Bauernknecht schlecht genug durch. Dann kam er nach Bayern und arbeitete an der Lindauer Eisenbahn, während das stattliche Anwesen seines alten kränkelnden Vaters fast gänzlich fremden Händen überlassen blieb.

Ich litt unter dem allem auch. Nach Seppels Flucht sahen viele mich an wie die verlassene Geliebte eines liederlichen Menschen. Mich aber kümmerte der arme Vetter weit mehr als das. Niemand wußte, wie gut er war, wie brav er sein konnte, wenn man ihm die Luft dazu nicht schon zum voraus durch mißtrauisches Poltern benahm. Ja, er war der beste Mensch, wem er traute, hoffte und liebte; aber wem sollte er in der Welt draußen trauen, nachdem sein Vater den Prügel gegen ihn erhoben hatte? Wochenlang sah ich das vor mir, wie ich es am 17. April 1852 gesehen hatte. Ich mochte monatelang nicht mehr in sein Haus, welches ich früher so oft besucht hatte. Erst jetzt empfand ich, daß ich doch viel an ihm verlor. Er verstand mich besser als alle anderen. Es hatte mir so wohl getan, alles Quälende von ihm wegspotten zu lassen. Ja, es war mir sogar zum Bedürfnisse geworden, meine Sorgen wegen seiner tollen Streiche täglich durch neue Angst vertreiben zu lassen. Hundertmal hatte ich ihn zitternd bewundert; jetzt aber konnte ich nur noch an seine traurige Lage denken, und dabei fehlte das Erfrischende, welches sein persönlicher Umgang hatte. In der öffentlichen Meinung gewann ich durch seine Entfernung sehr viel, weil ich nun nicht mehr in die Gesellschaften kam, in welche er mich zuweilen gezogen hatte. Meine sauer erworbenen Kreuzer hielt ich nun wieder für Bücher zusammen, die an Markttagen von welschen Mausefallenhändlern so nebenbei feilgehalten wurden. Es waren das meistens löschpapierene Volksschriften, verderbt durch Holzschnitte, von denen es einem hätte träumen können; aber billiger als die Sachen in der Bregenzer Buchhandlung, wo ein Fuhrmann in meinem Namen für Hoffmanns Jugendfreund mehr ausgab, als ich in einem halben Jahr erspart hatte. Soviel freie Zeit zum Lesen als früher fand ich jetzt nicht mehr, da ich der vielbeschäftigten Mutter soviel als möglich in Stall und Haus zu helfen suchte. Die Arme mußte doch noch immer für zwei arbeiten und nebenbei auch Krankenwärterin sein. Mit dem Gottle stand es jetzt so schlimm, daß man es nicht nur heben und tragen, sondern ihm sogar das Essen eingeben mußte. Es ist fast unbegreiflich, wie die Mutter dem Stall, der Küche, dem Gottle und allem nebeneinander abwarten konnte. Als im Frühling 1853 das Gottle von seinem Leiden durch den Tod erlöst wurde, weinte sie bitterlich an seinem Grabe und sagte, daß sie nun die beste Freundin, die treueste Ratgeberin, das größte Beispiel im Dulden, verloren habe. Nichts könnte sie trösten, wenn sie nicht der Schwergeprüften die Freuden des Himmels und das Zusammensein mit ihrem Jakob – meinem Vater – gönnte.

O wie gut hatte es die Mutter in dieser frommen Zuversicht! Ich hatte nichts dafür in der Stunde der Trübsal als Unruhe und Zweifel. Oft und oft flehte ich zum Weltenschöpfer: Wenn er mich höre, mich Elenden, so solle er einen Strahl ins Dunkle meines Gemütes fallen lassen! Aber jener feste Glaube, der in allen Stürmen sich an Gott anklammert, über alles Zeitliche erhebt und dabei doch zu allem willig und tätig macht – er kam nicht in mich, wie oft ich auch darum beten mochte. Zuweilen wollte ich mich mit dem Gedanken trösten: ich werde auch dieses schöne Kindergefühl ebenso mangeln lernen wie die Freude an den Herrlichkeiten, welche der heilige Klaus dem gläubigen Knaben schnurgrad vom Himmel herab gebracht hatte.

IX.

Selten wohl hat ein Knabe die Werktagschule mit so schwerem Herzen verlassen als ich. Bis zum vierundzwanzigsten Jahre geht's ja nur aufwärts. Die meisten sind froh, wenn sie wieder eine Strecke zurückgelegt haben. Der Austritt aus der Schule ist das Überspringen der mühevollsten Stelle. Von jetzt an kann man auch ohne Führer und Stock weiter kommen. Daher atmen die meisten tief auf, wenn sie den Entlassungsschein in die Hände bekommen. Jetzt stehen sie ziemlich hart vor dem, was ihnen bisher in traumhafter Ferne lag. Sie sind keine Kinder mehr, schon denken sie sich als gesuchte Handwerker oder umsichtige Bauern, den Eltern ihre Sorgen abnehmend mit kräftiger Hand und frischem Mute, der nun vierzehn Jahre lang wuchs und noch durch keine schlimme Erfahrung niedergedrückt wurde.

Am 24. April 1853 hatten alle vierzehnjährigen Schüler sich nach der Messe vor dem Schulhause aufgestellt und sprachen miteinander über ihre Zukunft. Wir waren unser fünf. Noch standen wir beisammen. Vier schienen sich so ziemlich gleich, aber als sie von ihren Plänen und Hoffnungen redeten, meinte ich sie schon gewaltig auseinander wachsen zu sehen. Der Johann Josef dachte sich als Zimmermann, und der Andreas wollte zum Fuhrwerk; Hieronymus hätte den geizigen Bauern um viel nicht arbeiten mögen und ging lieber nach Wien, wo seine Vettern schöne Altäre aufbauten; Josef dagegen wünschte sich nichts als ein kleines Anwesen, damit er das Weben nicht zu lernen brauchte.

Etwa zehn Schritte von den Knaben entfernt standen die ausgeschulten Mädchen und plauderten vom Sticken, vom Nähen und von der Hausarbeit. Ich stand zwischen beiden Gruppen und schaute wohl recht traurig drein. So schön wie sie vermochte ich mir die Zukunft nicht auszumalen. Sie alle hatten schon eine Vorliebe für ihren Beruf und alles, was damit zusammenhing; ich aber liebte die Kühe nicht wie ein Bauer, und das Kaufen und Verkaufen war mir in der Seele zuwider. Etwas Rechtes hätte ich schon abgeben mögen, doch als Bauer wurde ich sicher nicht viel und konnte der guten Mutter wenig Freude machen. Wenn die scharfen Blicke meiner Schulgefährten einmal dem Fluge des kleinsten Vogels folgten, wenn sie von Schönheiten sprachen, welche ich nicht sehen konnte – ich kam mir nie so enterbt von der Natur neben ihnen vor wie heute. Mich fragte keiner, was ich nun anzufangen gedenke; sie alle mochten fühlen, wie diese Frage mich schmerzen würde.

Etwas rauh mahnte ich auf einmal daran, daß es schon die höchste Zeit in die Schule sei. Mir war's nicht genug, dem fröhlichen Geplauder selbst zu entrinnen; auch die anderen sollten aufhören müssen. Das erreichte ich denn auch wirklich, und alle schritten mir langsam nach. In der Schule war ich nun freilich wieder vorne dran; aber wohl wurde mir darum doch nicht. Bei der kurzen Anrede, die der Pfarrer hielt, und in der er uns sagte, wie wir das Gelernte als einen Schatz fürs Leben bewahren und nutzen sollen, hätte ich laut aufschreien mögen vor innerem Schmerz. Ich bekam von diesem Schatz soviel als einer, und wie bettelarm war ich dabei geworden! Der Wurm des Zweifels nagte am Schönsten und Besten, was mir die Schule gab. Ich war freilich keiner der Zweifler, von denen zuweilen gepredigt wurde. Nicht Gewissensunruhe und nicht Hochmut hatte mich um das Heiligste gebracht. Auf der unglücklichen Reise nach Schwarzenberg war ein böser Keim in mich gekommen. Das Lesen der alten Legende und ähnlicher frommer Schriften hatte ihn genährt. Es war da vieles zu unsinnig, um geglaubt zu werden. Hat sich aber der Wurm des Zweifels einmal in einem Menschen festgesetzt, so bleibt er nicht bei dem, was man ihm lachend überläßt; immer tiefer frißt er sich hinein, und das Größte, Heiligste schont er nicht, wenn er es irgendwo zugänglich findet.

Ach Gott, es war noch soviel in mir unklar und nicht in Ordnung. Erst jetzt hätte ich zu lernen anfangen mögen, und nun sollte es aus sein! Mit dem, was ich hatte, sollte ich auskommen fürs ganze Leben. Tat ich denn nicht das Meinige in den acht Schuljahren? Alle anderen, selbst die Schwachköpfigsten, sah ich so gesättigt und froh, wie nach reichlichstem Mahle; ich allein ging hungrig und feuchten Auges aus der Schule.

Die Mutter sah ihre Freude an meiner schönen Schulprämie – einem großen Andachtsbuche mit Goldschnitt. – Ich hatte sie noch kaum angesehen. Das Schulzeugnis hatte überall bei den aufgeführten Lehrgegenständen – außer beim Schönschreiben – sehr gut; trotzdem zeigte ich dasselbe so ungern, und noch unlieber als der schlechteste Schüler. Ich sagte zur Mutter offen: es sei viel zu gut für mich, weil ich ja kaum etwas mehr gelernt hätte, als erkennen, wie ungemein viel mir noch fehle. Die Mutter meinte: für meinen Beruf könne ich sicher genug. Nun aber erschreckte ich sie mit der Frage, ob sie denn ganz gewiß wüßte, was mein Beruf sei? Ob mir dieser schwache Körper zur schweren Bauernarbeit, dieses Auge zum Suchen verlorener Tiere und zum gefährlichen Holz- und Heuziehen gegeben sei? Und als die Mutter schwieg, fuhr ich fort: »Ich muß noch mehr lernen, noch über manches, alles klar werden; kurzum – ich muß studieren.«

Ich wußte wohl, daß ich der Mutter mit diesen Worten grausam wehe tat. Sie kannte keinen schöneren Beruf als den meines Vaters. Vier Jahre lang war sie selbst an seinem Platze gestanden, um denselben mir zu erhalten, und jetzt wollte ich damit nicht einmal zufrieden sein, wollte ihn gegen etwas Fernliegendes, Unsicheres, ja selbst Gefährliches vertauschen. Einer echten Bäuerin ist's nicht lieb, wenn ihr Sohn so ein Herr wird, und es fällt ihr nie ein, daß er höher stehe als sein Vater, der sich mit harter Arbeit ernährte. Besonders damals galten gelehrte Herren nicht viel, weil sie ja an dem Kriege schuld sein sollten, welcher vor fünf Jahren entstand und die alte heilige Ordnung über den Haufen zu werfen drohte.

Das alles wußte ich, aber ich hatte reden müssen. Jetzt, da es heraus war, wurde das Mitleid mit der Mutter so groß, daß ich meine Rede fast bereute. Was ich noch beifügte, war weniger zur Unterstützung meines Wunsches, als zu ihrem Troste vorgebracht. Nun aber zeigte sich die Mutterliebe mächtig genug, alle Vorurteile zu überwinden. Die Gute sagte: das sei ihr eine wichtige und eine ganz dunkle Sache. Sie werde daher sobald als möglich mit dem Pfarrer davon reden. Der Pfarrer nun stand auch bei mir in so hohem Ansehen, daß ich mit diesem Bescheid herzlich zufrieden war und nur die Mutter bedauerte, die ich dabei so vieles leiden sah.

Einige Tage später, als der Pfarrer vor unserem Hause vorüberging, ersuchte ich ihn, uns bei der Rückkehr von dem Kranken, den er besuchen wollte, nur einige Minuten zu schenken. Dem freundlichen Herrn war so eine Bitte nichts Ungewohntes. Er pflegte sich und seinen Rat niemand aufzudrängen; er hatte das aber auch nicht nötig, weil er überall gesucht wurde. Fast jeder seiner Gänge durchs Dorf war jemandem zum Segen. Diesmal galt es uns. Ich und die Mutter versprachen einander, seinem Rat ohne weiteres zu folgen, welchem von uns er auch nach Wunsch und Willen ausfallen möge.

Es war kaum zu erwarten, bis er zurückkam, und dennoch erschrak ich fast zu Tode, als endlich an die Türe geklopft wurde. Hätte ich damals, als der Arzt im Tirol drinnen sich an mein Auge machte, das volle Bewußtsein wie jetzt gehabt – die Stunde würde mir doch kaum so wichtig wie die gegenwärtige vorgekommen sein. Meine Aufregung war so groß, daß ich die übliche Begrüßung vergaß, die Sache kaum einzuleiten wußte und mich überhaupt so unbeholfen benahm, daß endlich die Mutter ihre angeborene Scheu überwand und das Wort ergriff.

Sie erzählte zuerst, wie ich immer ein so sonderbares Kind

gewesen sei. Nur am Lernen und Grübeln und Sinnen hätte ich Freude gehabt. Daß ich für das Anwesen des Vaters nicht werde, was dieses brauchte, habe sie zu ihrem Kummer längst gesehen. Dennoch wäre es ihr unmöglich gewesen, mich in einen anderen Beruf hinein nur zu denken. Und jetzt wolle ich auf einmal zu den Studenten. Wenn ich wäre wie andere, daß man daheim eine Freude an mir haben könnte, so schlüge sie es mir rund ab auf ihr eigenes Gewissen. Doch dann hätte ich so einen Wunsch niemals in den Mund genommen: sie habe freilich etwas Besseres zu verdienen geglaubt, als daß sie allein stehen müsse in den alten Tagen und daß ihr einziges Kind, für welches blutsaure Arbeit das Anweselein gerettet, sich einmal irgendwo pfadlos in der bösen Welt herumtreibe. Wenn's mir zum Seelenheil wäre – ja dann käme sie mit ihren Wünschen freilich nicht in Betracht, da sie doch wohl nur noch kurze Zeit zu leben habe.

Ich kannte die Mutter gut genug, um zu wissen, welch ein großes Opfer sie mit diesen Worten mir brachte. Ich bedauerte die Gute recht von Herzen, und das Kopfschütteln des Pfarrers erschreckte mich weit weniger, als es mich noch vor zehn Minuten erschreckt hätte. Ja, seine Worte, die mir alles ausreden wollten, gingen mir tief ein. Ich war jetzt fast froh, daß alles beim alten bleiben sollte, denn ich empfand es, wie innig die Mutter mich liebte, und wie schwer ich sie verlassen würde. Ich ward immer ruhiger und brachte meine Gründe nur noch vor, um sie mir recht kräftig widerlegen, für immer zum Schweigen bringen zu lassen.

Der Pfarrer sagte: Das Höchste und Schönste am Menschen sei, wenn er sich über die Verhältnisse zu erheben vermöge. Schwache, gemeine Menschen schreckten vor jedem Steine des Anstoßes zurück und suchten wieder einen anderen Weg, auf dem es ihnen aber nicht besser gehe. Der Weise dagegen erkenne die Unvollkommenheit dieser Welt. Wohl wissend, daß jeder Weg durchs Leben ein dornenvoller sei, suche er nicht lange herum, sondern wirke auf dem

Platz, wo er stehe, und bekämpfe die Unvollkommenheit der Natur, an der wohl jeder Mensch leide, mit gutem und festem Willen. Und nun das auf mich anwendend, fuhr der Pfarrer mit Herzlichkeit fort: »Du hast dich dem Lesen und Sinnen ergeben. Du hast es hierin auch weiter gebracht als mancher andere, dir aber doch weniger genug getan als der und der. Das kommt von der Unvollkommenheit alles Menschlichen. Es ist überall so und ist eigentlich kein Unglück, denn es wäre recht langweilig auf der Welt, wenn wir nichts mehr zu verbessern, zu erweitern trachteten. Hättest du dich von früh auf schon recht auf die Bauerschaft verlegt, so würdest du nun auch immer weiter wollen, wie jetzt mit Lernen. Du wirst sagen, du seiest zu schwach zum Bauern; ich frage dich, ob deine Hand weniger zum Arbeiten tauge als dein Auge zum ewigen Lesen? Und dann noch eins: auf der Welt wird gepflastert und prozessiert und gepredigt genug, wenn auch du schon nicht Doktor oder Advokat oder Pfarrer werden kannst. Die Welt hat derlei Leute nur zu viel; deine Mutter dagegen hat nur dich. Denke, wie unaussprechlich viel sie dir getan hat! Möchtest du nicht auch ihr eine Freude machen? Wenn du sie um ihre bescheidenen Hoffnungen betrügen könntest, dann hätte wohl auch die Welt nicht viel von dir zu erwarten, auf welchem Platze du auch immer stehen möchtest. Wenn du aber bloß im Wissen selbst den Frieden suchest, so täuschest du dich. Alles Wissen ist Stückwerk, und der Gelehrteste geht in dem, was doch einem Christen das Wichtigste sein muß, oft viel unsicherer als der einfachste Bauer, der sich eins fühlt mit Gott und der Welt. An jeden Menschen kommt die Forderung: Beschränke deinen Willen! denn nur was dir gemäß ist, kannst du erreichen. Das aber erreichst du ganz gewiß mit der Gnade Gottes, wenn du deine Kraft nie zersplitterst und es dir heiliger Ernst ist mit dem, was du vernünftig willst.«

So predigte der Pfarrer. Wir beide hatten Wasser in den Augen. Seine Worte gingen mir tief ein. Als er wieder fort war, reichten wir uns die Hände. Sagen jedoch konnte die Mutter gar nichts und ich nur: »Mutter – ich will!«

Und ich wollte wirklich, denn ich hielt nun mein Los für gefallen. Meine Aufgabe war mir gestellt, und es galt, sie mit aller Kraft zu lösen. Jene Freudigkeit, mit welcher am letzten Schultage meine Altersgenossen von ihrem künftigen Berufe redeten, hatte ich freilich nicht. Ich erkannte es aber als meine Pflicht, der Mutter Wort zu halten und dem Rate des Pfarrers zu folgen.

Wenn der Johann Josef und der Hieronymus und der Josef etwa sechs oder sieben Jahre ihrem Berufe gelebt hatten, dann – eines Tages – mußten sie von den weinenden Eltern weg nach Bezau hinaus aufs Gericht zur Rekrutenaushebung. In einem Topfe lagen die glücklichen und die unglücklichen Lose. Da mußten sie eines ziehen und dem Beamten übergeben, welcher ruhig die gezogene Nummer einschrieb. Hatte der Josef Nr. 1, so war er Soldat ohne Gnade und Barmherzigkeit. Dann war es aus mit der gewohnten friedlichen Berufsarbeit. Weg mußte der Unglückliche von den Seinigen, alle bisher geknüpften Bande mußten abgerissen werden. O gewiß war so einer viel schlimmer dran als ich, und doch stand es so manchem bevor, und so mancher hatte es schon erlebt. Zuerst war's ihnen dann freilich, als ob sie jede Lebensfreude, jede Hoffnung daheim bei den Ihrigen gelassen hätten. Nach und nach aber fanden die meisten ein Hineinleben in ihren neuen Beruf weit besser, als beständig ans Unerreichbare zu denken. Schon viele hatten das durchgemacht, und alle erzählten das gleiche. Ich war im Grunde doch in einer unvergleichlich besseren Lage und mußte mich daher auch so gut in mein Schicksal ergeben können als diejenigen, von welchen ich sonst nie etwas lernen wollte. Als achtjähriger Schulbube hatte ich einen zwanzigjährigen Burschen in der Christenlehre beschämt; jetzt war der ein tüchtiger Kaiserjäger, und ich sollte mich etwa gar noch vor ihm schämen? Nein, ich hatte schon die Kraft, mein Los so mutig hinzunehmen als er das seinige! Der Mensch kann, was er will, wenn er nur vernünftig will und soviel Geduld als festen Willen hat.

Die Mutter sah mit Freude, wie ich mir bei allem so viele Mühe gab. Sie war zufriedener mit mir als ich selbst. In manchem Stücke tat ich mir freilich recht hart. Wenn ich die im Freien grasenden Kühe suchte, richtete ich oft mit zwei Gängen kaum soviel aus als andere mit einem. Da wollte mir denn schon zuweilen einfallen: beim Lesen und Schreiben würde mir Kurzsichtigkeit weniger hinderlich sein, weil ich dort ja selbst die Entfernung meines Gegenstandes bestimmen könnte. Aber ich wußte mir bald auch da zu helfen. Es fiel mir nämlich ein, den Kühen, oder wenn auch nicht allen, so doch immer einer von denen, welche mitsammen gingen, recht große Schellen anzulegen, denn hören konnte ich ja gut genug. Später schnitt ich allen Kühen auf den Rat eines alten Bauern hin einige Haare ab, mischte alle die weißen, gelben und braunen untereinander, machte sie mit der Schere ganz klein und gab sie den Tieren im Salz ein. Das sollte machen, daß sie lieber beisammen blieben. Ich konnte mit dem Erfolge ziemlich zufrieden sein. Sogar zwei im Frühling angestellte Kühe – die ersten, die ich selber kaufte – hatten sich merkwürdig schnell aneinander gewöhnt und taten schon in den ersten Tagen so heimisch, daß ich ordentlich auf mein Hausmittel zu vertrauen begann.

Aber außer dem behaglichen Gefühle der Sicherheit hatte ich auch den Gewinn, daß mir nun die Kühe immer lieber wurden. Es war mir immer mehr Bedürfnis, für ihr Wohl zu sorgen und es ihnen an nichts mangeln zu lassen. Es scheint, daß einem kein lebendes Wesen mehr gleichgiltig bleibt, wenn man einmal auf seine Neigung einigen Einfluß ausgeübt zu haben meint. Ich betrachtete das gute Einvernehmen der Tiere als mein Werk, und meine Freude daran war groß genug, um später auch größere Hindernisse mit gutem Humor zu überwinden und mich immer mehr in meinen Beruf hineinzuleben.

X.

Eine leichte halbe Stunde hinter unserem Hause rücken sich der Fuß vom Üntscherspitz und der Gräsalperschrofen so nahe, als ob sie das Achtal abschließen und keinen Menschen mehr weiter hineinlassen wollten. Drum steht der Wanderer verlegen still und fragt nach dem bequemsten Wege. Man heißt ihn vorwärtsgehen und gibt ihm den Trost mit: verirren könne er nicht ohne Steigeisen und Bergstock, und wenn es ihm doch begegnete, so würde er bald wieder auf den rechten Weg herunterpurzeln. Ist nun der Reisende ein Norddeutscher, so findet er das sehr interessant; der Schwabe dagegen meint, man erlaube sich einen Spaß mit ihm und nimmt seinen Bädeker zur Hand. Dieser nun erzählt gar von vierstündigem Steigen, bevor er den hungrigen Wanderer in Jochums freundlichem Wirtshause zu Schröcken ausruhen und großartig tafelieren läßt. Ja, Bädeker hat schon manchen Reisenden vom Schröcken abgeschreckt, so daß der Arme den schönsten Teil des Achtales gar nicht zu sehen bekam. Wer aber hat den guten Bädeker abgeschreckt? Und gesehen kann er den Weg nicht haben, sonst würde er nicht von mehr Steigung berichten als etwa soviel, daß die Ach langsam herausfließen mag. Der Üntscherberg und der Gräsalperschrofen haben der Ach gegen Norden eine schluchtartige Öffnung gelassen, welche aber selbst die Sonne nur selten zu sehen bekommt. Ist man da unter dem bißchen Himmelsbläue, das wie eine Decke an den Felszacken zu hängen scheint, einmal glücklich hindurch, der Strömung der Ach entgegen, so tut sich nach Südosten wieder ein Tal auf, noch enger als das, in welchem Schoppernau liegt. Rechts und links stürzen da rauschende Bäche unter häuserhohen Lawinen hervor, auf denen oft im Sommer die mitgerissene Erde einen neuen Frühling entstehen läßt. Wo die Ach sich einmal zwischen niedergestürzten Felstrümmern zusammensucht, spiegelt sie die Zacken an den Felsen rechts und links in den wunderbarsten Verschlingungen, und mitten dazwischen den Regenbogen, welcher sich dort im plätschernden Wasserfall bildete. Geht man etwas weiter hinein, so beginnen Wälder, Wiesen und niedrig gelegene Alpen, der Berge Fuß bekränzend, in anmutigster Weise abzuwechseln. Man darf sich recht frohe glückliche Menschenkinder in den kleinen Hüttchen denken, die rechts und links neben der Ach in Gruppen beisammen stehen. Sie sind nicht immer bewohnt, aber doch wenigstens dreimal im Jahre. Im Frühlinge, bevor man die hohen Alpen beziehen kann, im Herbst, wenn man diese verlassen muß, und dann wieder mit dem Beginn des Winters, wo das im Hochsommer gemachte Heu verfüttert wird. Fast jeder Bauer, welcher Alpenweide besitzt, hat auch so eine Voralpe, ein Vorsaß, und wohl jeder verlebte dort die schönsten Wochen.

Auch mein Vater hatte in Hinterhopfreben, eine Stunde hinter meiner Heimat, eine Hütte gekauft mit zehn Weiderechten. Das ganze Vorsaß nährt im Frühling und Herbst 130 Kühe. Die Weideplätze werden von allen berechteten Vorsaßmitgliedern auf gleiche Weise und gemeinsam benutzt. Ende Mai, wenn einmal die Dorfviehweide wie abgemäht aussah, trieb ich alljährlich meine ganze Habe durch die Achschlucht hinein gegen Hopfreben. Auf den Hochalpen wird das Vieh meistens gedungenen Alpknechten übergeben, weil die Bauern im Sommer mit der Heuernte in Berg und Tal alle Hände voll zu tun haben. Im Vorsaß jedoch sieht jeder selbst zu seinem Vieh und hat dabei die beste Zeit. Läßt doch der Handwerker seine Werkzeuge im Dorfe zurück und das lustige Mädchen seine keifende Base, die in einer elenden Vorsaßhütte, ohne Federbett und Dorfklatsch, gar nicht leben könnte. Der Mensch mit seiner Qual kommt gewöhnlich nicht ins Vorsaß; drum herrscht auch dort viel mehr Frohsinn und Ungebundenheit als im Dorfe, wo häufig die eine Hälfte der Bewohner die andere nieder zu halten pflegt.

Mir hatte es bisher im Vorsaß nie recht gefallen. Unser Hüttchen war ungemein klein, zu lesen gab es nichts, und auf Besuch zu gehen, wie andere Bursche, war nun einmal nicht meine Sache, ich konnte die langen Geschichten einer Kuh in auf- und absteigender Linie unmöglich hören, und was sonst sollten diese Leute wissen? Seit ich nun aber mein Vieh ein wenig lieb gewann, war mir so ein recht gründliches Kuhgespräch nicht mehr halb so sehr zuwider. Ich merkte bald, daß dabei sich manches Nützliche lernen ließ. Ich ging daher immer mehr in Gesellschaften – auch abends auf die Nachtstubat – und blieb nicht lange nur müßiger Beobachter. Mit einer sogar als Kind nicht gekannten Freude machte ich die munteren Pfänderspiele mit und ärgerte mich ordentlich darüber, daß ich gar nicht tanzen konnte. Besonders gut gefielen mir auch jene Spiele, in welchen das Leben des Bauern, der folgsame Ehemann, die keifende Betschwester, der reisende Handwerksbursche, mit so köstlichem Humor dargestellt wurde.

Besonders geschickt hierzu war ein junger Schneider, an den ich mich bald anschloß und mit dem ich später im Vorsaß bei den tollsten Streichen den Rädelsführer machte. Wir ersannen eigene Spiele, in welchen wir gemachte Beobachtungen zu verwerten suchten, und schrieben denjenigen ihre Rollen auf, deren Gedächtnisse nicht zu trauen war.

Das Hineinleben in die Anschauungsweise derer, welche ich unterhalten wollte, benahm nicht nur meiner Redeweise das Fremdartige, Büchermäßige, welches mich früher oft etwas hochmütig erscheinen ließ, sondern brachte auch mir das Wesen meiner Landsleute etwas näher, freilich nicht so nahe, daß ich dessen Kern erfaßt hätte. Am meisten schärfte sich mein Sinn für das Lächerliche. Überall fand ich es gleich heraus und erwarb mir den Ruhm eines guten Spaßmachers, worauf ich im Vorsaß ein wenig stolz war. Ich hatte doch schon soviel von einem jungen Bauer, daß ich im Sommer lieber als Pfister (Geißbube) auf unsere Alp Schideln – eine

Stunde ob Hopfreben am Fuße der 7600 Fuß hohen Künzelspitze – als in unser langweiliges Dörfchen zurückging, wohin keiner den lustigen Vorsaßhumor und die freundschaftlichen Beziehungen zu seinen Gefährten mitzunehmen wagt.

Unser Älpelein ernährte im Sommer mehr als 36 Kühe und wurde vom Vater und seinen Geschwistern, früher schon vom Großvater, besetzt. Man hatte lang suchen müssen, bis man für die Hütte einen Platz fand, welcher im Winter vor Lawinen so ziemlich sicher war. Diese Hütte bestand hauptsächlich nur aus den Stallungen für die 36 Kühe und ebensoviele Ziegen; dann ferner aus einer kleinen Wohnstube und der Sennerei.

Sennerinnen gibt es im inneren Bregenzerwalde keine. Unsere Alpen sind meistens zu groß, als daß die viele Milch von einem Mädchen gesennt – zu Käsen mit 50 bis 70 Pfund verarbeitet werden könnte. Solange die Milchwirtschaft noch auf der untersten Stufe stand und man nur kleine Appenzellerkäse zu bereiten wußte, konnte das auch hier rüstigen Mädchen überlassen werden; der vorteilhafteren Fettsennerei würden die wenigsten gewachsen sein.

Auf der Alp gleicht so ziemlich ein Tag dem anderen, und jeder bringt Arbeit genug. Man muß schon vor der Sonne aufstehen, aber man hat den Vorteil, daß man das Verschlafen nicht besorgen darf. Die Betten, oder besser die Nester, sind auf dem Heustock, welchen man – da es hier auch im Sommer oft so schneit, daß man alles Vieh füttern muß – nie zu klein werden läßt. Er ist hart unterm Schindeldach ob dem Stall. Da darf man jeden Morgen ruhig liegen, bis die Kühe kratzen, zu schellen und zu muhen beginnen, daß man es nicht mehr länger aushielte, sondern sie gern gleich auf die Weide zu treiben eilt. Der Küher und seine Gehilfen haben auf die Tiere acht zu geben, während der Senn die Käsebereitung besorgt. Der Pfister hat die Ziegen zu melken und auf sie acht zu geben, daß er dieselben am Abende rechtzeitig heimbringt. Eigentlich sollte er sie den ganzen

Tag hüten; in der Regel jedoch machen's die Hirten benachbarter Alpen schon am Anfang des Sommers miteinander ab, daß sie es in dem Stücke nicht gar zu genau nehmen wollen. In unserer Nachbarschaft waren zwei Galt-Alpen, nämlich solche, in denen nur Galt-Vieh, welches keine Milch gibt, Zug- und Mastvieh gehalten wurde. Da gab es natürlich nichts zu sennen, und ich machte mich daher in den ersten Tagen mit einem Butterstollen und einem großmächtigen Ziegerkopf über die Jöcher zu den Galthirten auf, um die erwähnte Vereinbarung mit ihnen zu treffen. Leichten Herzens, leichten Sackes und mit der Hoffnung, im Herbst einen Gemsenbraten als Gegengeschenk zu erhalten, kam ich abends wieder in unsere Hütte zurück. Den Tag über hätte ich nun meine Herde gehen lassen dürfen, wenn mir nicht schon das Heimholen derselben Sorge gemacht hätte, sobald ich sie am Morgen aus dem Auge verlor. Man erzählte mir früher: auf der Alp spuke der Geist eines pflichtvergessenen Kühers. Dieser treibe einem die gesuchten Tiere entgegen, wenn man für ihn bete. In früheren Jahren, wenn ich einmal eine Woche auf der Alp war, hatte ich das immer redlich getan. Jetzt glaubte ich so etwas nicht mehr, begann aber dafür die Tiere so gut und schonend als möglich zu behandeln. Das hatte denn auch besseren Erfolg als früher alles Beten. Sobald die Ziegen meine Stimme hörten, sprangen sie mir entgegen, und jede wollte sich zuerst von mir streicheln und loben lassen. Ich hatte allen ihre eigenen Namen gegeben und verkehrte immer lieber mit ihnen, je besser wir uns gegenseitig kennen lernten.

Bis ich meine Herde gemolken hatte, ging es auch im Kuhstall wieder an, wo man wenigstens zwei Stunden zu tun hatte. Hernach wollte man gewöhnlich lieber gleich auf den Heustock, als vorher noch kochen und essen. Jeder langte nach dem Weihwasser im Kuhhorn, welches statt einem Krüglein am Türpfosten aufgenagelt war, bekreuzigte sich im Gehen, ließ die schweren Holzschuhe im Stall zurück und machte sich oben so gut wie möglich mit Heu ein. Abwechslung kam in dieses Einerlei nur durch das Erkranken einer Kuh oder das Mißraten eines Käses. Etwas Leben brachten auch die Bettler, welche uns besuchten. Sie berichteten Neuigkeiten aus drei Dörfern und mehr als hundert Alpen, wofür sie reichlich mit Butter beschenkt wurden. Viele von ihnen, besonders diejenigen, denen die Gabe der Beredsamkeit fehlte, brachten eine Geige oder eine Zither mit. Ihr Spiel – wie schlecht es auch sein mochte – ließ dann den Sennen, einen ungemein lebhaften Vorderwälder, nie lange ruhig bleiben. Singend erfaßte er mich, und in unseren schweren Holzschuhen drehten wir uns lustig im Sennhause zwischen aufgestellten Geräten und noch ungewaschenen Milchgefäßen herum. Ich lernte ein wenig tanzen und hatte an regnerischen Tagen meine Übungsstunden. Musik machte der Küher. Er hielt einen mit Papier belegten Kamm an den Mund und sang ein lustiges Lied. Der Senn meinte: wer sich einmal an solche Töne gewöhne, der sollte auch vor einer Mundharmonika standhalten können. Als er merkte, daß ich mich meiner Schwäche oder Eigenheit ordentlich zu schämen begann, gestand er, daß er so ein kleines Ding bei sich habe und nicht so übel spiele, daß er aber meinetwegen es bisher noch niemals habe auspacken mögen. Anfangs, lachte er, sei seine Absicht gewesen, mich allenfalls damit artig aus der Alp zu vertreiben, wenn ich etwa, wie es geheißen, gar zu gelehrt und – kurz – unausstehlich wäre. Nun sehe er mich zu allem nicht ungeschickter als andere, wenn ich mich nur ein wenig hineinzuleben beliebe.

So klein und erbärmlich wie in diesem Augenblicke war ich mir noch selten oder nie vorgekommen. »Nur ausgepackt«, rief ich ein wenig ärgerlich, »wir wollen doch sehen, ob ich nicht auch in diesem Stück ein wenig vernünftiger bin, als du gewähnt hast. Fortlaufen werd ich jedenfalls nicht, und wenn es mir gleich das Gehör zerreißen sollte.«

Es kam bei weitem nicht so arg. Der Senn hatte ein gutes Instrument, welches er vortrefflich zu gebrauchen verstand. Es klang daher viel lieblicher als die kleinen Schreiwerkzeuge, welchen, wenn es mich irgendwo zu necken galt, immer die schrillsten Töne abgezwungen wurden. Zuweilen freilich ging mir auch jetzt noch ein Klang durch Mark und Bein, dann stampfte ich wie wütend den Takt, um mein Unbehagen nicht merken zu lassen. Nach und nach wurde auch das besser, und bald mußte der Senn mir jeden Abend ein bißchen aufspielen. Schon fand ich es schön und begann ihm manches abzulernen. Dabei bekam ich wieder einmal recht die Überzeugung, daß ich denn doch Herr meines Wesens sei, und daß nur die Einbildung, dieses und jenes nicht zu können, mich untüchtig und unglücklich mache.

Als die zweite Heuernte im Dorfe begann, im Anfang des September – und vierzehn Tage vor der Heimfahrt aus der Alp – ging ich als ein viel gesünderer, froherer Mensch wieder zur Mutter zurück. Ich hatte eine ganz eigene Freude daran, hier im Dorfe wieder so viele Menschen zu sehen. Von jedem fiel mir gleich etwas Gutes ein, das ihm mein Herz gewann. Ich hatte bald mit jedem zu reden und zu tun. In unserem Hause, welches mir jetzt mit seinem wärmenden Ofen und den freundlichen Zimmern wie ein Herrenhaus vorkam, fühlte ich mich recht behaglich und begriff nicht mehr, was mir da einmal nicht recht war. Sogar in die Kirche ging ich wieder mit größter Freude. Zwar war ich nicht so fromm und gläubig wie früher geworden, aber ich quälte mich weniger mit meinen Zweifeln, und es tat mir wohl, so viele Menschen da für das harte Tagwerk der Woche Erbauung und Trost mitnehmen zu sehen. Es brauchte wohl nicht das scharfe Auge der liebenden Mutter, um die mit mir vorgegangene Veränderung wahrzunehmen. Alle Leute kamen mir freundlicher, vertrauensvoller entgegen, die Mutter war überglücklich und sann Tag und Nacht, wie sie auch mir wieder eine rechte Freude machen könne. Den Sommer hindurch, wo sie allein oder neben fremden Tagwerkern im Hause war, hatte sie sich recht einsam gefühlt, sich oft nach mir gesehnt. Nun war ich wieder da, und zwar so verändert, daß sie sich nicht mehr glauben wollte, ich sei einmal ein gar so träger, träumender, unzufriedener Mensch, kurz ein ganzer Leser und Sonderling gewesen, von dem sich kaum etwas Vernünftiges erwarten ließ. Manchesmal schien es fast, als ob sie mir Früheres abbitten wolle. Einst als sie mich in recht elenden Kleidern herumgehen sah, sagte sie wehmütig: »Hochmut hast du keinen, und früher glaubte ich oft, du wolltest nur aus Eitelkeit nicht sein wie andere und mehr und anderes lernen.«

»Nein, Mutter, lernen wollt ich nur mir selbst und anderen zur Erhebung und zum Nutzen. Ich glaubte dadurch besser zu werden und dem Nebenmenschen mehr helfen zu können.« Ich sagte das ganz ruhig; es machte aber der Mutter soviel Kopfarbeit, daß sie es selbst dem Pfarrer und einigen Verwandten erzählt zu haben scheint. Einige Tage später sagte sie zu mir: ich müsse doch auch mein Talent nicht ganz vergraben. Wenn sich meine Wißbegierde in den von Gott gesetzten Schranken halte und hauptsächlich auf meinen Beruf werfe, so könnte ich meiner Heimat ungemein viel werden. Da habe ihr eine – ich will sie hier kurzweg die *Kleine* nennen – von einem Tierarzt erzählt, der in der Jugend auch ein Sonderling gewesen sei und jetzt mit Recht für den Wohltäter des ganzen benachbarten Walsertales gelte.

Die Kleine hatte viel von seinem gemeinnützigen Wirken berichtet. Sie war überhaupt in den drei Dörfern des Walsertales gut bekannt, da ihre mütterlichen Verwandten zum großen Teile dort lebten und sie dieselben häufig besuchte. Auch der Tierarzt sollte ihr ein wenig verwandt sein, und sie hatte sich geneigt erklärt, mich zu ihm zu bringen, wenn ich etwas von ihm zu lernen wünschte.

Ich schwieg. Schon oft hatte ich den Menschenarzt um sein schönes Wirken beneidet. Überall konnte der helfen oder wenigstens zu besserer Erkenntnis bringen, was naturgemäß und wohltätig war. Wollte dagegen ich einmal für eine vernünftige Ansicht einstehen, so hielt man das für hochmütiges Geschwätz, und ich schuf mir mit der besten

Absicht nur Feinde. Nun, was war es denn, wenn ich Tierarzt würde? Nötig hätte die Gegend einen gehabt, denn bis zum nächsten in Bezau war's vier Stunden, und brauchen sollte man ihn fast jeden Tag, da in der Gegend den Sommer hindurch mehrere tausend Kühe, Rinder, Ziegen und Schafe gehalten wurden, denen nur zu oft etwas fehlte. Wenn da nun einem armen Hausvater sein einziges Kühlein erkrankte und man konnte helfen, konnte ihm erhalten das einzige, was er sich mit blutigem Schweiß erworben, so sah er einen sicher sein Lebtag drum an, und wenn man ihm sonst einen guten Rat gab, so ging er ihm ein. Ja, sicher mußte man so der ganzen Gegend ein Wohltäter werden können. Fraglich blieb nur, ob ich dazu fähig sei. Die Sache ließ mich nicht mehr ruhen, bis mit der Kleinen eine Reise zu unserem großen Manne beschlossen ward, um, wenn nicht bei ihm in die Lehre zu kommen, so doch den guten Rat des Vielerfahrenen einzuholen.

XI.

Das kleine Walsertal liegt östlich von unserem Achtal an der bayerischen Grenze. Auf der Karte von Vorarlberg ist es meiner Heimat ziemlich nahe, denn man bemerkt da den Bergriegel vom Widderstein bis zum Didamskopf weit weniger, als wenn man über denselben aus einem Tal ins andere will. Dieser Bergriegel hat uns aber vielleicht weniger von den Walsern abgeschlossen als die ungleiche Abstammung, die sich auch jetzt noch sogar dem flüchtigsten Beobachter in Sitte, Kleidung und Sprache verrät. Wer etwas Genaueres über die in Vorarlberg lebenden Walser oder Walliser zu erfahren wünscht, den kann ich getrost auf die Untersuchungen meines verehrten Landsmannes, des gelehrten Doktor Josef Ritter von Bergmann, verweisen, und will hier nur noch bemerken, daß die Bewohner des kleinen Walsertales im Osten mehr von den benachbarten Bayern lernen und mit ihnen vergessen, als die Bewohner des großen Walsertales südlich in Vorarlberg, mit ihren Nachbarstämmen.

Der nächste und niedrigste Übergang ins kleine Walsertal ist von Schoppernau aus der über das etwa 5500 Fuß hohe Starzeljoch. An hellen Sommertagen ist dieser Weg oder vielmehr dessen Umgebung sehr schön und jenen Vergnügungsreisenden zu empfehlen, welche gern in freundlichen Alphütten gute Milch trinken und dabei den fleißigen Bergheuern zusehen mögen, welche das Gras mit der Sense abmähen, wo es sogar die leichtfüßige Ziege nicht mehr zu holen wagt. Ist aber schlechtes Wetter, wie an dem Samstag, an dem wir uns auf die Reise machten, so wüßte ich wahrhaftig keine langweiligere Strecke Weges oder Alpenpfades zu nennen.

Ich war in gehobener Stimmung und zündete vor unserem Hause eine Zigarre an, die ich schon vor mehreren Tagen gekauft hatte und dieser Stunde zu opfern beschloß. Sie glimmte noch, als wir uns schon in den dichtesten Nebeln befanden. Zu unserer Rechten rauschte der Bettlerbach, welcher früher seiner Wildheit wegen der Schreckensbach hieß. Später wurde von der fleißigen Bevölkerung da, wo er ins Tal herauskommt, ein Wuhr errichtet, an dem er seit vielen Jahren vergebens zu rütteln sucht. So hat er das Schreckliche verloren und bekam seinen neuen Namen von dem Gesindel, welches sich bis zum Anfang dieses Jahrhunderts bettelnd und stehlend im Ländchen herumtrieb und im Winter ungestört die zu beiden Seiten des Baches stehenden, von den Bauern verlassenen Alpenhütten bewohnte. Von der Gegend war heute nichts zu sehen. Ich sorgte manchesmal, daß wir den rechten Weg verloren hätten, worauf mir dann die Führerin in irgend einer Lache Spuren von Tritten zeigte. Sonst redete sie nicht viel und gab mir nur zu verstehen, daß ich mit ihr in guten Bauernhäusern umsonst essen und übernachten könne, wenn ich mich für ihren Verwandten ausgeben wolle. Mir war es nicht viel drum. Ich wollte lieber anderwärts einmal noch sparsamer sein. Dennoch mochte ich sie mit einer abschlägigen Antwort nicht verletzen. Ich kannte sie in diesem Stücke als sehr empfindlich, und sie hätte allenfalls glauben können, daß ich mich ihrer Armut schäme. Das war nun gar nicht der Fall, obwohl ich mich vor der Abreise etwas unzufrieden über ihren elenden Anzug äußerte, den ich doch noch viel schlechter als ihre sonstigen Vermögensverhältnisse fand. Er war im Ernst erbärmlich. Eine alte glanzlose und faltenarme Juppe lotterte an ihr herum wie ein Waschlumpen an einem Zaunstecken. Sie war so kurz, daß die blauen Strümpfe dem Auge des Beschauers hundert Spuren vergangener Flickung sehen ließen. Ihrer Ärmel ursprüngliche Farbe war unmöglich mehr zu erforschen. Die Kleine hatte – wohl damit sich niemand darüber den Kopf zerbreche – einen großen Sack über die Schultern geworfen. Des Regens wegen tat sie das sicher nicht, denn vor dem schützte sie der breite Hut, welchen sie trug. Ich hatte neben ihr wenigstens den Trost, von keinem Raubvogel oder anderem wilden Getier angefallen zu werden, und sorgte fast mehr, einem Bekannten zu begegnen. Nur ungern trat ich mit ihr in eine Alpenhütte, in welcher ich zwei meiner Schulkameraden wußte. Als mir dann einer derselben sagte, daß er morgen auch ins Walsertal gehe, hätte ich nicht ungern auf ihn gewartet, wenn's mir nicht darum zu tun gewesen wäre, mit dem Tierarzt bekannt zu werden. In großen hölzernen Schüsseln wurde uns kuhwarme Milch und Butterbrot aufgetischt, wie jedem, der in einer Alphütte einkehrt. Unter dem Essen berichteten wir den im Kreise herumstehenden Alpknechten, was es da drunten Neues gebe. Dann ging ich auch noch in die Ställe, worüber alle erstaunt waren. Noch näher als vorher beim Essen stellten sie sich zu mir, und da sie mein Urteil über diese und jene Kuh nicht ganz unvernünftig finden mochten, sahen sie mir mehr mitleidig denn spöttisch nach, als ich mit meiner Begleiterin die Hütte verließ.

Ich sah mich schon als Tierarzt, sah, wie die Leute um mich herumstanden, auf jede meiner Bewegungen achteten und daraus irgend etwas zu schließen suchten. Solche Vorstellungen taten mir so wohl, daß ich unterdessen leicht durch den schlechten Fußpfad hinauf auf den Rücken des Berges kam. Dort sahen wir den heiteren Himmel. Rings um uns herum starrten mannigfach geformte Felsenköpfe aus dem Nebelmeer hervor. Mir wurde wunderbar wohl hier oben, und recht wohl erst, als meine Begleiterin auf der anderen Seite des Joches in einer gleichsam aus dem Boden aufstiebenden Wolke verschwand. Nun begann ich zu jauchzen, daß die Felsen da drüben, der Üntscherspitz und der Widderstein, mit Wiedergeben kaum nachzukommen vermochten und zuweilen fast in Streit miteinander zu geraten schienen.

Ein Stündchen war herum, bevor ich's merkte. Erst das Längerwerden der Schatten drüben am Widderstein und draußen an der Kanisfluh, die sich wie ein Wächter im

Nordwesten vor die nebelbedeckte Heimat gestellt zu haben schien, mahnte mich daran, daß ich heute noch eine bedeutende Strecke zu gehen habe. Ohne viel auf den schlechten Fußpfad zu achten, sprang ich ins graue Halbdunkel des feuchten Herbstnebels hinab. Ich sah bald nicht zehn Schritte weit, hatte keinen Weg mehr unter den Füßen und glaubte, da ich meine Blicke mit nichts mehr beschäftigen konnte, schon in kurzer Zeit viel weiter abwärts gesprungen zu sein, als das wirklich der Fall war. Ich lief nach rechts und links und kam in wildes Gestrüpp, aus dem ich nur hie und da eine Tanne in den Nebel hinaufragen sah. Es wurde immer dunkler. Vielleicht dämmerte es schon und ich hatte mich verirrt, konnte stundenweit vom rechten Weg abgekommen sein. Was war zu tun? Möglicherweise konnte man mein Jauchzen in einer der Alpenhütten hören, die in dieser Gegend stehen sollten. Ich schrie aus vollem Halse, doch ich weckte nur den Widerhall, und mein Ohr hörte nichts außer diesem als das heftige Pochen meiner Pulse. Endlich kam ich an ein kleines Bächlein und hielt mich nun für gerettet. Mit dem Wasser mußte ich ja ins Tal hinab an einen Fluß, aus dem Nebel und zu Menschen kommen. Ich jauchzte wieder und hörte nun eine schwache Stimme mir antworten. Dieser eilte ich entgegen und sah plötzlich meine Führerin vor mir stehen. Schon lang hatte sie mich gesucht, nun aber in der Freude, mich wieder zu haben, vergaß sie die tadelnden Worte, welche sie an mich richten wollte. Mir erschien die Schlechtgekleidete als ein ganz anderes Wesen. Schaudernd sah ich, daß ich mich beim Suchen des Weges immer mehr von demselben entfernt hätte.

Ich und die Kleine standen uns jetzt viel näher. Sie lachte laut auf, während sie mir sagte, wie weit sie in ihrer Dummheit hinabschoß, bevor die Sorge um mich sie stellte und dann wieder zurück trieb.

Nach langem Abwärtssteigen kamen wir endlich wieder aus dem Nebel heraus. Gegen Südosten tat sich ein recht freundliches Tal auf. Die Leute, die uns begegneten, lauter kräftige gesunde Gestalten, hatten etwas Frohes, Offenes und Selbstsicheres, das mich gleich anzog. Die Häuser der freundlichen Dörfer standen nicht beisammen in einer Reihe, wie im inneren Bregenzerwald, sondern die meisten auf den zu ihnen gehörenden Gütern. Es waren meistens stattliche Wohnungen mit grün und gelb angestrichenen Fensterläden, die sich recht freundlich von den weißgetünchten Wänden abhoben. Diejenigen, welche uns begegneten, sogar die, welche die mitgetragenen Werkzeuge als Handwerker verrieten, waren recht sauber gekleidet und sahen mit unwilligem Mitleid meiner Begleiterin nach. Einer sagte ihr sogar, das Betteln sei im Tale streng verboten. Man helfe lieber den Ortsarmen zu etwas, und wenn es auch die Bregenzerwälder so machten, statt ihr Geld an die Missionen in China zu schicken, so müßten sie sicher keine solchen Vogelscheuchen da herüber kommen lassen zu ihrer Schande. Ich mußte in diesem Augenblicke recht lebhaft an – den dichten Nebel auf dem Starzeljoch denken, um gegen die Kleine nicht ein wenig grob zu werden. Sie aber sagte ganz ruhig, wenn einem der Anzug nicht gefalle, so könne er ihr ja zu einem besseren verhelfen. Ich antwortete nichts darauf, denn es ärgerte mich, daß durch sie vielleicht eine schlechtere Meinung von meinen Landsleuten erregt ward. Ich begann am Ende zu besorgen, daß ich auch beim Tierarzt durch meine Begleiterin nicht besonders gut empfohlen sein könnte, und es war mir lieb, daß es schon stark dämmerte, als wir auf sein stattliches Haus zuschritten.

Wir trafen einen großen Mann mit weißem Haar und freundlichem Gesichte. Kühl, aber nicht unfreundlich wurden wir empfangen und nach unserem Begehren gefragt.

Meine Begleiterin setzte sich und erzählte, daß ich einen besonders guten Kopf habe und gern etwas von seiner Kunst lernen möchte.

»Meine Kunst«, sagte er, mich scharf musternd, »oder was man so nennt, braucht nicht nur einen guten Kopf; es gehört dazu auch ein scharfer Blick, starke Arme und eine eiserne Gesundheit.«

Eine Zeitlang blieb es ganz still, dann sagte ich: »Diese Gaben wären wohl zu allem gut; aber es gibt auch viele tüchtige Menschen auf der Welt, denen guter Wille dieselben ersetzen muß.«

Diese Antwort schien dem Manne zu gefallen. Sein Blick wurde freundlicher, und indem er mir etwas näher rückte, sprach er: »Guter Wille hilft viel – er kann sogar zu richtiger Selbstschätzung bringen, daß man dann nur noch etwas Vernünftiges will.«

Diese Bemerkung machte mich verlegen. Etwas stolz und kurz und selbstsicher klingt schon die Aussprache der Walser, und ich konnte die Rede des Tierarztes fast nur für ernstlichen Tadel halten. Es wurde mir angst vor dem großen Manne, der immer noch zu wachsen schien. Er bemerkte das und sagte: »Wir können ja noch reden miteinander. Dabei kommt immer wieder etwas heraus; wenn auch oft nicht gerade das, was man suchte. Ein nüchterner Mann aber hat nach dem Sprichwort kein Glück. Im Nebenstüble klappern schon die Löffel. Du wirst hoffentlich keine Umstände machen und die Walser Gastfreundschaft dir gefallen lassen. Sie erstellt dem Fremden nichts Besonderes, dafür aber darf er sich gleich auch als zum Hause gehörend betrachten.«

Drüben im Nebenstüble hatte ein Mädchen mit ausdrucksvollem Gesichte aufgetragen, und nach kurzem, lautem Gebete um den Segen Gottes zum Genusse seiner Gaben setzten wir uns zu Tische.

Unter dem Essen konnten wir wenig über meine Angelegenheit reden. Immer wieder öffnete sich die mit Blumenbüscheln und Vergißmeinnichtkränzen bemalte Tür und ließ einen herein, welcher den Tierarzt um seinen Rat zu bitten kam. Bald wurde eine Familienangelegenheit besprochen, bald eine Frage, welche in einem Gemeinwesen durch die verschiedene Beantwortung seiner Mitglieder einer befriedigenden Lösung zum allgemeinen Besten immer mehr entwuchs. Der Tierarzt schien überall zu Hause zu sein. Alles hatte er gleich begriffen, und wenn er noch dieses und jenes fragte, so schien das nur zu geschehen, damit jeder mit seiner Antwort sich selbst aufkläre über das, was ihm bisher dunkel oder unbekannt geblieben war.

Ich hatte noch selten oder nie mit soviel Aufmerksamkeit ein Buch gelesen, als ich hier zuhörte. Und doch wurde nur über bäuerliche Verhältnisse, über Gemeindesorgen und Angelegenheiten gesprochen, wie sie auch bei uns überall vorzukommen pflegten. Ich sah und hörte jetzt, daß alles darauf ankommt, was man aus einer Sache herausnimmt und in sie hineinzulegen weiß. Soviel Interessantes kam in einem engen Tal, oft in einer kleinen Hütte vor, und ich hatte bisher geglaubt, daß man hier herum nur über Gelesenes nachdenken könne, wußte mich nur mit Büchern, selten aber mit Menschen gut zu unterhalten. Ich war doch ein rechtes Tröpflein gewesen. Diese Selbstanklage klang auch aus der Erzählung heraus, welche ich dem Tierarzt von meinem bisherigen Leben gab.

Der freundliche Greis hörte mich mit zufriedenem Lächeln und sagte dann: »Nach diesem würde, was du von mir lernen willst, wohl nie dein ganzes Wesen ausfüllen. Man kann sich Gewalt antun und sich auch in irgend einen Beruf hineinzwängen; eine Zeitlang bringt gerade die Mühe, die ein Unbefähigter sich dabei geben muß, alles andere zum Schweigen, aber nur, weil die Kraft des Geistes gelähmt ist. Das hab' ich gut genug erfahren, als ich noch immer lernte und mich plagte, um Pfarrer zu werden. Gibt es einen traurigeren Zustand, als wenn man gleichzeitig gegen seine Anlagen kämpfen und angeborene Unfähigkeit überwinden soll?«

»Gewiß nicht, aber –«

»Kein Talent ist dem Menschen zu seinem Unglück gegeben. Überall kann er es mit redlichem Willen verwerten und dabei sein Glück finden. Freilich kommt nur das Kleine zu allen Türen hinein. Das ist aber nur darum so, weil viele Türen zu niedrig sind. Soll nun der Große, Kräftige sich auf die Erde legen und müßig jammern? Gewiß nicht, sondern einen Platz soll er sich schaffen mit seiner Kraft, auf dem er sich frei bewegen kann. Wenn dich etwas drückt, so fehlt es entweder an dir oder auch an den gesellschaftlichen Zuständen. Schreckst du nun gleich beim ersten Anprall zurück, so bleibst du liegen. Suchst du aber allem zum Trotz deinen Willen durchzusetzen, so wirst du siegen oder dich und das Falsche deines Urteiles kennen lernen, und beides ist Gewinn. Gibst du das zu?«

»Ja, von Herzen gern!«

»Siehst du, dann ist die Reise ins Walsertal nicht umsonst, wie verfehlt auch der Gedanke sein mochte, welcher dich herübertrieb.«

Noch viel ähnliches und anderes ward an diesem Abende bis Mitternacht durchgesprochen in Scherz und Ernst. Besonders ist mir noch das im Gedächtnisse geblieben, was der Tierarzt über das Lesen und die Bücher sagte. Wie wenige Schriften dem Bedürfnisse des Volkes entsprechen, behauptete er schon denen anzusehen, welche sich aufs Lesen verlegten. »Sie alle«, sagte er, »kommen mit überspannten Anforderungen in die Gesellschaft zurück und haben, statt kräftig einzugreifen, nur witzig tadeln und mit schönen Worten klagen gelernt. Denkt man über die Sache nach, so findet man sie leicht erklärlich. Bücher werden für die geschrieben, welche sie kaufen. Das nun sind meistens Leute in hoher Stellung oder solche, die schon anstandshalber nur so von oben herab auf den gemeinen Mann sehen. Lesen ist Bildung, solang ein Schriftsteller mit gutem Willen, ich möchte sagen, mit seinem Herzblute schreibt. Wenn er sich aber nur vom Geschmacke seiner Zeit und ihren Launen, kurz wenn er sich vom Leser bilden läßt, dem ja nur sein eigenes Bild – von einem Heiligenschein umgeben – gezeigt werden soll, dann ist Lesen nicht Bildung, sondern das gerade Gegenteil.

Wer aus dem Volke heraus, mit gutem reinen Willen, und fürs Volk, nicht fürs Geld schriebe, der könnte mehr ausrichten als ein Pfarrer.«

Wie spät wir auch zu Bette gingen, mir wollte noch lange kein Schlaf kommen. Es war, als ob der wunderbare Alte alle Kräfte, die bisher in mir schlummerten, geweckt und entfesselt habe. Jetzt lag auf einmal eine schöne reiche Zukunft vor mir. Jenes Bäuerlein, das ich einmal über alle bestehenden Verhältnisse schimpfen hörte, erschien jetzt meiner Einbildung und war mir wichtig. Ich freute mich schon, es bald wieder einmal zu treffen und nicht nur seinen Ärger, sondern auch seine Wünsche kennen zu lernen. Mit allen wollte ich kämpfen gegen alle erkannten Übelstände, mit jedem leiden oder mich freuen und dann meine Erfahrungen in einem großen Buche vom Volke fürs Volk veröffentlichen. Es war eine wunderbare Nacht. Immer hörte ich das Tosen der Wasserfälle drüben am Fuße des Widdersteines, so daß ich mich für hellwach hielt und nicht wenig erstaunt war, wie schon in der einen Nacht soviel in mein großes Buch gekommen war, welches ich vor mir liegen sah.

Am anderen Tage lief ich mit der Kleinen im schönen Tale herum, ohne noch viel an ihre schlechten Kleider zu denken. Daß sie überall Bekannte und Verwandte zu besuchen hatte, fiel mir auch nicht besonders auf. Ich kannte ja ihre Art. Sie wußte sich überall einzudrängen und die geheimsten Geheimnisse zu erwischen. In meinem Dorfe war sie eine überall mehr gefürchtete als geliebte Hausfreundin, wobei sie gar nicht schlecht lebte. Jeden Tag trug sie ihren Stickrahmen in eine andere Wohnung, wo sie dann auch beim Kaffee oder beim Abendessen blieb. Wer ihr nicht aus Liebe gab, suchte sich aus Furcht in ihrer Gunst zu erhalten und entschädigte sich so gut als möglich durch das viele, was sie zu erzählen wußte. Vermutlich trieb sie es auch hier so; zu plaudern wenigstens hatte sie ungemein viel und trieb sich mit den Hausfrauen in der Küche herum. Ich ging nicht ungern mit ihr in die Häuser, wo man heute – am Sonntage – fast alle Einwohner antraf und leicht ein Gespräch mit den Unbeschäftigten anfangen konnte. Überall fand ich Reinlichkeit und Wohlstand. Die großen Wohnstuben waren mit allerlei Blumen bemalt, an jeder Wand hingen einige Uhren, und ein schöner Hausaltar im Tischwinkel fehlte auch der Wohnung des Ärmeren nicht.

Meine Kleine war in der besten Stimmung, was ich leicht begriff, weil ihr Sack, den sie gestern als Mantel benutzt hatte, sich mit allerlei sehr brauchbaren Gegenständen füllte. Gewünscht hätte ich, daß sie, statt mit Sachen, die so verschiedene Gerüche verbreiteten, mit einigen Kleidungsstücken bedacht worden wäre, damit wir etwas besser hätten auftreten können. Doch die Sache begann mir mehr und mehr Spaß zu machen, und ich lief ganz heiter mit ihr herum. Gegen Abend vertrat uns ein Mann mit einem Doppeladler auf der Mütze den Weg, in welchem ich lachend den Gemeindediener erkannte. Meine Gefährtin erschrak beinahe zu Tode. Die mit einem Stocke bewaffnete Ortspolizei wendete sich mit der Frage an uns, was wir hier machen? Die Kleine schwieg. Ich aber sagte, daß ich den Tierarzt besucht und mir nebenbei auch das Tal ein wenig angesehen habe.

»Gebettelt habt ihr!« fuhr mich die diensteifrige Polizei an.

»Das fiel mir nie ein«, sagte ich lachend und mit der Ruhe des guten Gewissens.

»Du bist allerdings der Sage nach zu unbeholfen«, schnauzte er, »drum hast du da die Schwätzerin mit. Ich kenne sie ganz gut, und was der ist, der ein solches Bäschen hat, kann man sich denken, wenn er auch nicht gerade danach aussieht.«

»Sie ist aber nicht mein Bäschen«, sagte ich unwillkürlich.

»Sei dem, wie ihm wolle«, eiferte unser Gegner. »Sie hat dich zum Betteln mit, hat auch angeblich für dich gesammelt, weil du zum Arbeiten gänzlich unfähig wärest. –

Mitgefangen, mitgehangen! Macht nur gleich, daß ihr zum Tale hinauskommt!«

Ich wollte Einwendungen vorbringen und mich auf den Tierarzt berufen. Die Kleine aber bat und beschwor mich, doch ja mitzugehen, auf daß der nichts von der Sache erfahre.

Wenn ich ihrer Bitte Gehör schenkte, so kam das diesmal weniger von meiner Gutmütigkeit, die sich denn doch etwas verletzt fühlte, als von der Erinnerung an den Nebel, welcher zuweilen auf dem Starzeljoche liegt.

In gemeindedienerlicher Begleitung machten wir uns auf den Weg und mußten dankbar sein für die Erlaubnis, im letzten Dorfe Bad übernachten zu dürfen; da es heute übers Joch schon zu spät war. Er war kein Unmensch, obwohl er uns mit der Versicherung verließ, daß er sich am nächsten Morgen nach uns umsehen werde.

Wir hatten keinen Grund, auf ihn zu warten, da wir schon sattsam von seinem Diensteifer überzeugt waren.

Das war mein zweiter Ausflug aus der Heimat. Wie viel Ungerades mir auch in den Weg kam, ich konnte doch damit viel zufriedener sein, wenn ich hernach daran dachte, als mit der Reise zum berühmten Wundermann in Schwarzenberg, der vor kurzem an der Auszehrung gestorben war. Meine Führerin hielt sich freilich schlecht, aber ich hatte ihr doch den schönen unvergeßlichen Abend beim Tierarzte zu verdanken. Mit keinem bösen Worte gedachte ich je des Geschehenen und half ihr sogar noch die erhaltenen Geschenke über das Starzeljoch herüberbringen.

XII.

Als ich mein heimatliches Tal mit seinen grünen Vorsassen, den glatten Wiesen und den langen Häuserreihen auf beiden Seiten der Ach vor mir sah, da war es mir fast wieder wie damals, als ich in Gedanken mit des Fortunatus unerschöpflichem Geldbeutel unter den Leuten herumzog. Aber jetzt brauchte ich den Beutel nicht mehr, um mir dieses Tal ein wenig zu beleben. Alle, die da unten arbeiteten und ihr Vieh herumtrieben und von ihren Sorgen gejagt wurden, sah ich mit ihren Gaben und Eigentümlichkeiten und nahm an ihren Hoffnungen und Wünschen den lebhaftesten Anteil. Alle Begegnenden redete ich freundlich an. Jeder war mir wichtig, und ich begann in meinem Gedanken sofort seine Geschichte zusammenzustellen, wobei ich dann immer wieder eine neue Beleuchtung der heimatlichen Zustände gewann, von der ich früher gar keine Ahnung gehabt hatte.

Ich dachte wenig mehr ans Lesen, seit ich auch da, wo ich lebte, so vieles mitzuempfinden und mitzusorgen fand, seit fast jedes Haus für mich ein Geschichtenbuch geworden war. Wo ich nichts Bedeutendes herausfinden konnte, da legte ich – mir selbst unbewußt – etwas hinein. Ich überlud mich fast mit Beobachtungen und Eindrücken. Der Verstand vermochte nicht mehr alles gleich zu ordnen, wie ich es sonst gewohnt war, und so blieb denn vieles dem Gemüt überlassen, welches, statt das Allgemeine aufzusuchen, sich mit Vorliebe ans einzelne, ans Kleinliche hing.

Sogar ein aufbegehrender Schnäpsler war mir entweder ein Held oder ein unglücklicher Mensch, dessen Unarten wieder unsere gesellschaftlichen Zustände anklagten. Ich gefiel mir darin, alles groß und wichtig zu machen, um bemitleiden oder bewundern zu können. Alle Fehler der Menschen waren durch Ungunst der Verhältnisse, durch fehlerhafte Erziehung und durch hundert ähnliche Ursachen entstanden. Überzeugen freilich konnte ich keinen Menschen so schnell als mich selbst. Ich kam bald in den Ruf, daß ich sehr schlechte Grundsätze verbreite und dem Menschen seinen freien Willen abspreche, um desto leichter jede Schlechtigkeit zu entschuldigen. Ich hatte auch wirklich für alles gleich einen Grund, nur für die Treulosigkeit nicht, die meine Schützlinge sich mir gegenüber erlaubten, sobald sie mich bemüht sahen, auch ihren Gegnern auf meine Weise gerecht zu werden. Mein Urteil galt nicht besonders viel, weil es hieß, ich gebe jedem recht, den ich reden höre. Ich hatte viele Anfeindungen auszustehen, wo ich recht billig sein wollte; mein größtes Unglück aber war, daß ich nirgends etwas Gewöhnliches sah und immer nur hassen und lieben, nie gleichgiltig bleiben und ruhig urteilen konnte.

Je länger ich das trieb, desto bitterer wurde ich gegen die meisten, mit denen ich verkehren mußte. Trotzdem schloß ich mich nicht mehr gänzlich von der Gesellschaft ab. Es war mir Bedürfnis, mit allen ein bißchen Krieg zu führen. Geliebt wurde ich von wenigen, aber von vielen gerne gehört oder gefürchtet. Ich galt für einen Erzspaßmacher, und es gelang mir auch wirklich nicht übel, die Torheiten aller lächerlich zu machen. Mir war es freilich dabei viel weniger um den schallenden Beifall der Menge als ernstlich um die Besserung der Getroffenen zu tun.

Das brachte mich meinem Vetter, dem Weber, wieder etwas näher. Seit Seppels Flucht hatte ich sowenig als möglich mit ihm zu tun gehabt. Er sah in mir nur den gedankenlosen Schwätzer, einen Menschen, der zu allem Nützlichen untüchtig schien. Jetzt aber fand er einen Zweck in meinen Reden. Je mehr die Großen und Angesehenen den schonungslosen Spötter haßten und zu demütigen suchten, desto wärmer nahm er sich meiner an. Ich war wieder so oft in seinem Hause, als bevor sein Seppel dasselbe verließ. Von dem Vergangenen redeten wir um so weniger, weil ich sah, daß er innerlich manches bereue, aber sich als Vater doch zu sehr im Rechte fühle, um seinem Sohne den ersten Schritt entgegen zu tun. Der sollte, wie man hörte, noch immer irgendwo an der Lindauer Eisenbahn arbeiten. Ich wußte nicht, wie ich einen Brief an ihn bringen sollte, sonst hätte ich ihm von Herzen gerne geschrieben. Es blieb mir also nichts zu tun übrig, als ihm den Vater immer günstiger zu stimmen. Das gelang mir denn auch so gut, daß er Seppels Heimkehr laut wünschte. Er fühlte sich recht verlassen, denn ihm und der Haushaltung fehlte nicht nur der kräftige Sohn, welcher dem Alternden manches hätte abnehmen können, sondern auch die weibliche Hand, die ihn pflegen und sein Leben freundlich gestalten konnte. Seppels einzige Schwester war fast immer kränklich und wurde vom Vater überhaupt mehr für den Stall als fürs Haus erzogen, so daß die meiste Arbeit in der Küche von einer Verwandten besorgt werden mußte.

Wer will es dem Weber verargen, wenn er trotz seinen sechzig Jahren noch einmal ans Heiraten dachte?

An einem Markttage sah ich ihn in Au mit einem älteren ordentlichen Mädchen bei einer Maß vom allerrötesten Tiroler sitzen und vertraulich plaudern. Man sollte eigentlich froh sein, daß er eine so geschickte Person fand; aber mir ging dabei doch ein Stich ins Herz. Neben einer Stiefmutter wollte Seppel schwerlich im Hause leben. Es war wohl ein großes Unglück, wenn einer Fremden der Schlüssel in die Hand gegeben wurde, daß sie das Kind vom Hause hinaussperren konnte. Freilich war's noch nicht soweit, doch schien es mir sicher, daß das Theresle so etwas erlächeln werde. Ich hatte wohl das Herz des Vetters gewonnen, traute mir aber doch gegen dieses Mädchen nicht aufzukommen. Es gab wenige, die vieles über den starrköpfigen Weber vermochten, wenn die Verhältnisse nicht zu Hilfe kamen. Nur einen wußte ich, den Handelsmann Seiler in Bezau, mir und dem Seppel ein naher Vetter. Zum Glück war er heute da und hatte seinen Kram auf dem Marktplatz ausgelegt. Wir alle hatten zu ihm – schon weil er in dem etwas städtischen Bezau wohnte – ein ganz besonderes

Vertrauen. Er war ein frischer, fröhlicher Mann, nicht ohne Vermögen und immer zu Rat und Tat bereit.

Ich eilte gleich zu seiner Bude, denn ich sorgte, daß er schon bald wieder heimfahren könnte. Davon schien aber noch keine Rede zu sein. Er und seine Frau waren bei aller Gewandtheit nicht imstande, die andrängenden Kunden schnell genug zu bedienen, und immer größer ward der Haufe derer, die lieber hier warten, als anderwärts bei einem Unbekannten gleich einkaufen wollten. Ich stellte mich unter die Drängenden und wartete, bis ich hart zu ihm hingeschoben wurde. Da ich aber nichts kaufen, sondern bloß plaudern wollte, wurde ich gleich wieder zurückgeworfen, und der Vielumworbene konnte mir beim besten Willen kein Gehör geben. Ich dachte nun daran, mir auch durch irgend einen Ankauf das Recht des Hierseins zu erwerben. Aber was sollte – oder besser – was konnte ich kaufen? Bis auf wenige Kreuzer hatte ich mein Bares dem Buchhändler drüben für ein bürgerliches Gesetzbuch und einen neuen Kalender gegeben. Da hörte ich ein Mädchen für sechs Kreuzer Seife verlangen. Nun das konnte ich allenfalls auch und das wollte ich. Zwar hatte ich bisher noch wenig Seife verbraucht und Kräuterseife gar keine, aber schon der schöne Bilderbogen war die sechs Kreuzer wert, in welchen dem hübschen Kinde das Verlangte eingewickelt wurde. Ich zitterte vor freudiger Erregung, als ich den Vetter für meine Seife nach einem ähnlichen noch größeren Bogen langen sah. Die Begierde, ihn ganz zu bekommen, gab mir Mut, so daß ich dem Vetter die Hand hielt, welche ein Stück herunterreißen wollte. »Ja so ja«, sagte er, mit einer Freundlichkeit, welche mich wagen ließ, ihn um eine kurze Unterredung zu bitten.

Der Vetter fertigte eine halbe Stunde lang nur noch die und den und diesen und jenen geschwind ab, dann kam er. Ich trug meine Sache so kurz vor, als meine Sorge um den Jugendfreund mir erlaubte. Vetter Seiler sagte lächelnd: »Du denkst dich nur an Seppels Platz; nie an den seines

Vaters. Soll der verlassen bleiben in seinen alten Tagen, wenn es etwa dem Herrn Sohn in der Welt draußen auf einen grünen Zweig zu kommen gelingt? Beide haben eigene Wege eingeschlagen und wenn zwei das tun – ob es auch Vater und Sohn sind – können sie nicht mehr aufeinander warten. Seppel ist nun einmal nicht da und nicht zu holen. Gelingt ihm in der Fremde nichts mit seinem Talent und muß er wieder heim als der arme Tropf, wie du ihn dir denkst, so kann er wohl zufrieden sein, wenn der Vater ihn noch aufnimmt neben der, die, ohne durch Armut oder sonst gezwungen zu sein – also doch aus Neigung – ihm seine alten Tage etwas freundlicher macht.«

Mir war es ärgerlich, daß ich dem Vetter nicht viel entgegnen konnte, und auf Seppel war ich böse, daß sein Leben solchen Reden recht gab. Ich suchte die Schuld dem Vater zuzuschreiben, aber je mehr ich nach Gründen sann, desto mehr mußte ich ihn bemitleiden. Er war ein Mann mit strengem Rechtssinne, nicht härter gegen andere, als er gegen sich selbst sein mußte, um es unter so ungünstigen Verhältnissen zu seinem jetzigen Wohlstande zu bringen.

Als ich wieder an dem Wirtshause vorüberging, aus dem ich vor einer Stunde zum Vetter eilte, warf ich rasch einen Blick in die Stube und war ordentlich erfreut, den unglücklichen Vater so heiter plaudernd neben seinem Theresle zu sehen.

Daheim angekommen, wickelte ich meine Seife aus, bevor ich den neugekauften Kalender für 1854 besah. Der Bogen, der mich so gefreut hatte, war eine ganze Nummer des *»Illustrierten Dorfbarbiers«* von Ferdinand Stolle und noch ziemlich neu. Die Mutter brachte mich unmöglich noch vom Lesen weg in den Stall, wo die vier Kühe geradezu brüllend ihr Abendfutter forderten. Das war einmal ein Lesen, aus dem auch unsereiner klüger wurde über den Lauf der Welt. Es war auch nicht das Halbe welsch, und dabei konnte man sich einmal gehörig erlachen. Gewiß, *das* hätte auch dem Tierarzt gefallen. Es kam nicht so von oben herab und langweilig geheimnisvoll, wie manche Artikel anderer Blätter, die ich bisher zu Gesichte bekommen hatte. Vorne unter dem Titel las ich, daß das Blatt jeden Sonntag in Leipzig erscheine. O wie mußte das eine Lust sein, so jede Woche den gemütlichen Dorfbarbier und den mürrischen General von Pulverrauch über die Weltdinge verhandeln zu hören und dabei nebst lustigen Bildern noch den Scherbeutel mit seinem Allerlei als Zugabe zu erhalten!

Ängstlich suchte ich zu erfahren, was denn das kosten würde. Es hieß unter dem Titel 10 Ngr. Aber wie viel war das? Als Vorarlberger, an der Grenze der Schweiz und mehrerer deutscher Vaterländer, war mir schon Gelegenheit geworden, allerlei Währungen zu berechnen. Erstlich Reichswährung und Wienerwährung, dann Silber und Banknoten zu jedem Kurse, item Batzen, Groschen, Rappen und Franken, ferner Kronentaler, Bayerische, Sächsische und Vereinstaler; von einem Ngr. aber hatte ich mein Lebtag noch nie was gehört.

Eine briefliche Anfrage bei Vetter Seiler in Bezau wagte ich nicht. Vielleicht verargte auch dieser wohl berechnende Geschäftsmann mir mein Lesen. Zwar gab er den Bogen mit freundlichem Lächeln; aber daß er ihn zum Verpacken mitnahm, schien mir doch zu beweisen, daß er nicht besonders viel darauf hielt. Klüger war's jedenfalls, den Boten auf dem Postamte nach dem vierteljährigen Preise fragen zu lassen.

Wenn der Bote dem Gläubiger irgend eines fallenden Handelsmannes Auskunft bringen sollte über das Schicksal seiner geliehenen Tausende, so konnte der den ausgedienten Kaiserjäger mit der großen Ledertasche doch nicht ängstlicher erwarten als ich, konnte nicht sorgfältiger in jeder Stunde des folgenden Posttages nachrechnen, wie nahe nun endlich die Auskunft sein müsse. Es handelte sich mir um nichts Geringeres, als darum, ob ich künftig alle Wochen einmal recht vergnügt sein, recht hell auflachen könne, daß es dann wohl jedesmal noch sechs Tage nachklang; oder ob ich nichts erfahren sollte von der Welt und von dem, was außer dem Bregenzerwalde vorging. Der Dorfbarbier mußte künftig mein Freund werden, und wenn ich den nicht ins Haus zu bringen vermochte, so wollte ich gar keine Zeitung mehr lesen. Oder ich wollte meine Ersparnisse jedes Vierteljahr in Bregenz draußen in die Zahlenlotterie setzen lassen, bis ich vielleicht doch einmal eine Summe gewann, von der ich den Dorfbarbier und noch anderes anschaffen konnte. Allerdings hatte ich von solchen Glücksfällen selten gehört. Man redete hier überhaupt so wenig von der Lotterie, daß ich selbst über meinen verzweifelten Gedanken erstaunte.

Endlich sah ich den lang und bang erwarteten Boten langsam zwischen den Häusern heraufschleichen. Ich lief aus der Stube ihm entgegen – nicht etwa nur, damit die Mutter einstweilen nichts von der Sache merke –, sondern auch, weil mich die brennende Neugierde nicht mehr ruhig warten ließ.

»Nun?« fragte ich in atemloser Spannung.

»Ja so«, lächelte der Bote, »dein Dorfbarbier kostet halt« – bei dem »Halt« erschrak ich – »mit samt dem Botenlohn für mich vierteljährlich 48 Kreuzer R. W. in Silber.«

»Gott Lob und Dank«, rief ich aufatmend, »dann bestellst du mir das Blatt und bestellst es früh genug und vergißt es nicht – und bestellst es für das nächste Vierteljahr oder gleich für ein halbes. Und höre noch eins: wenn man es nicht mehr so wohlfeil sollte hergeben können, so bestellst du es mir doch. Es wird wohl auch etwas mehr noch aufzubringen sein.«

Der Bote lächelte und ließ mich merken, daß meine Freude auch ihm wohl tat. Er war überhaupt gewohnt, die Eindrücke der von ihm gebrachten Briefe und Berichte zu sehen und zu teilen. Wenn der Bauer ihm einen Brief übergab – was aber nur selten geschah –, so erzählte er dabei die Veranlassung desselben und seinen vollen Inhalt im besten Pfarrerdeutsch, welches er bei sich hatte, um sich gleichsam zu entschuldigen, daß er auch noch einmal zu schreiben versucht habe. Und kommt dann die Antwort, so muß der Bote sie gehörig auftun und lesen, damit der Bauer nicht mehr lang die verlegte Brille suchen darf und Unverständliches gleich gehörig erklärt bekömmt. Für das Versprechen, niemandem von der Sache zu sagen, bleibt man ihm herzlich dankbar, und überall wird er zu den vertrautesten Hausfreunden gezählt. Mir war er bisher keine besonders freundliche Erscheinung, und ich erschrak, so oft ich ihn auf unser Haus zukommen sah. Brachte er uns doch nie etwas anderes aus der Welt herein als Zahlungsaufträge vom Gerichte wegen des Erbes meines Vaters, welches mir auf zahllosen, teuren Stempelbogen zugeschrieben wurde; oder ein Bäuerlein in Lustenau oder sonst irgendwo im Rheintal berichtete mir Schlimmes von einer der sechs Kühe, die wir ihm den Winter hindurch um den Abnutzen überließen. Von jetzt an aber ruhte auf dem Boten stets ein Schimmer von der Glorie des heutigen Tages. Ich sah in ihm nur noch den Mann, welcher mir künftig den Dorfbarbier bringen sollte. Die zwanzig Ngr. hatte ich mir neben eigener Bauernarbeit mit Holzziehen verdient, und ich kam mir ein ganz anderer vor, als ich einmal die Quittung vom Postamt in der Hand hatte, welche mich für sechsundzwanzig Wochen zum selbständigen Zeitungsleser machte.

Es ist hier vielleicht der passendste Ort, etwas über das damalige Zeitungslesen, über die gelesenen Blätter und über die Stellung der Leser gegenüber anderen Menschenkindern zu sagen.

Bis in die Vierzigerjahre herein galt einer für sehr reich oder sehr verderbt, wenn er sich eine eigene Zeitung hielt. Außer den Pfarrern und einzelnen wenigen Gemeindevorstehern, die zusammen den amtlichen »Boten für Tirol und Vorarlberg« kommen ließen, wagte nur noch hie und da einer, der früher als Handwerker in der Fremde lebte, sich irgend ein Blättchen zu halten, welches er damals in der Schweiz oder in Deutschland kennen lernte. In der Regel aber währte das letztere nicht lange. So ein Fremder, der später Bauer wurde, galt schon für einen hochmütigen, unpraktischen Menschen, wenn er auch nicht noch überdies ein Zeitungsleser war. Die meisten gaben daher ihre Gewohnheit auf, wenn sie sich einmal verehelichen und als Bauern im Lande bleiben wollten. Hielt aber da oder dort einer allem Gerede stand, so lud ihn sein Pfarrer bald ein, den »Tirolerboten« mitzuhalten, wobei ihm bedeutet wurde, daß man in der Schweiz und im Deutschland draußen nicht für gute Katholiken schreibe und daß das trotzige Behalten solcher Blätter eine Absicht verriete, die man – ohne erst Früchte zu erwarten – sogar von der Kanzel aus zum Nachteil des Betreffenden mit aller Gewalt bekämpfen müßte. Die meisten fügten sich seufzend in das, was unvermeidlich schien, wenn man im Frieden leben wollte. Einzelne, die dem Pfarrer trotzten, taten das mit einer Leidenschaftlichkeit, welche nicht nur ihnen, sondern allen Zeitungslesern bei der Bevölkerung schaden mußte.

Vorarlberg gehörte damals noch zu Tirol, wo von der Regierung kaum etwas sorgfältiger gepflegt und unterstützt wurde als das Schützenwesen. Gute Scheibenschützen konnten jeden Sonntag irgendwo eine kaiserliche Gabe gewinnen. In Innsbruck erschien eigens eine Schützen-Zeitung, die natürlich auf jedem Schießstand gehalten wurde. Zuerst hörte man aus dem Blättchen nur Büchsenknall und Klimpern der Preistaler; nach und nach aber begann es auch um andere menschliche Angelegenheiten sich zu kümmern und sich zu einer *Volks-* und Schützenzeitung zu erweitern, die wohl manchen Bauernburschen, ohne daß er es merkte, zum Zeitungsleser machte. Im Jahre 1848 kam durch Italiener, die jetzt, statt mit Mausefallen, mit Büchern und Zeitschriften zu handeln begannen, gar mancherlei zu uns herein; doch hier fehlte noch das rechte Verständnis für Fragen, die in solchen Schriften mit soviel Leidenschaftlichkeit behandelt wurden. Man sah sie an wie betrunkene Menschen und fand des Pfarrers ungünstiges Vorurteil immer bestätigt. Eine »Vorarlberger-Zeitung«, die die Angelegenheiten des Ländchens mit zur Sprache bringen wollte, ging – wohl weniger aus Mangel an Stoff als wegen leidenschaftlicher Sprache – in kurzer Zeit wieder ein. Dafür entstand in Innsbruck ein Blättchen nach dem anderen. Alle wurden durch die »Schützen-Zeitung«, oder indem sie einander selbst lobten und tadelten, auch bei uns eingeführt. Nur die täglich erscheinende »Innsbrucker-Zeitung« und das Witzblatt »Harfe und Zither« hatten wenig oder gar nichts Tirolisches an sich. Die beiden Blätter wurden daher durch einen bischöflichen Hirtenbrief von allen Kanzeln aus verboten. Dafür war das bei Rauch in Innsbruck wöchentlich zweimal erscheinende »Volksblatt« sehr empfohlen. Es brachte jedesmal einen halben Bogen, der fast nur mit frommen Erzählungen und Berichten von kirchlichen Festlichkeiten gefüllt war. Im Bregenzerwalde wurde es fleißig – gehalten; teils weil man damit bei vielen Geistlichen eine Ehre einzulegen hoffte, teils auch weil offene Verhöhnung moderner Bildung, des Zeitgeistes und der Helden von 48 auch denjenigen Bauern gefiel, die sonst um alles von keiner Zeitung hören mochten. Ein anderes Blatt, »Feierabend«, gestand, als es Kaution erlegen sollte, selbst ein, daß es nur zur Erbauung für arme hungrige Schullehrer und alte Mütterlein in Tirol und Vorarlberg geschrieben sei. Auch dieses Blatt war sehr empfohlen. Wer höher hinaus wollte, dem wurde angeraten, die katholischen Blätter aus Tirol zu halten, eine streng wissenschaftliche »Kirchen-Zeitung«, die kein Bauersmann länger als ein Jahr bezahlte. Es wurde das auch keinem verargt, wenn er nur nicht dafür den ebenfalls in Innsbruck erscheinenden »Phönix« bestellte. Der Titel dieses von Pichler und Zingerle herausgegebenen Blattes war ganz gut gewählt. Erstlich war's ein seltener Vogel bei uns, und dann ging es auch wirklich aus der Asche des Jahres 48 hervor. Es ist erfreulich, da zu sehen, wie rüstig die jungen Kräfte Tirols und Vorarlbergs zusammenarbeiteten und wieviel Schönes von unseren vaterländischen Dichtern und Denkern geschaffen wurde. Bedauerlich bleibt es aber, daß auf den seltenen Vogel an so vielen Orten Jagd gemacht wurde, und daß seine Schwingen nur noch kräftig genug waren, seine besten Freunde aus dem Lande zu tragen in weite Fernen, wo sie dann in der »Gartenlaube«, an Gutzkows »häuslichem Herd« oder sonst irgendwo ausruhten von schwerem Kampf. Vom Dorfbarbier hörte man im Bregenzerwalde zuerst durch einen in der »Schützen-Zeitung« empfohlenen Tirolerkalender, welcher offen eingestand, wieviel er von »Nudelmüller und Breetenborn« entlehnt habe. Die »Leipziger Illustrierte« und die »Allgemeine von Augsburg« wurden im Hirschen zu Schwarzenberg für die Vergnügungsreisenden und in der Gams in Bezau für die Gerichtsherren gehalten.

Die eifrigsten Zeitungsleser aus dem Volke sahen diese Blätter bis zum Krimkrieg mit einer scheuen Ehrfurcht an, wie vornehme Herren, die wenigstens die Hälfte in fremder Sprache reden und so einen achtmal verkaufen können, bevor man's einmal merkt. Auch nachher noch haben diesen und anderen Blättern die vielen Anzeigen ihren Kredit genommen. Oft war irgend eine groß gedruckte Marktschreierei dem Bauern wichtiger und verständlicher als alles andere. Gläubig warf er sein Geld weg und meinte, es könne gar nicht fehlen, da er es ja gedruckt gelesen habe. Wenn es ihm dennoch fehlte und er sich betrogen sah, so gab er natürlich der Zeitung die Schuld und diese kam durch ihn im ganzen Dorf in Verruf. Sagte man den Leuten, daß derlei Anzeigen bloß ums Geld angenommen würden und daß der eigentliche Zeitungsschreiber dafür gar nicht verantwortlich sei, so hieß es: »Schlimm genug, wenn man für's Geld Lügen aufnimmt und verbreitet. Dieses Geld wird doch nur bezahlt, weil man es durch die Wirkung der Lüge wieder einzubringen hofft. Wenn du einem Betrüger ums Geld seinen schlechten Kram in deinem Hause ausbietest, so halte ich dich nicht für sauber und möchte dich so gut dafür beim Kripps nehmen als ihn. Wenn der Herr Zeitungsschreiber hinten fürs Geld Unwahrheiten ausposaunt, so tut er es auch vorn oder verschweigt doch die Wahrheit, denn sonst müßte er vor allem sagen, daß das ganze angehängte Marktgeschrei erstunken und erlogen sei. Das aber darf er nicht. Er ist gebunden durch seinen Vorteil, und von so einem Manne wollen wir uns nicht belehren und bilden lassen.« – –

So urteilte der strenge Rechtssinn des Volkes. Man gestand hierdurch den Zeitungsschreibern eine hohe Stellung zu und verriet die Neigung, sich – wenn es möglich wäre – vertrauensvoll seiner Führung zu überlassen. Es ist auch nichts natürlicher als das. Die Leselust und der Mut, sich eine Zeitung, ein Buch anzuschaffen, erwächst hier nur aus dem Bedürfnisse, etwas zu lernen. Der Bauer liest nicht, um allerlei Meinungen und dann wieder die Urteile über diese Meinungen kennen zu lernen. Er will etwas Wirkliches gleichsam mit den Händen greifen lernen und nimmt nur darum – nicht aus Roheit, wie viele behaupten – in kriegerischen Zeiten am liebsten ein Blatt zur Hand, um das *Geschehene* zu erfahren. In solchen Zeiten wird auch keinem das Halten einer Zeitung verargt.

Ich traf es da so gut, als ich's je hätte treffen können. Man redete überall vom Groschenkopf und vom Menschenkopf und vom beginnenden Kriege des Türken mit Rußland. Zeitungsleser sah man schon ganz freundlich an, und im Wirtshause war ihre Gesellschaft sogar gesucht. Ich tat daher auch nicht mehr so verstohlen mit meiner Bestellung des Dorfbarbiers, als ich mir es zuerst vorgenommen hatte. So wurde denn auch von anderen das Erscheinen der ersten Nummer mit Ungeduld, wenn auch nicht mit so großer wie von mir selbst, erwartet. Zu berechnen vermochte ich den großen Tag nicht. Von Leipzig bis zu uns herein war's ungeheuer weit, und wenn die deutsche Post auch die unsere noch so übertraf, man konnte doch vor Ende Jänner nicht bestimmt auf etwas rechnen. Wenn ich daher jeden Sonntag nach dem Gottesdienste mich hart neben den Boten stellte und wie angewachsen blieb, während er Zeitungen und Briefe austeilte, so geschah das weit weniger in der Erwartung, daß in seiner Tasche vielleicht schon auch etwas für mich stecke, als um mir lebhaft vorzustellen, wie das nun herrlich sei, wenn einmal auch mir allsonntäglich etwas gebracht werde. Wie war ich daher überrascht, als schon am zweiten Sonntage des neuen Jahres – es war ein wunderbar heller Tag, den ich nie vergesse – der Bote sich lächelnd mir zuwendete und die erste Nummer meines Blattes auspackte. Sie war etwas größer als die, welche ich vom Vetter in Bezau bekam. Der Herr vorn auf dem Titelbild, der den Deckelkrug in der einen und den Dorfbarbier in der anderen Hand hielt, war noch beleibter, noch behaglicher geworden und sah gerade so aus, wie er mir vor kurzem im Traum erschienen war, und wieder wurde mir ordentlich angst vor ihm wie damals. Ich hatte das Gefühl, als ob ich in eine Welt, in eine Gesellschaft komme, wo ich von Rechts wegen nicht hingehöre und nur für einen Eindringling gelte. Errötend riß ich die Adreßschleife weg, und die zitternde Hand schob sie schnell in die Tasche. Niemand sollte meinen Namen gedruckt erblicken, ich aber wollte doch sehen, wie er sich ausnehme, dann suchte mein Auge unter den Umstehenden einen, dem ich etwas zu sagen hätte, denn ich wollte tun, ob gar nichts Besonderes geschehen sei. Dabei wurde ich erschrocken gewahr, wie sich um mich herum schon ein großer Kreis gebildet hatte, wie alle, die Köpfe zusammensteckend, sich etwas zuflüsterten. Ich schlich weg wie ein Übeltäter und eilte in die Sonntagsschule, wo meine Gefährten mich etwas scheu ansahen. Das war noch unerhört, daß ein Bursche, kaum von der Werktagschule frei, fast mit den ersten selbstverdienten Kreuzern sich eine Zeitung anschaffe, wenn seine Verhältnisse es ihm auch viel besser erlaubt hätten als mir. Dieses und ähnliches wurde in der Schule geredet, ich langte zum Trost wieder nach meinem Blatt in der Tasche, und wir alle hatten vom Unterrichte des Lehrers nur wenig Gewinn. Als die Schule aus war, eilte ich heim, um mich meines Schatzes im stillen zu freuen, und besonders meinen gedruckten Namen auf der vom Postamte besorgten Adreßschleife zu sehen.

Dazu aber sollte ich noch nicht so schnell kommen. Ich fand die Stube voll Tabakqualm und sah, als ich mich ein wenig daran gewöhnt hatte, die an den Wänden sich hinziehenden Bänke ringsum von jüngeren und älteren Dorfbewohnern besetzt. Sie alle waren gekommen, meine Zeitung mit ihren Bildern anzusehen und mich ein klein wenig daraus vorlesen zu hören. Ich erschrak darüber, weil ich der Mutter noch gar nichts von meinem kühnen Wagnis gesagt hatte. Ich durfte nicht hoffen, daß sie nun in Gegenwart so vieler mich minder tadeln würde. Aber als ich meinen Dorfbarbier herauszog, kam mir wieder der Mut. Ich traute dem zu, daß er sich gleich Freunde mache. So eine lustige »gemeine« Zeitung war noch nie gehört und gesehen worden. Die Anwesenden kamen kaum noch heim in die Ställe, und ihre begeisterten Berichte trieben noch mehr Neugierige her, so daß die Stube den ganzen Abend voll Menschen war. Die Mutter wußte nicht, was sie dazu sagen sollte. Als ich die Kühe fütterte, kam sie zu mir in den Stall, und ich mußte nun über alles Bericht machen. Sie freute sich an dem Beifall, den mein Blatt fand, aber dann war ihr wieder himmelangst, da sie nicht wußte, ob sie auch mit gutem Gewissen sich diesem Gefühl überlassen dürfe. Verwunderlich war es ihr, daß soviel Kurzweil nicht mehr kostete, aber auch das vermochte sie nicht zu beruhigen. Zeitungsleser hatte sie in ihrem Sohne keinen wollen.

Als aber dann spät am Abend auch der ernste Vetter Johann Jakob – der Weber – noch kam und mit Vergnügen las, da waren alle Bedenken überwunden. Der Vetter meinte: das sei besser als spielen, und lobte mich, daß ich in der letzten Zeit als Tagwerker etwas zu verdienen suchte. Auch er verdingte mir nun das Heimziehen seines Holzes. Der versprochene Lohn war allerdings ein sehr geringer, mir aber schien alles besser als nichts, und behaglich rechnete ich im Bette nach, wie ich mir nun doch so nebenbei den Winter hindurch wieder ein halbes Jahr Dorfbarbier und ein Paar Schuhe verdienen könne.

Das war für mich ein großer, ein unvergeßlicher Tag.

XIII.

Nicht nur die erste Nummer meiner Zeitung, auch alle folgenden hörte und las ich so oft, daß ich sie so gut als nur irgend etwas auch auswendig hersagen konnte. Ich suchte die Darstellung, die mir so gut gefiel, in einsamen Stunden und bei der Arbeit auch für Dorfneuigkeiten anzuwenden und versöhnte mich mit vielem Widerwärtigen, sobald ich es auf diese Weise bearbeiten und wunderlich einkleiden konnte. Wieder durchwanderte ich in Gedanken der Reihe nach die Häuser und suchte Lustiges und recht Närrisches zusammen. Die kurzen Tage gingen schnell vorüber, und bei meinem Hause ließ sich die Sonne täglich schon wieder zwei ganze Stunden sehen, bevor sie hinter der hoch über die nahe Gräsalp hinaufragenden Künzel verschwand. Die Geleise der Schlitten glänzten wie Stahl, und pfeilschnell schoß ich mit meinen Holzfuhren darüber hinaus. Die Arbeit ging über alles Erwarten gut. Mit innerem Behagen sah ich die Beige unter dem Holzapfelbaum neben dem Hause des Vetters wieder um ein Bedeutendes gewachsen und rechnete heraus, daß ich heute wieder beinahe vier Groschen verdient habe.

Eines Abends, als ich auf dem abgeladenen Schlitten saß und rechnete, kam ein Reisender daher und bat mit kläglicher Stimme, »um Gottes willen ihn doch über Nacht zu behalten«. Noch mit meinen Gedanken beschäftigt und ohne den Fremden anzusehen, sagte ich ihm: Ich hätte da nichts zu befehlen, glaubte aber kaum, daß der Hausherr ihn aufnehmen werde. – »Es kann schon sein«, sagte der Fremde. »Aber wenn er es nicht tut, so mußt du mich aufnehmen – wenigstens für diese Nacht.«

Was war das für eine Rede und welche Stimme? »Seppel!« rief ich jubelnd und sprang zu ihm, der mir lächelnd die Hand entgegenstreckte.

Ja, es war der leibhaftige Seppel, zwar viel größer und

sonnverbrannter, als da er mich verließ, aber sich doch noch so ähnlich im Aussehen und Stimme, daß ich mich ordentlich tadeln mußte, nicht schon beim ersten Wort ihn erkannt zu haben.

Nun ging er zum Vater und zur Schwester, die beide bei den Kühen im Stalle waren. Die Schwester grüßte ihn fröhlich und versicherte ihm dabei, daß er nun nicht mehr auf die Alp am Widderstein ziehen müsse, da der Vater dieselbe verkauft habe. Dann – ohne noch jemand zum Worte kommen zu lassen – erzählte sie, welche von den Kühen, die er bereits kenne, noch im Stalle seien und wie man heuer andere gekauft und verkauft habe. Auch die Geschichten der vielen Kälber bekam man zu hören, welche seit Seppels Abreise geworden waren.

»Es scheint mir, du seiest noch immer der alte Stallpatron geblieben«, sagte Seppel mit wehmütigem Lächeln.

»Eben ist sie«, rief der Vater, welcher, die Streue erlesend, bisher still auf dem Boden kniete, und dabei warf er einen großen Stein, den er eben gefunden hatte, so heftig in die leere Krippe vor ihm, daß er gleich wieder herausflog. »Sie«, fuhr er nach einer Weile fort: »Sie wäre schon ein anderer Bauer geworden als du. Lache sie nicht aus, daß sie sich Mühe gab, mir dich zu ersetzen. Ich war einmal froh darüber; jetzt aber, da wir die Alp nicht mehr haben, wäre mir freilich eine tüchtige Haushälterin lieber.«

Als der Vater durch diese wenigen Worte – die ersten, die er sprach – seine Gedanken angedeutet hatte, erlas er wieder Streue, als ob es das ewige Leben gelte, und die gefundenen Prügel und Steine flogen klirrend in die leere Krippe. Seppel und ich gingen in die Stube.

»Ich glaube doch, ich dürfe da bleiben«, sagte er etwas bitter.

»Du bist lang mit Schmerzen erwartet«, antwortete ich. »Leider kommst du schon fast zu spät.«

»Warum?«

»Der Vater will heiraten. Es soll schon alles ausgemacht sein.«

»Da hat er ganz recht.«

»Ja, für sich; aber du wirst als Stiefkind kein gut mehr tun, und ich möchte dich so gerne daheim.«

»Wann soll Hochzeit sein?«

»In einigen Monaten.«

»Bis dahin also hab' ich mich schon mit dem Vater versöhnt. Es geht das um so schneller, weil das Nachgeben an mir ist. Ich hab' nicht das Meine getan bisher, und der Vater tut recht, wenn er sich um bessere Versorgung umsieht. Weiß ich ihn glücklich verheiratet, daß ich ruhig werden darf, so gehe ich ein rechtes Handwerk zu lernen. Dazu reichen die Mittel meiner seligen Mutter aus.«

Meine Freude über diese Worte Seppels war größer noch, als sie selbst über sein Kommen gewesen war. Jetzt ging mir das Herz auf. Ich erzählte von allem, was ich seit seiner – Abreise erlebte. Am längsten hatte ich vom Dorfbarbier zu berichten.

Ich war noch nicht fertig, als auch Mariann, die Schwester, zu uns hereinkam. Sie wischte die Hand an der Schürze ab und gab sie meinem Freund. Dann sagte sie lächelnd: »Der Franz Michel steckt auch noch immer in seinen Schriften wie ich im Stall.«

»Ihr beide«, rief Seppel, »seid recht liebe, gute, närrische Leute; aber was macht der Vater, daß er nicht auch kommt?«

»Er hat mich geschickt, um dir etwas zum Essen zu richten. Er selbst will noch die Streu ganz erlesen, bevor es so dunkel wird, daß man Licht dazu verbrauchen muß.«

»Ich darf also da bleiben?« fragte Seppel.

»Versteht sich.«

Das Mädchen rieb sich vor Vergnügen die Hände, während es in die Küche ging. Sonst aber gab es seiner Freude nur noch durch die Eile Ausdruck, mit welcher dem Seppel ein Kaffee gemacht wurde.

Auch der Vater kam nun endlich in die Stube und befahl Zucker und Honig zu bringen. Man setzte sich zusammen um den runden Tisch und begann zu plaudern, als ob gar nichts vorgefallen wäre und man gestern und vorgestern und immer beisammen gelebt hätte.

Auch später wurde des Vergangenen vom Vater nie erwähnt; dafür durfte Seppel nichts vom Theresle sagen – das gab man ihm zu verstehen, sobald er einmal ein Wort über die Stiefmutter fallen ließ.

Von den Dorfbewohnern im allgemeinen wurde Seppel freundlich, mit einer fast ängstlichen Schonung, etwa wie ein bekehrter Sünder behandelt. Seinem Selbstgefühl war das bald etwas peinlich, und er begann die tollsten, unglaublichsten Streiche von sich zu erzählen. Machte ich ihn tadelnd auf die bösen Folgen dieses Übermutes aufmerksam, so sagte er mir, daß er lieber etwas gefürchtet als bemitleidet sein wolle. Wenn ich kein Gefallen an seinen Erzählungen finde, brauche ich sie einfach gar nicht zu glauben. – Er hatte noch immer die alte Gewalt über mich. Bald wurde ich von ihm tief verletzt, bald wieder angezogen, und aus den lieben, quälenden Besorgnissen um ihn kam ich nie recht heraus. Er behandelte mich noch immer als Kind und hatte seine Freude an meinem Staunen über das, was er mir vom städtischen Leben und besonders von München erzählte. Noch lieber freilich hätte ich von Leipzig, der Heimat des Dorfbarbiers, gehört, aber auch München ward mir durch ihn, der längere Zeit dort und in der Gegend an der Eisenbahn arbeitete, immer wichtiger. Meine Sehnsucht jedoch, einmal aus der engen Heimat mit den engen Begriffen hinaus zu kommen, ist mir dabei für eine Weile gewaltig vergangen. In die schönen Häuser der Städte und auf die sauberen Straßen hatte ich mir lauter gute, gebildete Leute gedacht, keine so gemeine, selbstsüchtige, ja geradezu mehr als bäurisch rohe Wesen, wie sie sich in den Erzählungen meines Freundes aussprachen und bewegten. Auch ihn selbst fand ich rücksichtsloser und in manchem unwissender, als ich von einem Gereisten erwartete. Freilich hätte ich mir sagen sollen, daß ein Eisenbahnarbeiter nur mit Leuten aus den untersten Klassen verkehrt; aber ich sagte mir das nicht und hatte überhaupt keine Ahnung von dem Riß, der durch die ganze Gesellschaft geht und mehr abschließt als unsere Berge. In meiner Heimat gehörte alles zusammen. Sogar die wenigen Zeitungsleser dachten bei aller Anfeindung nie daran, eine eigene Gesellschaft zu bilden, sondern waren stets bemüht, Aufmerksamkeit und Gunst der Menge zu gewinnen.

Auch ich hatte das in letzter Zeit mit gutem Erfolge versucht. Jetzt aber stellte Seppel mich in Schatten. Als Schüler hatte er neben tollen Streichen nie Besonderes geleistet, aber ein Redner war er, und die Gabe, im entscheidenden Augenblicke das rechte Wort zu finden, besaß er in viel höherem Grade als mancher, der ihm sonst wohl überlegen war. Er ging gerne zuweilen ins Wirtshaus und saß dort bald neben den ersten Männern der Gemeinde. Ich freute mich, daß es ihm gelang, sich beliebt zu machen; aber doppelt weh tat mir dann der Leichtsinn, mit welchem er den gemachten guten Eindruck wieder zerstörte. Ich ging immer seltener mit ihm in Gesellschaft, wenn er mir auch ein Glas Bier zu zahlen versprach. Allein aber war ich recht gern neben ihm, und wir richteten es ein, daß wir uns gegenseitig bei der Bearbeitung unserer Anwesen helfen konnten. Ihm ging es mit mir gerade so, wie mir mit ihm. Wenn ich den Wunsch aussprach, er möchte doch bei anderen Leuten auch so ordentlich tun, wie bei mir, so wünschte er dagegen, daß ich in Gesellschaft so gute treffende Einfälle hätte wie unter uns. Zuerst verletzte mich der Tadel, der in diesem Wunsche lag. Nach längerer Selbstprüfung, wie ich sie nach jedem ungünstigen Urteil über mich anstellte, mußte ich mir gestehen, daß seine Anwesenheit mich in Gesellschaft allerdings ungewöhnlich still mache. Ich hatte immer das Gefühl, als ob ich ihn zurückhalten müsse und mir daher auch selbst nicht so viel erlauben dürfe, als da, wo ich das Gespräch immer wieder beherrschen konnte.

Dieser Gewissenserforschung aber folgte weder Reue noch Bekehrung. Ja sogar die Entdeckung einer kleinen Eifersucht auf den bevorzugten Freund beschämte mich nicht. Es war doch ärgerlich, daß er mit Spotten und Übertreiben weiter kam als ich mit dem besten Willen. Nun – ihm, der nichts weniger ertrug als Einsamkeit, war diese Freude von Herzen zu gönnen, wenn sie ihn nur nicht zur Windfahne machte. Daß aber da nichts zu fürchten sei, versicherte schon die Sorglosigkeit seines Benehmens. Er war halt doch ein ganzer Kerl, und das Beste behielt er immer für sich und mich. Ja, mit mir lachte er über die, mit welchen er umging, und seine lustigen Schilderungen vermochten so ziemlich mir die Gesellschaft zu ersetzen. Ich war zuweilen froh, daß er mehr unter Menschen kam als ich. Vieles, was ich nicht zu erleben wünschte, hörte ich ihn gern erzählen, und dabei blieb mir zum Troste noch sein Zugeständnis, daß ihm doch am wohlsten sei, wenn er mit mir und dem Vater unseren Dorfbarbier lese.

Der war ihm womöglich noch lieber als mir. Ich fand ihn oft zu kurz, zu wenig gründlich, und das behagliche Niederlachen aller ernsten Fragen konnte ich von meiner Zeitung noch weniger leiden als von meinem Freund. Mit wachsender Erregung las ich daher von der im nämlichen Verlag erscheinenden Gartenlaube, die der Dorfbarbier häufig genug lobte. Sie sollte neben dem Unterhaltenden auch Belehrendes aus allen Fächern menschlichen Wissens bieten. Im Dorfbarbier konnte ich ihren Inhalt jede Woche lesen, und die appetitlichen Aufschriften reizten mich immer mehr. Seppel lachte mich oft aus, daß ich den Inhalt eines Blattes so gut auswendig wisse, welches ich noch nie gelesen habe. Da sagte ich ihm denn, ich wolle es nun schon lesen, er dagegen müsse den Dorfbarbier halten und wir machten dabei gemeinschaftliche Sache. Seppel wollte zuerst nicht dran. Er verdiente wenig, und dabei war es ihm Bedürfnis, zuweilen ein Glas Bier zu trinken. So erfüllte er mir meinen Wunsch erst im Sommer, und Nr. 27 der Gartenlaube 1854 war die erste, die ich erhielt. Ich wartete nicht, bis der Bote sie mir auf den Platz vor der Kirche brachte, sondern ging am Sonnabende nach Au zum Boten und nahm die Langerwartete in Empfang. Selbstverständlich traten ich und mein Freund auch mit anderen Zeitungslesern in Verbindung und hielten einander Gegenrecht. So konnte ich denn nebenbei im »Neuigkeitsblatt« die Tagesereignisse und größere, meistens aus dem Französischen übersetzte Romane lesen. Lehrer Albrecht gab mir nun auch die Bücher, welche er einst dem Werktagschüler vorenthalten zu müssen meinte. Es entstand zwischen mir und ihm ein freundschaftliches Verhältnis. Er hielt bald die Gartenlaube mit, um mir zum Anschaffen anderer Bücher sparen zu helfen.

So hatte ich denn auch daheim nie lange Weile, und es fehlte mir schon minder an Schriften als an Zeit zum Lesen. Die Mutter hatte sich in den letzten Jahren zu sehr angestrengt und konnte jetzt den einen Arm kaum noch regen. Es war ihr schon fast zu viel, nur die Küche zu versorgen, und Stall und Wiese und Wald blieb mir allein überlassen. Da gab es nie mehr einen ganz freien Tag, und nur noch in abgekargten Stunden hätte ich mir etwas verdienen können zu Büchern, wenn ich nicht, wie mancher andere, so nebenbei auch ein Handwerker gewesen wäre. Noch einmal suchte ich daher meinen kleinen Webstuhl hervor und begann selbst beim Licht daran zu arbeiten, bis die Mutter mich zur Ruhe schickte, weil ihr immer schon am Abend bang sein mochte, mich morgens fünf Uhr wieder aus dem Bette zu hämmern. Das war auch manchesmal keine Kleinigkeit. Die gute Mutter begriff nicht, wie man so fest schlafen könne. Ihr fehlte der Schlaf oft, und daß ich jeden Abend auf der Kammer noch eine Weile bei verstohlen gekauften Kerzen saß und las, wußte sie nicht. Ich hatte irgendwo gehört, daß man sich den Schlaf abtreiben könne, wenn man Unschlitt esse. Meine Lernbegierde überwand den Ekel, und ich konnte geschlossenen Auges bald ziemlich große Stücke verschlingen. Von da an vermochte ich wirklich ganz leicht bis nach Mitternacht zu wachen. Nur das Aufstehen schon um fünf Uhr kam mich dann recht hart an und ich war an manchem Morgen halb krank. Nach und nach war aber auch das durch mein Hausmittel oder durch Gewohnheit und festen Willen zu überwinden. Aber dabei verlor ich die frische blühende Gesichtsfarbe. Ich glich gar nicht mehr der Mutter, der ich sonst so ähnlich sah, und ward so mager, daß man mich allgemein für kränklich hielt. Ich selbst merkte nichts, als daß mir der frühere ruhige Schlaf gänzlich fehlte und ich in wüsten Träumen das Unsinnigste, meinem Wesen Fremdeste dachte, wollte und tat. Dennoch gab ich das Lesen nicht auf, und als wieder der kalte Winter kam, füllte ich meinen Stuhl und die vielen Spalten in den Wänden des Altarkämmerleins mit Heu aus. Ging ich einmal etwas früher zu Bette, so fand ich keinen Schlaf, und ein unerklärliches Unbehagen trieb mich bald wieder auf. In die hiesige Gesellschaft paßte ich gar nicht mehr, und doch könnte ich nicht sagen, daß ich mich ernstlich fort wünschte. Ich war am liebsten allein. Als ich einmal von einem viatizierenden Studenten – Gymnasialschüler – von einem Buch über die Einsamkeit hörte, gab ich ihm Geld, es mir gleich in der Buchhandlung in Feldkirch zu bestellen. Kein anderes Werk – ich hatte freilich nur wenige – sagte meiner damaligen Stimmung so gut zu, als das von Zimmermann. Seppel hielt mich auch für krank und wollte mich immer in Gesellschaft ziehen. Es gelang ihm aber nie, als am Hochzeitstage seines Vaters. Da ging ich mit, trank ein Räuschchen, ward ungemein gesprächig und erzählte allen, daß ich diese Hochzeit für die Gartenlaube beschreiben werde.

Am anderen Tag fühlte ich mich unsäglich elend und quälte mich mit den bittersten Vorwürfen. Da kam Seppel, dem es diesmal bald gelang, mich zu erheitern. Er sagte mir, daß er nächstens in die Schweiz abreise, um bei einem Uhrenmacher, der seines Vaters Schwägern persönlich bekannt sei, als Lehrling einzutreten. O, wie gönnte ich ihm's, daß er nun selbständig werden, der Bauernarbeit und – den Bauern entrinnen konnte. Ich wußte, wie sterbungern er mit Rechen und Gabel arbeitete. Auch sah ich, obwohl er mir noch nie etwas davon gesagt hatte, daß es ihm hier viel zu eng, zu einförmig war. An mich selbst und daran, daß ich nun wieder ganz allein sein werde, dachte ich in der ersten Freude gar nicht. Als er fort war, fiel es mir freilich ein, aber ich tröstete mich damit, daß ich ja Zeitungen habe und wir uns allenfalls auch schreiben könnten. Ich fühlte mich überhaupt in einer Stimmung, in der ich Gesellschaft leicht zu vermissen meinte. Aber von Tag zu Tag nahm ich es schwerer. Ich war häufiger um ihn, doch konnte ich mich unseres Zusammenseins nie mehr recht freuen und empfand den Schmerz der Trennung, so oft ich in seiner Nähe weilte. Der Gute hatte mir nicht nur die Zeitungen lesen, sondern auch zahlen helfen. Nun stand ich auch da mehr allein.

Um mir etwas Geld zu verdienen, handelte ich nun in Ziegenfellen. Freilich durfte ich die jungen Tierchen nicht selber schlachten, kaum konnte ich die blutigen Felle ohne Grausen und einen prickelnden Schmerz in allen Gliedern ansehen. Ich assoziierte mich daher mit dem Peterle, welches ebenfalls gern ein wenig handelte. Wir dingten uns einen Metzger, das Peterle streckte das nötige Geld vor, und ich lief beinahe jeden Tag von Haus zu Haus. Da noch mehrere in der Gegend diesen Handel betrieben, mußte man sehr rührig sein. Wenn einem Bauer eine junge Ziege wurde, war er durchaus nicht handelsüchtig, sondern wollte ruhig den Meistbietenden abwarten. Man glaubt gar nicht, wie pfennigkarg die Bregenzwälder beim Handeln sind. Da galt es, mit aller Beredsamkeit, mit Scherz und Ernst, sie nur zum Anbieten zu bringen und dann durchaus nicht mehr ruhen zu lassen. Gewiß brachte ich's hierin so weit als einer. In den Monaten März und April, wo die Ziegen ihre Jungen werfen, zappelte beim Heimgehen fast immer eines der niedlichen Tiere auf meinem Arm und schaute mich vertrauensvoll fragend an. Ich aber mußte meine Pfeife anzünden oder mich gewaltsam aufregen, daß ich noch vorwärts gehen konnte. O wie bedauerte ich die armen Tiere und sollte sie nun doch ans Messer liefern!

Freilich wären sie auch ohne mich ihrem Schicksal nicht entgangen. War's auch gar so traurig, das Leben zu verlieren? Oft hatt' ich mich gefragt, und dann mußte ich an soviel Böses auf der Welt denken, an so viele Sorge, nur um auch übermorgen noch sorgen zu können, wovon einzig der Tod erlöst. Sagte ich einmal dem Peterle meine Gedanken, so tröstete es mich lachend mit der Aussicht auf den hübschen Gewinn, den wir machen könnten. Hatte es nicht ganz recht? Warum die Tiere so bemitleiden, wenn sie schnell der Plage des Lebens entrissen werden! Schonen doch auch die Menschen einander nicht im geringsten, wenn sie etwas dabei zu gewinnen wissen.

Die Forderungen des Lebens sind alle selbstsüchtig. Wer das Heft in der Hand hat, der schneidet. Ich fühlte jetzt, daß das Peterle weit ob mir stand. Ich paßte nur zu meinen Büchern, nicht in diese nüchterne, berechnende Welt.

XIV.

Immer weiter vermochte die Sonne sich über die Berge hinaus zu wälzen, bevor sie sank, und im Tale begann es zu erwarmen. Die Ach hatte ihre eisige Decke gesprengt und trug laut scheltend die letzten Überreste der zu Wasser gewordenen Winterherrlichkeit fort. Alles begann frisch aufzuleben – nur ich nicht. Ich wollte mir auch wohl sein lassen, wenn's einmal aus wäre mit dem Ziegenfellhandel, wenn ich nicht mehr in jedem Traume den letzten Schmerzensschrei der armen Tierchen zu hören hoffte. Ja, dann hatte ich mich an dem Gewinne freuen und Waizeneggers Geschichte Vorarlbergs kaufen wollen, von der ich in einer Tiroler Zeitung las. Es kam anders. Der Preis der Felle fiel, und wir mußten mit Schaden verkaufen. Das Peterle konnte den Verlust ruhig ertragen, mir aber machte er manche schlaflose Nacht. Ich sah alles gegen mich verschworen. Der Mutter durfte ich nicht Kummer machen mit der Mitteilung, daß ich gar noch in Schulden gekommen sei. Ach Gott! wie sollte ich mir heraushelfen? Zuweilen wollte ich verstohlen Geld entlehnen, dann empörte sich wieder alles in mir gegen so ein halbes Notmittel, das ich selbst nur einen Spitzbubenstreich nennen konnte. Ich sann oft halbe Nächte, denn ich mochte nicht lesen, und konnte trotz aller Anstrengungen des Tages nur wenig schlafen. Auch mein sonst so gesunder Appetit begann zu schwinden. Mit riesiger Kraftanstrengung arbeitete ich immer fort, bis ich einmal mitten im Vormittag unter freiem Himmel mich niederlegen mußte. Einige Arbeiter eilten besorgt herbei, und nur der Wunsch, ihren ängstlichen Fragen zu entrinnen und ungestört zu sein, gab mir noch die Kraft zum Heimgehen. Ich legte mich gleich zu Bette. Der durch die erschrockene Mutter herbeigerufene Dr. Beck fand mich ernstlich krank. Ich dachte ans Sterben, schon bevor ich ihn von einer sehr gefährlichen Bauchfellentzündung reden hörte. Der Tod hatte für mich durchaus nichts Schreckliches. Ich paßte doch nicht recht in diese Welt. Gab es noch eine bessere, so war's recht; kam nichts mehr, so war's gleichgiltig. Nur, wenn ich die Mutter mit dem Ausdrucke tiefsten Schmerzes an meinem Bette sitzen sah, kam ich aus meiner dumpfen Gleichgiltigkeit auf Augenblicke heraus. Einmal sagte ich ihr von meiner Notlage und daß ich schon von dem Gelde genommen, welches mir von ihr zur Bestreitung anderer Auslagen übergeben wurde. Ich jammerte, daß ich es jetzt nicht mehr als Tagwerker wieder verdienen und zurückgeben könne. Wehmütig lächelnd suchte die Mutter mich zu beruhigen. Wir hätten ja alles miteinander, das sei das allerunbedeutendste. Sie wollte gern viel Schlimmeres ertragen, wenn ich gesund würde, wenn ich wieder handeln und das Verlorene vielleicht einbringen könnte.

Ich sah, wie lieb ich ihr trotz aller meiner Sonderbarkeiten war, und nun begannn ich es bitterlich zu bereuen, daß ich – in dem Glauben, sie verstehe mich nicht recht – zuweilen auch ihr gegenüber so verschlossen war. Sie wollte alles mit mir gemein haben; hätte auch ich das immer wollen, so wäre uns beiden wohler nebeneinander gewesen. Am dreizehnten Tage meiner Krankheit, die sich immer verschlimmerte, begann die Mutter vom Empfange der heiligen Sterbesakramente zu reden. Ich war dazu gerne bereit, und es tat mir wohl, dem Pfarrer Stockmayr in der Beichte alles zu sagen und gleichsam von mir abzuschütteln, was mich drückte und quälte. Fürchtete ich mich auch nicht so vor dem Zorn Gottes wie viele Kranke, die den Tod vor sich sehen, so wollte ich doch in Frieden von der Welt scheiden. Nach der Kommunion bat ich Seppeln, doch ja nicht vor meiner Beerdigung abzureisen, was er mir feuchten Auges versprach.

Ich wurde nun ruhiger, heiterer. In der folgenden Nacht verlangte ich zum erstenmal seit zwei Wochen selber etwas zu essen – ein kleines Süpplein aus geriebenem Brot. Das war immer mein Lieblingsessen gewesen. Die Mutter machte erfreut sogleich ein Feuer an, und da sie in ihrer unglaublich einfachen Hauseinrichtung keinen Brotreiber wußte, suchte sie auf der Rumpelkammer unter den Werkzeugen des Vaters eine alte Holzraspel – Feile – hervor, auf der nun das Brot gerieben wurde. Ich aß mein Süpplein, wenigstens einige Löffel voll, denn ich fürchtete, daß ich's, wie alles, was die Mutter bisher in mich hineinbettelte, gleich wieder mit Schmerzen von mir geben müsse. Es lief ganz gut ab. Ich konnte mehrere Stunden schlafen, und am anderen Morgen fand mich Dr. Beck so munter, daß er wieder zu hoffen begann. Nach einigen Tagen fühlte ich mich etwas besser, und schon war es mir lieb, daß Pfarrer und Doktor etwas länger an meinem Bette verweilten.

Der letztere, erst seit kurzer Zeit in Au, der Nachbargemeinde, ansässig, lernte mich auf dem Krankenbette kennen. Es fiel ihm auf, daß ich, kaum wieder ein wenig besser, nach den Ereignissen in der Krim fragte. Sofort setzte er sich auf einen Stuhl und begann zu erzählen. Von jetzt an war er so freundlich und mitteilsam, wie ich's von dem ernst blickenden Manne nie erwartet hätte. Wenn ich ihn einmal ohne Gruß durchs Dorf schreiten sah, dann war es mir stets gewesen, als ob er gegen jeden das allerdings berechtigte Gefühl seiner Überlegenheit herauskehre. Nun gewann ihm das Offene, Einfache seines kernigen Wesens schnell mein ganzes Herz. Als Seppel von mir Abschied nahm, sagte ich ihm: daß ich durch meine Krankheit wieder einen neuen Freund gefunden, dessen Gewinnung mit einem vierwöchentlichen Leiden nicht zu teuer erkauft sei. Ich war jetzt immer sehr geneigt, überall das Gute herauszufinden, und frei von der früheren Unruhe, geläutert von kleinlichen Sorgen, trat ich bald wieder neukräftig unter die Schaffenden hinaus. Auch in mir war's Frühling und wie ein Wiedergeben des Jubels ringsum in der neuverjüngten Welt. Den Anblick der blumigen Wiesen und der stolzen, laubbekränzten Berge, sogar den Genuß jeder Speise, empfand ich als eine Wohltat, ein Geschenk, und konnte gottlob nicht mehr begreifen, wie ich bei dem allen einmal so unzufrieden gewesen war. Das Lesen gab ich freilich nicht auf, aber ich quälte mich nicht mehr darum und war auch bei der Arbeit vergnügt. Jeden Tag geschah etwas, woran man am Abende mit Behagen denken konnte. Nirgends ruht sich's behaglicher aus als auf der Erinnerung an ein glücklich vollbrachtes Tagwerk. Die Wochen vergingen schnell; der Sommer war da, bevor ich den Doktor Beck ein einziges Mal besucht hatte, wie freundlich er mich auch einlud und mir einige Bücher zu leihen versprach. Ja zum Teil unterließ ich den Besuch gerade darum. Ich wollte nicht mehr ganz ans Lesen kommen und wünschte daher keine Bücher, wie sie wohl so ein Mann hatte – nämlich solche, die mir wieder den Kopf füllten und mich an nichts anderes mehr oder an alles nur in ihrer Weise denken ließen.

Nach der ersten Heuernte ging ich wieder auf unser stilles Älpelein. Die Mutter bat ich, mir doch die Zeitungen, die ich natürlich nicht aufgab, zuweilen durch Bettler oder mit anderer Gelegenheit zu schicken. Es tat mir bisher so wenig gut, wenn ich gar nicht las, als wenn ich's zu strenge trieb. Von jetzt an wollte ich in der Mitte bleiben. Lesen und Leben, Denken und Handeln mußte sich doch versöhnen lassen. Unser Senn war ein Bruder meiner früheren Schulfreundin Mariann, und er war wert, es zu sein.

Die Sennen sind überhaupt sehr interessante Menschen. Bei ihrer Arbeit kommt es hauptsächlich auf Umsicht, Geduld und richtige Beurteilung der wirkenden Naturkräfte an. Das lebt sich schnell in ihr Wesen ein und gibt ihm eine Würde und Ruhe, welche merkwürdig absticht gegen das Vorlaute, Lebhafte, nicht selten Ängstliche der anderen Bauern, die mehr selbst einzugreifen als ruhig abzuwarten gewohnt sind. Wenn ich so einen Käsemacher bei seinem eingemauerten Kessel stehen sehe, auf nichts in der Welt achtend als auf das Feuer, und die Wärme der Milch jeden Augenblick durch Eintauchen der rundlichen Hand so richtig als ein Thermometer angebend, dann muß ich oft an geheimnisvolle Gestalten in den wunderlichen Erzählungen meines Alten denken, die in abgeschlossenem Raum allerlei Zaubertrank zu bereiten wußten, ruhig dessen Wirkungen berechneten und durch allerlei Zutaten erweitern und beeinträchtigen konnten. Kein Mensch wohl sieht es dem großen kräftigen Burschen mit der weißen Schürze und den aufgestürmten Hemdärmeln an, wieviel er sinnt und rechnet, während er ein lustiges Liedlein pfeift, welches er drunten im Dorfe von der Herzallerliebsten lernte. Schon am frühen Morgen hat er von der nächsten Lawine eine ganze Milchgepse voll Schnee fürs Butterfaß geholt, damit der Rahm, welcher heute verarbeitet werden soll, sich bei der herrschenden Hitze nicht zu schnell und daher nur zum Teil von der Buttermilch scheide. Dabei hat er dann auch dort, wo gestern die Kühe weideten, das Gras untersucht, um zu wissen, welche Eigenschaften er der heute zu verarbeitenden Milch zuzuschreiben habe. Ist er einmal darüber mit sich im reinen, so blickt er hinaus über die von der Morgensonne übergossenen Berge, die sich wie ein goldener Kranz ringsum durchs Grüne, Blaue und Rötliche hinziehen. Er sieht sich um, was die stillen Felsenköpfe für ein Gesicht machen und ob sie etwa die langen Denkerrunzeln auf ihrer Stirne besonders stark hervortreten lassen und einem plötzlich näher zu kommen scheinen. Sollte das der Fall sein, so weiß er, daß die Luft ziemlich gefüllt ist und daher sein heutiger Käs sogleich einen Witterungswechsel, vielleicht gar den noch gefährlicheren Föhn, den Feind aller jungen unschuldigen Schöpfungen dieser Art, zu erleben hat. Die Käsevorsehung hält daher Rat, welche Eigenschaften ihrem Geschöpfe diesmal vor allen anderen beizubringen seien. Erst mit einem wohlbegründeten Entschluß kommt er in die Hütte zurück. Während des Abrahmens der Milch, die man gestern abends in den Keller getan, und während er für den Küher und die übrigen, welche bei der Herde sind, das Morgenessen anrichtet, erschaut seines Geistes Blick den noch Ungeschaffenen, wie er morgen im Keller bei seinen älteren Brüdern liegen wird. Sein Frühstück nimmt er schon unter dem Kochen ein, und während die anderen Alpknechte, nachdem auch die letzten Kühe im Stall sind, behaglich plaudernd um die große Muspfanne auf dem wackeligen Tischchen herumsitzen, dreht er unermüdlich das Butterfaß. Es wäre das zwar nach dem Melken die Arbeit des Kühers, aber der würde auch keinen müheverlängernden Schnee geholt haben, um länger als eine Stunde »rühren« zu müssen. Der Senn, mehr als dieser auf reichlichen Ertrag bedacht, möchte sein unwilliges Murren nicht hören. Lieber will er für den geholten Schnee selber büßen, als sich in lange Erörterungen einzulassen. Das ist überhaupt nicht seine Sache; wer ihn aber dazu auffordert, der wird ihn überall stich- und kugelfest finden. Ruhig, aber des Erfolges sicher wie seine Arbeit, ist auch seine Rede. Jedem zwingt er Achtung und Vertrauen ab, so daß er unter dem Melken ohne Widerspruch die Milch, die er nicht recht gut findet, in den Schweinetrog leeren darf. Man traut ihm zu, daß er das kenne, und wenn der Küher am Morgen eine Kuh über eine andere recht zornig oder sonst unwohl sah, so fordert der selbst ihn auf, zu untersuchen, ob man der Milch nichts davon anmerke. Der Senn tut das mit größter Sorgfalt, denn er weiß nur zu gut, wie schon ein einziger böser Schoppen die ganze Sennet verderben, alle seine Berechnungen zuschanden machen könnte. Findet er aber beim Melken alles in Ordnung, dann steht er hernach ruhig und sicher und groß neben dem vollen Kessel, und kein Mensch sieht ihm an, wieviel er nebeneinander im Kopfe haben muß. Leise, seines Schätzchens Lieblingsweise brummend, verrichtet er ein Wunder der Verwandlung nach dem anderen, bis er den Käs in der Lade, den zurückgebliebenen Fettstoff, der morgen mit dem Rahm verbuttert werden kann, im Vorbruchkübel und den Zieger im Trog hat. Nach dem Mittagessen putzt er die gebrauchten hölzernen Milchgefäße rein und den Kessel, daß er glänzt. Dann hat er bis gegen Abend mit Salzen und Reinhalten der bereits entstandenen Käse zu tun, die am

Schlusse des Sommers in langer Reihe übereinander im kühlen Felsenkeller auf sauberen salzbestreuten Brettern liegen. In freien Stunden hilft er den anderen Knechten Holz von der Holzgrenze da zur Hütte hinauftragen, düngen oder den Grasboden räumen, wo im Winter kirchturmhohe Lawinen allerlei Unrat mit in die Alp herunterschleppten. So geht dem Unermüdlichen der Tag und der Sommer herum.

Der Küher und die anderen Knechte sind hauptsächlich Hirten. Doch suchen sie nebenbei stets auch die Alp in gutem Stande zu erhalten und zu verbessern. Auch in ihrem Leben, wie in dem des Sennen, gleicht so ziemlich ein Tag dem anderen. Nur das Erscheinen irgend eines Menschen aus dem Dorf, das Verklettern einer Kuh, das Walten des den Käsen so gefährlichen Föhns, ja selbst das Verlieren der einzigen Nadel, womit die einzige ordentliche Hose des Kühers noch dorffähig erhalten werden sollte: nur das und ähnliches bringt einige Abwechslung in dieses einfache Leben und wirkt viel wichtiger, als man sich unter anderen Verhältnissen zu denken vermag. Tagelang kann man von so etwas reden und über kleine und doch so große Sorgen lachen, sobald sie überstanden sind, wo nicht gar zu große Eigenheiten einzelner dem friedlichen Zusammenleben und Wirken im Wege sind.

Leider hatten wir einen Küher, mit welchem sich durchaus nicht auskommen ließ. Ich glaube, ihm das mit gutem Gewissen nachreden zu dürfen, weil selbst der Senn beim besten Willen mit ihm nicht im Frieden zu leben vermochte. Einer früher angesehenen, jetzt herabgekommenen Familie entstammend, glaubte er sich schon dadurch zurückgesetzt, daß er Dienstbotenarbeit zu verrichten hatte, und wir mußten oder sollten das bei jeder Gelegenheit entgelten. Was der Senn ihm nicht auftrug, wurde nicht gemacht, und was er ihn zu heißen wagte, wurde so getan, daß es schließlich dem Sennen zum Vorwurf werden und des Kühers Widerspenstigkeit rechtfertigen sollte. Ging etwas nicht recht, so hatte er es wohl gewußt, und was gelang, hatte man ihm zu verdanken. Mußte er bei schlechtem Wetter aus der Hütte, so klagte er, daß man ihn daheim viel zu sehr verweichlicht habe, und suchte dann an mir zu zeigen, wie man einen Mutterbuben behandeln sollte. Hart mußte er freilich manches Mal tun; trotzdem wollte er sich vom Sennen weder raten noch helfen lassen, und wäre der nicht so gemäßigt in allem gewesen, so hätte das oft die ärgsten Händel geben müssen.

Was war unter diesen Verhältnissen natürlicher, als daß ich mich doppelt innig an Mariannens Bruder, den Sennen, anschloß. Er, nicht an ein stummes, unfriedliches Zusammenleben gewohnt, gewann mich hier, wo es ihm an jeder anderen Gesellschaft fehlte, trotz aller meiner Sonderbarkeiten recht lieb und half dem Schwachen, so oft er Zeit und Gelegenheit hatte. Nun gab unser Gegner sich Mühe, wenigstens den letzten, den Pfister, zu gewinnen. Der durfte sich nur freilich dem Küher nicht gerade gegenüberstellen, er wollte aber auch von uns nicht lassen, suchte es bei beiden Teilen zu treffen und ward so zum Zwischenträger und Händelstifter, ohne daß er es eigentlich wollte. Der Küher merkte bald, wie wenig auch dem letzten zu trauen sei. Häufig redete er vom Fortlaufen, um uns zu ärgern, aber wir überließen das ruhig ihm selbst, indem wir versicherten, daß darum denn doch keine Kuh ungehütet und ungemolken bleibe.

So machten wir vier uns schlimme, lange Tage schon in der ersten Hälfte des Sommers. In der zweiten sollte es noch ärger werden. Es brach nämlich unter den Kühen und Ziegen die Maul- und Klauenseuche aus. An einem schwülen Morgen kam die ganze Herde ungeholt zur Hütte. Die Kühe standen so traurig herum und ließen die Ohren hängen, daß der Küher ernstlich vom Verhextsein redete. Der Senn sah bei manchem Tiere einen weißen Schaum auf der Schnauze. Er öffnete nun mehreren Tieren das Maul und fand ihren Rachen mit kleinen Bläschen belegt. »Tausendmal in Gottes Namen!« rief er aus: »Nun haben wir gar auch noch die

Klauenkrankheit da!« An den Klauen war freilich noch wenig von der Entzündung zu bemerken, aber ich eilte doch sofort ins Dorf, um die Sache vorschriftsmäßig anzuzeigen.

Die Nachricht, der Feind sei im Lande, hätte kaum mehr Bestürzung und Schreck in der Gegend verbreiten können, als mein Bericht. Die Krankheit war zwar schon in mehreren Alpen, aber ziemlich weit von uns. Nun hatte man sie auf einmal nahe, und zudem sah man aus dem von ihr gemachten großen Sprung zu uns, daß bei sorgfältigster Bewachung doch keine Alp vor derselben sicher sei. Die Nachbaralpen waren von jetzt an durch keine Vorsichtsmaßregel mehr so gut geschützt als unser Älpelein bisher durch seine Lage. Trotzdem tat man alles, was man konnte, und von uns und anderen wurde fast Unmögliches verlangt, denn in der Angst dachte jeder nur noch an sich selbst. Wie weit das ging, sollte ich schon bei meiner Rückkehr auf die Alp erfahren. Zwei Bauern, ein großer und ein kleiner, überfielen mich förmlich, und nur das Hinzutreten mehrerer meiner Nachbarn hinderte die Wütenden, mich tätlich dafür zu strafen, daß ich mich noch aus der Alp wagte und vielleicht den ansteckenden Geruch an meinen Kleidern mittrage, wenn es auch nicht die Stallkleider seien. Damals ärgerte mich schon das, später kam noch viel Ärgeres. Unsere Bezirksbehörde, selbst im unklaren über das Wesen der Krankheit, wurde durch die angesehensten Männer der Gegend, also die größten Viehbesitzer, zu einer Verordnung veranlaßt, die das Übel für uns noch viel ärger machte. Wir mußten alle Kühe im Stall füttern und durften keine mehr vom Band ablassen, obwohl Berge und Felsen uns von jeder Nachbaralp trennten. Die Krankheit konnte ja durch die Vögel verschleppt werden. Mochte das uns vorkommen, wie es wollte, wir durften nicht mehr aus der Alp, um unsere Gründe vorzubringen. Wir mußten um so eher gehorchen, als jede auf der Alp gesehene Kuh für vogelfrei erklärt war. Nun standen die kranken Tiere in dem schlechten Stall unserer Alphütte, welcher, da es uns an Streue fehlte, nicht einmal trocken und rein zu erhalten war. Reinlichkeit, Bewegung und frische Luft wären die besten Mittel, die Seuche so ungefährlich als möglich zu machen. Hier fehlte das alles, und das Heu zum Füttern mußte, da unsere Notlage sogar noch ausgebeutet wurde, fast um die Hälfte zu teuer gekauft und stundenweit hergetragen werden, während die gute frische Weide nun zu sehr auswuchs, herbstlich gelb wurde und zu verderben begann. Täglich mußten wir dreißig Kühen die faulenden Klauen ausschneiden, sie dann aber mit dem frischen Verbande in dem nassen, schmutzigen Stalle stehen lassen, der nie gereinigt und gelüftet werden konnte. Viele der besten Tiere kamen um die Milch und wurden lange nicht mehr gesund. Aber wer kümmerte sich um das? Wäre einer aus der Alp hinuntergegangen ins Dorf, um sich zu beschweren, so hätte er Schläge statt Hilfe mitnehmen müssen. Nur wenn der Gemeindediener an die Alpgrenze kam und Lebensmittel brachte, konnten wir uns beschweren. Er gab uns ganz recht und fand auch, daß man uns vergeblich plage, aber den ratlosen Leuten müsse nun einmal etwas geschehen. Auf unsere vielen Beschwerden wurden uns endlich einige Tagwerker geschickt, um uns beim Heimbringen des Heues zu helfen.

Nun bekam unser Küher Gesellschaft. Da konnte er erzählen, wie man ihn geplagt habe und wie nun das alles nur eine Strafe Gottes dafür wäre. Er sei daher nicht der Narr für uns, die eigentlich an allem die Schuld hätten, noch immer das Ärgste zu tun. Wir sollten nur jetzt auch zusammenhalten und sehen, wie wir fertig würden.

Das taten wir denn auch redlich genug. Der Senn fand zu vielem Zeit, weil die gemolkene Milch ihm wenig mehr zu tun machte. Ich aber mußte nebenbei die Ziegen hüten, die man uns merkwürdigerweise nicht im Stalle zu halten befahl. Ich hatte mehr als dreißig Stück und sollte nie eines aus dem Gesichte verlieren. Nun legte ich ihnen kleine blecherne Schellen, sogenannte »Kleppern« an, so viele ich in der Alpenhütte finden konnte, und bei Nebelwetter trieb ich meine Herde in eine Schlucht unter der Alp, wo gute Weide für Ziegen war und sie mir unmöglich entrinnen konnten. Ich selbst setzte mich dann oben unter eine riesige Tanne, die mir bald allerlei zu erzählen begann. Die Bäche, welche rechts und links an mir vorüber rauschten, erhielten meine Gedanken in Verbindung mit der Welt, in die sie so fröhlich eilten. Drunten im Achtale gab man ihnen Holz mit, das mußten sie nach Bregenz bringen und dann dafür schwäbisches Korn auf dem Dampfschiff über den Bodensee tragen. Wie wohl so ein Dampfschiff in Wirklichkeit aussehen mochte? Ich suchte es mir einzubilden, indem ich an die gesehenen Zeichnungen dachte. Dann schüttelte ich den Regen von dem schweren Hut, wand das Wasser aus den Kleidern und dachte mir, wie es jetzt wäre, wenn es immer fort regnete, wie bald wohl das Wasser da herauf stiege und was dann meine Ziegen machten? Ich selbst konnte auf die Künzel klettern und sah vielleicht, bevor ich unterging, noch ein Dampfschiff vom Bodensee hereinschwimmen. Es war doch gut, daß das nicht kam, die Tannen standen so stolz, und die Ziegen weideten so froh, bis sie genug hatten. Dann aber kamen sie zu mir herauf und erzählten mir allerlei von ihren Erlebnissen. Ich dachte daran, es zusammenzustellen und arbeitete oft in Gedanken an der Geschichte einer langhörnigen Alten, die schon viele Herren gehabt und allerlei durchgemacht hatte. Oft saß ich lange gedankenlos auf dem äußersten Rand eines Felsens und streckte die schwerbeschuhten Füße über den Abgrund hinaus. Ich wußte nicht, war's Vormittag oder Nachmittag, aber was ging mich das auch an? Erst wenn's dunkelte, durfte ich wieder heim. Früher wußte ich aus dem Milchbuch des Sennen, wo jede Maß aufgeschrieben war, welchen Wochentag wir eben hatten, jetzt kümmerte ich mich selbst um das nicht mehr. Ich war ganz stumpf. Zuweilen fiel mir ein, ich könnte auch in den Abgrund springen, dann wäre alles aus. Dieser Gedanke gab mir dann wieder Spannkraft. Ich wollte doch noch leben und zusehen, wie es jetzt gehe, aber das

Gefühl, jeden Augenblick Herr über Leben und Tod zu sein, tat mir doch eigentümlich wohl. Ich sah auf zu den Riesentannen, die in den Nebel hineinragten, und versuchte zu berechnen, wieviel Zündhölzle so ein Stamm gäbe und was man damit alles anfangen könnte. Dann schüttelte und hüpfte ich Kälte und Nässe von mir ab oder suchte durch gefährliches Herumklettern mich zu erwärmen, durch Angst und Gefahr Abwechslung in dieses Einerlei zu bringen. Dann sang ich meine Kinderlieder, dachte an meinen Alten, an das Gottle, den Seppel und das Mädchen, welches mich zuerst ein Lied gelehrt hatte und nun selber nicht mehr singen mochte. Daß es gestorben war, erfuhr ich erst im Herbst. Jetzt hörte ich gar nichts mehr aus dem Dorf und konnte mir nur einbilden, wie es da drunten zugehe. Ich zog wieder in Gedanken von Haus zu Haus, dann hielt ich ihnen allen eine Predigt, und dann endlich dunkelte es, und ich durfte in die Hütte zurück zu den brüllenden Kühen und den unzufriedenen Knechten. Nach dem Melken kroch ich ins Heu und ließ mir die Kleider am Leibe trocken werden.

Zuweilen hatte der Gemeindediener neben den Lebensmitteln auch eine von der Mutter geschickte Zeitung mitgebracht. Es war wunderbar, wie fremd und vornehm dann die sauberen Buchstaben mich ansahen. Der Dorfbarbier war noch immer der alte, und ich konnte mich recht ärgern über seine Lustigkeit, die mir ganz unnatürlich vorkam. Von den Schlächtereien in der Krim hörte ich ganz gleichgiltig; nur die naturwissenschaftlichen Artikel der Gartenlaube vermochte ich mit einigem Interesse zu lesen. Doch im ganzen fühlte ich mich unbehaglich, so oft meine Blätter mich zwangen, an ein von dem meinen so verschiedenes Leben draußen in der großen Welt zu denken. Kein Mensch kümmerte sich um mich, warum sollte ich mir mit so vielem Kopfarbeit machen?

Freilich änderte sich meine Stimmung auch mit dem Wetter. An schönen Tagen, die aber diesem Sommer nur selten wurden, war mir wohl, und ich fühlte mich frei und leicht. Jauchzend trieb ich meine Herde den höchsten Bergen zu und ließ ihr ziemlich freien Lauf, indem ich selbst mit meinen Tieren um die Wette zu klettern begann. Auf den Felsen, über welche die stolze Künzel starr und grau ins Blaue hineinragt, saß ich manche Stunde und freute mich an der verschiedenen Bildung der schimmernden Steinköpfe. Lächelnd übersah ich den ganzen inneren Bregenzerwald und sendete seinen Bewohnern da unten, welche die bergige Landschaft gleichsam in ihre Taschen steckte, meine Grüße zu, dann fühlte ich mich den Menschen wieder näher, verkehrte in Gedanken fröhlich mit allen, und der Abendschatten kroch früher aus dem Tale herauf, als mir lieb war.

Doch solche Tage erlebte ich, wie gesagt, sehr selten, und es war gut, daß ich schon an einem einzigen immer wieder ein Dutzend schlechte vergaß.

Die Klauenseuche war unterdessen trotz aller Vorsicht wieder da und dort ausgebrochen. Man hielt uns nun doch etwas minder streng, und die geplagten Kühe durften wieder ins Freie. Nun besserte es ihnen fast von Tag zu Tag, und wir erhielten mit dem Beginne des Herbstes die Erlaubnis, unser Vieh heim zu nehmen und überall neben anderem aufzutreiben.

Der Tag der Heimfahrt war uns allen ein fröhlicher, aber mir doch nicht so fröhlich, als ich früher gedacht hatte. Der Abschied vom Sennen fiel mir schwer, obwohl er nur einen guten Schuß weit von unserem Hause wohnte, so daß ich ihn auch im Dorfe fast jeden Werktag sah. Sogar von meiner Schlucht und dem Felsen, auf welchem ich so manchen langen nebligen Tag verbracht hatte, nahm ich wehmütig Abschied. Der Platz, wo ich so oft saß und sann, war und blieb mir immer lieb.

Am ersten Sonntag, den wir wieder im Dorfe verbrachten, feierten wir den Alpsonntag. Wir gingen nämlich vormittags mit blumenbekränzten Hüten zur Kirche und nachmittags ins Wirtshaus. Da erzählten wir den anderen Alpknechten von den ausgestandenen Plagen und waren eigentlich froh, recht viel erzählen zu können. Alles erschien uns jetzt in viel freundlicherem Licht, und sogar mit dem Küher haben wir innerlich versöhnt angestoßen. Wir fühlten, daß wir denn doch auch zu weit gingen und ihm in Ermanglung anderer Eindrücke manches zu lange nachtrugen.

XV.

Es ging wieder dem Winter entgegen. Die Seuche richtete kein weiteres Unheil mehr an, aber viele litten noch unter dem, was sie hinterließ. Die von ihr Heimgesuchten nahmen wenig ein für ihre Sommermilch, und dabei gab es überall noch zu zahlen. Das Schlimmste aber war der Unfrieden, welchen die Seuche ins Tal brachte. Die meisten hatten zur Zeit der Gefahr nur an sich selbst gedacht. Jetzt warfen Nachbarn und Verwandte sich ihre Rücksichtslosigkeit vor. Die so entstehende Verbitterung glimmte lange fort und brach beim nächsten Windstoß in helle Flammen aus. Auch wir dachten denen lange daran, welchen wir es zuschreiben mußten, daß unser Vieh nicht mehr auf die Weide getrieben werden durfte.

Wir Besitzer der Alp Schideln, ich, des Vaters Bruder Johann Josef und seine Schwester Serafine, berechneten den Schaden, der uns aus der Krankheit erwuchs, auf wenigstens 500 Gulden. Das hieß also nicht bloß rein umsonst gebauert, und es hätte von jetzt an notwendig recht gut gehen sollen. Es ging aber noch nicht besser, und was uns fast am wehesten tat, stand erst bevor.

Wie gewöhnlich wurden die Kühe, welche wir nicht selbst wintern konnten, auf den zweiten Herbstmarkt nach Dornbirn getrieben. Nicht um sie zu verkaufen, sondern einem biederen Schweizer zu übergeben, der noch jedes Jahr auf diesen Markt gekommen war. Der nahm dem Onkel Johann Josef noch immer alle hergebrachten Kühe um ein Billiges zum Wintern an, auch denen gute Plätze besorgend, die er nicht selber behalten konnte. Diesmal trieben wir dreizehn Stück hinaus und waren froh, daß wir sie gleich einem zuverlässigen Manne übergeben konnten. Man hatte ein schlechtes Heujahr gehabt, und die guten Winterplätze waren daher sehr gesucht. Daß unser Mann kam, konnte nicht bezweifelt werden, es verstand sich von selbst, da er schon im letzten Frühling dem Onkel die Hand darauf gab. Ich überließ mich daher sorglos der Freude, nun einmal – zum ersten Male – das vielgerühmte Dornbirn zu sehen, welches in letzter Zeit fast zu einer Stadt herangewachsen sein sollte. Glücklich kamen wir gegen Abend beim Ganswirt an, der so sicher auf meinen Onkel, als dieser auf seinen Schweizer rechnete. Es waren daher schon mehrere Bauern mit ihrem Vieh abgewiesen worden, um für uns Stallung und Platz zu haben. Mir fiel das auf. Der Onkel fand es ganz natürlich. Am Markttage fühlt sich der Bauer schon auch was. Alle Welt weiß ja, daß er immer in seinem Wirtshaus ist, und da käm's doch kurios heraus, wenn nun er nicht da wäre. Auch den Schweizer suchte jedermann in der Gans. Heute aber war er noch nicht da. Dennoch fiel es dem Onkel nicht ein, mit anderen zu unterhandeln, die sich um unsere Kühe herumstellten und einige derselben zu übernehmen wünschten. Erst am anderen Tage während des Marktes begann uns bange zu werden. Jetzt wären wir bereit gewesen, Kühe wegzugeben, aber es fand sich niemand mehr, der uns darum anging. Das Beste hatten wir also mit Warten versäumt. Während die Leute fertig und fröhlich heimgingen, sollten wir Plätze für die Kühe suchen. Wir beschlossen, da wir nun wohl doch in die Schweiz mußten, gleich zuerst in Rorschach unseren Mann zu fragen, ob und warum nichts mehr mit ihm zu tun sei. Unter anderen Umständen hätte ich mich gefreut, wenn diese Reise notwendig geworden wäre. Jetzt hatte ich kein Auge für die herrliche Landschaft am Bodensee und lernte begreifen, warum meine Landsleute gewöhnlich so wenig von ihren Reisen zu erzählen wußten. Sie kamen, wie ich diesmal, nur mit einer Sorge, einem Wunsch auf den Weg und waren dadurch so beschäftigt, daß sie für sonst nichts mehr Augen und Ohren hatten. Es wäre mir früher unglaublich vorgekommen, daß ich den Schweizerboden so gleichgiltig betreten könnte, wenn mir dieses Glück einmal werden sollte. Den Onkel brachte ich nur mit Besprechung unserer Angelegenheit zum Reden, und ich tat das um so mehr, weil mich eigentlich die Sache viel mehr ängstigte als ihn. Gegen Abend kamen wir nach Rorschach und erfuhren da mit Schrecken, warum der Erwartete nicht gekommen war. Der Rößlewirt von Schoppernau, ein naher Verwandter unseres Kühers, war vor einigen Tagen dagewesen und hatte seine Kühe zum Verwintern angetragen. Er bemerkte dabei, daß wir doch nichts mehr auf den Markt bringen könnten, weil wir durch die Seuche und unsere schlechte Wirtschaft um alles Vieh gekommen wären, welches man allenfalls in einem ordentlichen Stalle zu wintern begehrte. Daraufhin hatte sich denn unser Schweizer mit Kühen versehen und, um sich unsertwegen nicht mehr plagen zu müssen, stellte er sich verletzt, daß man ihm gar nicht geschrieben habe.

Traurig schlichen wir fort und begannen, zuerst in der Gegend, dann im Appenzellerländchen und im Rheintal Plätze für die Kühe zu suchen, die unterdessen in Dornbirn warten mußten. Wir brachten das eine Stück dahin, das andere dorthin, fast alle an schlechte Plätze, da die guten schon besetzt waren. Auch betrogen wurden wir, daß uns die Augen übergingen. Mehrere Kühe fütterte man mit gepfändetem Heu, welches wir bezahlen mußten. Der Schaden, den wir erlitten, war wenigstens ebenso groß als der, den uns die Seuche selbst verursacht hatte. Ich muß gestehen, daß ich böse war auf den Rößlewirt. Es macht aber gewiß nicht das in dieser Zeit aufgelesene Gift, wenn ich seiner später noch mehrmals gedenken muß.

Der einzige Gewinn dieses Sommers für mich war das mit dem Sennen angeknüpfte Verhältnis, welches auch im Dorfe noch an Innigkeit gewann. War ich doch sonst auch hier noch so ziemlich allein, so daß ich durch nichts und niemand abgehalten war, mich noch so innig und ganz wie auf dem einsamen Älpelein an ihn zu schließen. An jedem Sonntag standen wir auf dem Platze vor der Kirche beisammen, halfen uns gegenseitig mit Rauchtabak und Feuer aus und teilten uns unsere kleinen Erlebnisse mit. Dann suchte ich ihn auch an Werktagen in seinem Hause auf, und es währte gar nicht lange, bis ich der tägliche Gast der Familie Oberhauser wurde.

Es war aber auch eine recht liebenswürdige Familie, ein Kreis, der einen schon fesseln konnte, wenn es ihm auch nicht so ganz, wie mir, an anderweitigen Verbindungen gefehlt hätte.

Marianne, die älteste der drei Schwestern – aber nein, ich will doch beim guten Vater anfangen! Dieser hatte sechzig Jahre – zuerst mit seinen Brüdern, später mit seinen Söhnen – alle Häuser von Schoppernau in gutem Stand erhalten. Da war kein Bauer, bei dem der alte Oberhauser noch nie als Schreiner oder als Zimmermann gearbeitet hatte. Dabei hatte er sich einen reichen Schatz von Erfahrung und Menschenkenntnis gesammelt, den er jetzt, im Sorgenstuhle sitzend, den sechs Kindern mitzuteilen suchte. Ja, sein Geist war noch recht frisch und kräftig, während der Körper mehr und mehr der Last mühevoller Jahre erlag. Als Arbeiter war er allen überlegen gewesen, das hatte ihm eine stolze Sicherheit gegeben, die ihm recht gut stand. Jeder konnte und mußte vom alten Oberhauser die Wahrheit hören. Es hieß: er könne machen, was man wolle, und reden, wie man's nicht wolle. Man verzieh ihm aber das letztere leichter als den meisten Handwerkern, denn seine Aussprüche hatten etwas so Schlagendes, daß man eigentlich nicht mehr an Gegenwehr denken konnte und ihm gleich wieder herzlich gut war. Er hatte so etwas vom Musikanten in Schillers Kabale und Liebe, nur mit dem Unterschied, daß er es nicht gerade gegen seine Frau herauskehrte. Diese gab ihm aber dazu wohl auch nie Veranlassung. Sie war die Gutmütigkeit selbst und hätte gerne sich und anderen zuweilen ein Freudlein gegönnt als Ersatz für Mühen und Entbehrungen, wie sie die Verhältnisse einer Handwerkerfamilie fordern. Sie hatte bessere Tage gesehen, aber sie fand sich auch gut in die jetzige Lage und umgab Gatten und Kinder mit zärtlichster Sorgfalt, so daß sie bei manchen für zu gut, zu weiblich galt und wegen der in ihrem Reden und Tun sich aussprechenden Herzensgüte getadelt wurde.

Man neigt sich hier sehr der Ansicht zu, daß unerbittliche Strenge die beste Erzieherin sei. Ich habe daher schon früher die Erziehung, wie sie vielen zuteil wird, eine Abrichtung genannt. Nun – wo sie nur das sein soll, wo man nie fühlen und denken, nur gehorchen soll und sich ducken und kriechen und heucheln, da ist allerdings unerbittliche Strenge das beste Mittel. Heimtückisch und verlegen macht sie freilich, aber das schadet wenig, weil man es im allgemeinen gar nicht bemerkt. Sind ja doch das die brauchbarsten, beliebtesten Menschen, die man um einen Finger wickeln kann. Besonders bei uns gelten sie viel; in der Kirche sind sie die Ersten und die Letzten, außer der Kirche haben wir noch keine Dampfmaschinen, die sie ersetzen. Meine Freunde nun, die einen eigenen Willen hatten und nicht nur denken lernten, sondern sogar laut zu denken wagten, hätte man gewiß allen nachsichtigen Eltern als warnendes Beispiel gezeigt, wenn sie nicht trotz der vielgetadelten Erziehung die Tüchtigkeit des Vaters geerbt hätten. Sie mußten der Gemeinde Achtung und Vertrauen abzwingen, aber sie hatten die Kraft dazu so gut als ihr Vater, mit dessen Werkzeugen die beiden Brüder des Sennen sich ihr Brot verdienten. Besonders Josef, der älteste, wurde das treue Ebenbild des wackern Vaters. In seinem entschiedenen Wesen ward jeder Gedanke augenblicklich Wort und Tat. Ohne lang an den Erfolg zu denken, mußte er immer mit voller Kraft für eine einmal erkannte Wahrheit, ein unterdrücktes Recht, einstehen. »Biegen oder Brechen« war immer sein Grundsatz, und er hat damit gar manches erreicht. Etwas weniger schnell pflegte sein Bruder und Berufsgenosse Kaspar alle Schiffe hinter sich zu verbrennen. Er vermochte ruhig und klar aus den bestehenden Verhältnissen – mit denen er zufriedener war als Josef – den Erfolg zu berechnen und seine Handlungsweise danach einzurichten. Johann Josef, der Senn, hatte etwas von seinen beiden

Brüdern, aber es trat weniger scharf hervor. Sein frisches, klares Wesen, seine aus Überlegung entspringende Tätigkeit, die ihn zu allem geschickt zeigte, ließ mich mit einer Art Bewunderung zu ihm aufsehen, während ich unter seinen Brüdern bald inniger an dem tatenlustigen Josef, bald an dem etwas behaglichen Kaspar hing. Ihre Schwester Marianne war so hübsch, als sie in der Schule zu werden versprach; »ja noch viel hübscher«, sagte ich mir, so oft ich sie sah. Ihre lieblichen Züge hatten noch ganz das Kindliche von früher, ihr Auge aber war tief und ernst. Mir wurde oft wunderbar Angst ihr gegenüber, während ich fröhlich und unbefangen mit ihren liebenswürdigen Schwestern scherzen, lachen und die unbedeutendsten Dorfereignisse verhandeln konnte.

Tat mir schon die freundliche Aufnahme in diesem Hause recht wohl und ließ mich einmal ordentlich aufschauen, so machte Marianne mich überglücklich mit der Bitte, doch einmal die Gartenlaube zu bringen, aus der ich schon soviel Schönes erzählt habe. Man kann sich denken, daß ich schon am folgenden Abend das Gewünschte brachte. Ich kam auch so früh schon ins Haus, daß ich die Leute noch beim Nachtessen antraf. Nach dem Tischgebete wurden wassergefüllte Glaskugeln um das Licht herum gestellt, bei deren Schein nun die Mädchen zu sticken begannen. Rasch zogen weiße Hände den weißen Faden durch den fast durchsichtigen Boden auf und ab, die Mutter strickte, und der Vater beim Ofen schnitzte an einem Kinderspielzeug herum, nur die Brüder gönnten sich Ruhe vom strengen Tagwerk. Kaspar und der Senn streckten sich rauchend auf den langen Bänken aus, Josef aber hatte heut auch eine Glaskugel beim Licht und begann laut vorzulesen. Dabei ging die Zeit ungemein schnell herum. Nicht nur ich, auch die anderen hatten sich so gut unterhalten, daß sie eine solche Kurzweil für jeden Abend wünschten. Ich ging mit Freuden darauf ein, alle meine Bücher und Zeitungen, auch bereits gelesene, hier vorlesen und – das war mir das Wichtigste – hernach besprechen zu lassen. Es gab dabei manche Meinungsverschiedenheit, aber alle Urteile hatten etwas Richtiges. Das Herauskehren verschiedener Standpunkte war sowohl unterhaltend als lehrreich und brachte uns einander nur näher. Besonders Mariannens Urteil verriet ein schönes reiches Gemüt und war mir auch in den seltenen Fällen wertvoll und anregend, wo es mit meiner Ansicht nicht übereinstimmte. Der Vater ließ uns die stille Unterhaltung nicht ungerne, obwohl er am meisten gegen das Gelesene einzuwenden hatte, und manches verzärtelt, übertrieben und unpraktisch fand.

Jetzt war ich einmal glücklich. In dem lieben Kreise war ich ganz daheim und wurde auch wie ein Eigenes behandelt. Ich fühlte mich doppelt, seit ich nicht mehr nur für mich lebte, las und sann. Ich lernte auch andere Meinungen berechtigt finden und Widerspruch mit der Ruhe desjenigen ertragen, dem es nicht bloß um das Rechthaben, sondern um das Auffinden der Wahrheit zu tun ist. Zuweilen plauderten wir bis Mitternacht und suchten in unserer Mundart Worte für unsere neuen Gedanken. Am besten sprach ich mich mit der Feder aus. Ich schrieb zuweilen – wenn ich nicht schlafen konnte – ganze Gespräche von unserer Nachtstubat nieder; aber ich wagte nie, eines derselben vorzulesen, weil ich die Eigenart meiner Freunde und Freundinnen, wenn auch liebevoll, doch zu treu wiedergegeben fand. Von meinen Schreibereien und dem nie erloschenen Wunsch, einmal etwas zu veröffentlichen, redete ich überhaupt nicht gern, weil mir die Wirkung solcher Äußerungen immer peinlich war. Die Freunde sahen mich besorgt, ihre Schwester lächelnd an, und nur der Vater wagte dem Gedanken aller Ausdruck zu geben. Er frug mich, was ich denn noch Neues zu schreiben wüßte? Ich hätte mit dem Titel meines Tagebuches antworten können: »Aus Heimat und Herz«, aber ich unterließ das. Ich fühlte, daß ich da schwerlich Widerspruch ertrüge, und wünschte jeden Mißton zu vermeiden. Ohne diese Leute wollte ich nicht mehr leben. Wie sehr ich schon an ihnen, besonders an einer von ihnen hing, ward mir erst klar, als Mariannens Aussehen mich ernstlich besorgt um ihre Gesundheit werden ließ. Schon im Februar sah ich sie viel blässer und stiller. Ihre Reden waren kurz, und das Spruchartige derselben hatte zuweilen beinahe etwas Prophetisches. Die Tage verlängerten sich. Schon im April wurde abends kein Licht mehr angezündet. Jetzt hatte das Lesen am Werktag ein Ende, aber mir war das lieb, weil ich's Mariannen gönnte, daß sie nicht mehr so lang sticken mußte. Öd war es mir freilich, wenn ich eine Woche nicht mehr ins Haus kam, dafür aber freute ich mich auf den Sonntag wie ein Tanzlustiger auf die Kirchweih. Gleich nach dem Gottesdienst war ich dort – mußte dann aber das gute Kind immer noch leidender sehen. So war auch diese Freude verdorben. Ich ging wieder traurig weg, und nur bei der beginnenden Feldarbeit fand ich einige Zerstreuung.

Einmal mußte ich für mehrere Tage in unser Vorsaß, um dort Dünger auszuführen. Ich nahm keinen Gehilfen mit, um den Taglohn zu sparen und allein zu sein. Die Vögel sangen lustig in den frisch ergrünten Wäldern, die wieder freien Bächlein stürzten jubelnd zu Tal und spiegelten eine wunderschöne Landschaft, alles lebte neu auf. Mir aber war, als ob ich wieder eine schwere Krankheit in mir fühlte, wenn ich an das liebe Mädchen dachte, welches ich am Sonntag so bleich und still beim Tische sitzen sah. Und doch mußte ich immerfort an es denken. Schon der Gedanke, daß es leide, war mir unerträglich. Wäre das nicht gewesen, dann hätte dieser Sonntag einer der schönsten, ja der glücklichste Tag meines Lebens sein müssen. Wir saßen längere Zeit allein beisammen in der Stube, was sonst nur selten vorkam.

Wir sprachen von einer eben gelesenen Erzählung, von Elfried v. Taura, die unser Liebling war. Marianne sagte: das Schönste sei doch immer, wenn ein fühlendes Herz sich ausspreche. Die unbedeutendsten Verhältnisse und ganz gewöhnliche Menschen könne der Gefühlvolle mit seinem inneren Reichtum umgeben und schmücken. Sie sehe gar nicht ein, warum nicht auch ein Unstudierter einmal etwas Schönes schreiben könnte, und an meinem Platz täte sie es gleich versuchen. – Ja, so hatte sie gesagt, und ein Wonneschauer durchzitterte mich, während sie sprach. Sie hatte meinen Lieblingsgedanken, meinen heißesten Wunsch ausgesprochen – sie war die erste auf der Welt, die das tat, und nun war es mir doppelt quälend, die mir leidend zu denken, die mich so glücklich machte. Ich zählte die Stunden, zuletzt die Minuten bis dahin, wo ich wieder ins Dorf, zu ihr zurück konnte. Endlich war die kleine Vorsaßhütte geschlossen, und ich konnte gehen.

Den ersten, der mir begegnete, frug ich nach Mariannens Befinden, obwohl ihre Unpäßlichkeit nur wenigen bekannt war.

Ich erwartete, daß er nichts wissen werde, und ich wünschte das.

Er wußte aber etwas. – Im Hereingehen hatte er ihr das Sterbeglöcklein läuten hören.

Ich würde weniger erschrocken sein, wenn ich die Häuserreihe unseres Dorfes in Flammen erblickt hätte. Zuerst stand ich eine Weile da, als ob mir ein Schlag alle Besinnung genommen, dann sah ich das Mädchen vor mir, so lebhaft, so lieblich – und ich konnte das Gehörte gar nicht mehr glauben. Mein Trauerbote sagte mir, daß nach allem auch der Doktor kein so schnelles Ende erwartet habe, so daß das Mädchen kaum noch mit den heiligen Sterbesakramenten versehen worden sei.

»Die wäre dennoch gut gestorben«, sagte ich unwillkürlich, aber ich dürfte nicht behaupten, daß mir in diesem Augenblicke die Erinnerung an ihren stillen frommen Wandel besonders zum Trost geworden sei. Wohl gedachte ich ihrer Tugenden und Vorzüge, aber bloß mit dem schmerzlichen Gefühle, daß nun dieses edle Wesen mich verlassen habe für immer.

Ich eilte dem Dorfe zu und wollte gleich – – aber ach Gott!

– konnte ja nicht mehr zu ihr! Bei den jammernden Ihrigen war nur noch die Leiche zu sehen.

Ich weiß nicht, wie ich heim kam, nicht, wie ich den Rest des Tages verbrachte. Erst abends kam ich mit denen in – meine zweite Heimat, welche dort für die Verstorbene beten wollten. Als die Ihrigen mich erblickten, weinten sie laut auf; meinen brennenden Augen aber entstürzten die ersten Tränen, als ich neben der lieben Leiche stand und ihr vom Tode mehr verklärtes als entstelltes Engelsgesichtchen lächeln sah, wie es nur in den glücklichsten Stunden gelächelt hatte. Ja, es war mir leichter neben ihr, deren Geist im Scheiden dem Gesichte diesen Ausdruck des Himmelsfriedens zurückließ. Vorher peinigte mich's furchtbar, daß ich gar nicht mehr mit ihr geredet hatte, daß sie gegangen war, ohne vielleicht auch nur noch einen Gedanken an mich mitzunehmen. Jetzt mußte ich ihr vom Herzen gönnen, was ich ihr Haupt gleichsam umglänzen sah. Jetzt glaubte ich einmal fest an die Vergeltung in der anderen Welt, an ein ewiges Leben, denn so durfte das nicht auf einmal aus sein. Ich betete, wie ich lange nicht mehr gebetet hatte, denn mir war, als ob ich dabei der Seligen viel näher stünde. Ich gewann soviel Kraft, daß viele gar nicht merkten, was in mir vorging. Ich hatte das Gefühl, als ob die Selige mich zu ihr emporziehe. Warum sollte man ihr den Frieden des Himmels nicht gönnen, warum durch selbstsüchtige Wünsche die Gute beunruhigen wollen, die vielleicht jetzt segnend auf uns herabsah?

Es waren wunderbare Tage, die nun folgten. Feuchten Auges blickte ich der Geschiedenen nach und sah in ein besseres Land. Es war das Land der Ruhe und Klarheit, und ich kam ihm so nahe, daß ein verklärender Schimmer daraus durch die gleichsam noch halb offene Pforte auch auf mein Alltagsleben fiel.

Lebhaft erinnerte ich mich noch an alles, was sie in der letzten Zeit gesagt oder getan hatte und alles, auch das Kleinste, wurde mir wichtig und bedeutungsvoll. Am wichtigsten aber blieb mir, daß sie noch am letzten Tage mich zum Schreiben aufgefordert hatte. Ja, das konnte sie erst, als sich ihr Geist über die erbärmlichen Rücksichten und Vorurteile dieser elenden Welt zu erheben begann. Noch sah ich sie am Tische sitzen, wie sie jene wichtigen Worte aussprach, die mir nun ihr Testament werden sollten. Ich fand eher wieder Trost und Freude beim Lesen und Schreiben, weil sie diesen Arbeiten eine höhere Weihe gegeben hatte. Sie sagte: Man dürfe nur sein Gefühl ausklingen lassen. – O, das wollte ich, und ihr zum Denkmal sollte werden der Schmerz, welcher fürderhin mein Teil blieb. Aber das ging nicht so leicht, als ich in der Begeisterung glaubte. Mancher Versuch in Vers und Prosa mißlang. Früher schrieb ich oft Verse, meistens komische oder bittere, in mein Tagebuch und war damit recht zufrieden; für mein jetziges Fühlen fand ich nichts mehr gut genug und habe nur folgende wenige Zeilen aufbewahrt:

Ausgekämpft hast du den Kampf des Lebens,
Gefunden hast du, was mein Geist noch sucht;
Siegreiche Kämpferin! es hat vergebens
Die böse Welt zu halten dich versucht.

Ich folge dir! O, sende von der Klarheit,
In der du wohnest, mir nur einen Strahl,
Der mich wie dich erwärmt für Tugend, Wahrheit,
Den Weg zu Gott mir zeigt in diesem Jammertal!

XVI.

Zuerst nach Mariannens Begräbnis glaubte ich, das nun von ihr verlassene Haus mein Lebtag nie mehr betreten zu können. Ich fürchtete die Erinnerungen, die mich dort wohl noch enger als anderwärts umgeben mußten, aber bald wurden gerade diese zu Banden, welche mich noch fester mit den Ihrigen verknüpften. Wir redeten zusammen von der Guten, und ich war dankbar für alles, was von ihr erzählt wurde. Ich kannte jetzt keine liebere Unterhaltung, obwohl ich mir dabei oft die Augen feucht werden fühlte.

Unterdessen ging in der Welt und auch in unserem Dorfe alles unbarmherzig regelmäßig seinen Gang. Unsere halb verhungerten Kühe kamen aus der Schweiz zurück, und neben meinem Tagebuch hatte ich auch das Wirtschaftsbüchlein zu führen. Ja, der Welt meines Herzens konnte ich bald nur noch in Stunden schlafloser Nächte gedenken und mußte dann mein Tagebuch in der verborgensten Schublade meines Kleiderschrankes aufbewahren, wo auch Gottles Andachtsbuch und der silberne Rosenkranz des Vaters lag. Die »Welt des Herzens« mußte den Leuten verschlossen bleiben, mit denen ich lebte, wenn sie nicht entweiht werden sollte. Nur der Mutter hätte ich mich anvertraut, wenn's möglich gewesen wäre, ohne ihr Kummer zu machen. Vor den übrigen mußte ich mich verschließen, das fühlte ich erst recht, wenn ich einmal, mich einer weicheren Stimmung überlassend, meinen Empfindungen Ausdruck geben wollte. Man schaute einen an, daß er sich beinahe schämen mußte.

So bettlerhaft nun wollte ich nicht auftreten mit meinem Reichtum, dazu war mir zu wohl im geistigen Verkehre mit der Geschiedenen. Ihr gehörte mein Innerstes, mein Heiligstes; der herzlosen Umgebung nur, was ich ihr nicht nehmen konnte. So begann mein Wesen sich immer mehr in zwei Hälften zu teilen, die durchaus keine Ähnlichkeit mehr miteinander hatten. In den Augen der Leute gewann ich dabei sehr viel. Alle – meine Mutter ausgenommen – sahen bloß eine Hälfte, entweder die oder jene. Für die meisten war es genug, daß sie mich fleißig bei der Arbeit sahen, sparsam bis zur Kargheit, und dabei zuweilen die lustigsten Einfälle von mir hörten. Ja, mitunter war ich recht ausgelassen; denn was ich nur mit Anstrengung aller Kraft und Selbstbeherrschung aus mir herausbrachte, wurde manchesmal unnatürlich und ging zu weit, wenn es einmal ging. Das schrieb man dann meinen Büchern zu, wie alles, was an mir nicht gefiel. Man glaubte, nur durch Lesen sei ich ein liebloser Spötter geworden, weil man mich früher nur ernsthaft gesehen hatte. Etwas mochte freilich auf Rechnung des Dorfbarbiers kommen. Jetzt aber hielt ich diesen gar nicht mehr, sondern bloß noch die Gartenlaube, zuweilen ließ ich auch ein von dieser empfohlenes Buch von Lindau kommen; und vor allem fleißig und gerne las ich in Zimmermanns Werk über die Einsamkeit. Dieses mit seinem roten Schnitte ganz ernsthaft aussehende Buch gab meiner Verbitterung, meiner Menschenscheu, die mir freilich niemand anmerkte, einen idealen Schein, nährte meine Selbstbespiegelungssucht und schärfte dabei meinen Blick für die Torheiten der Welt. Ja, es hatte vielleicht mehr Schuld an meiner Spottsucht als der witzige Dorfbarbier; daneben jedoch regte es mich zu geistiger Tätigkeit an und gab Kraft und Mittel, mir selbst genug zu werden, so daß ich gleichgiltig blieb gegen die Ereignisse und Meinungen des Tages oder mit ihnen auf meine Weise spielte. Gerne hätte ich den Sommer oder wenigstens einen Teil desselben wieder auf unserem Älplein verbracht. Aber die Mutter ließ ich nicht gerne allein. Sie war jetzt immer etwas unwohl. Auch nach weniger strenger Arbeit fühlte sie die Arme ganz erschlafft und mußte sich ungemein schonen. Das konnte sie aber nicht wohl, wenn sie allein zu Hause blieb, wo es doch auch neben der Heuernte stets wieder etwas zu tun gab. Sogar das Melken unserer Kaffeekuh war ihr schon fast zu viel. Sie freilich hätte sich immer gelitten und angestrengt, das wußte ich wohl und sagte daher kurz, daß ich nicht mehr auf die Alp möge, was unter diesen Umständen auch richtig war.

Ich blieb also im Dorf, wo ich aber gewiß so einsam wie auf der Alp lebte. Auch die Gesellschaft des Sennen vermißte ich nicht, weil mir ja dafür das Haus der Seinigen immer offen stand. Dort las und erzählte ich jetzt zuweilen etwas aus meiner Welt des Herzens und gab überhaupt manches, was ich sonst überall ängstlich verbarg. Ja, da sprach die andere, nach meiner Ansicht bessere Hälfte sich frei aus – und natürlich gerade so einseitig als anderwärts die erste, die ich den Bauern an mir nannte. Die guten Leute hielten mich für ungemein ernsthaft. Ich wäre aber von ihnen ganz gut verstanden worden, wenn sie nicht nebenbei von meinen erztollen Streichen gehört hätten, die sie gar nicht mit ihrem Bilde von mir in Übereinstimmung zu bringen wußten. Ich schien wirklich zuweilen ein Heuchler, der sich überall zu stellen wußte, wie er am besten zu gefallen glaubte. Ich empfand das oft schmerzlich genug, aber ich konnte nicht dafür, daß immer nur ein Ton meines Wesens angeschlagen, nur eine Seite verstanden wurde, so daß ich mich nirgends frei und ganz geben konnte. Zuweilen war ich böse auf meine Freunde, zuweilen auf mich; ihnen ging es mit mir nicht besser, ja sogar noch schlimmer. Was ich sagte, machte den Eindruck des Wahren, Empfundenen und gewann mir immer wieder – auch gegen den eigenen Willen – ihr Herz; aber gerade das bedauerten sie am meisten, war ihnen am unbegreiflichsten, daß ich mit meinen ausgesprochenen Gedanken und Empfindungen mich auch in Gesellschaften wohl fühlen konnte, wo ich nur zur allgemeinen Belustigung den Narren machen durfte. Du lieber Gott! Ich wußte selber nicht, wie das kam. Genug, es war so, und mich austoben und erlachen und entgiften mußte ich zuweilen um jeden Preis. Zu meiner Verteidigung berief ich mich auf unseren Dr. Beck in Au. Der sei doch ein ernster, gebildeter Mann und lasse sich doch bei Gelegenheit mitten unter den derbsten Bauern auf ihre Weise wohl sein. Als nun das auch getadelt wurde, stand ich mit großer Leidenschaftlichkeit für ihn ein und redete soviel, daß ich mir dabei über mich selbst etwas ins klare half. Besonders sprach ich von dem Riß in jedem Menschen, der sich noch ein bißchen Eigenart abzuringen die Kraft habe. Ich verteidigte unseren Doktor so lang, daß er mir recht lieb wurde und endlich der Wunsch erwachte, etwas mehr mit ihm zu verkehren.

Seine freundliche Einladung nach meiner Genesung hatte mich recht glücklich gemacht, und doch dachte ich bisher nie daran, ihr zu folgen. Teils war es Scheu vor dem ernst blickenden Gelehrten, zum Teil wohl auch die Furcht, daß ich, durch ihn hingerissen, noch weiter von dem Wege abkommen möchte, der mir nun einmal durch die Verhältnisse unerbittlich vorgeschrieben schien. Empfand ich ja eine Art Neid oder doch Unbehagen, so oft ich nur einen Gymnasiasten sah, der mich mit dem Hute in der Hand um eine Gabe ansprach. Ich kam mir bei so einem wie ein armer Lazarus neben dem reichen Prasser vor. Auch jetzt noch hätte ich schwerlich einen Besuch gewagt, wenn nicht durch die Erkrankung des Webers ein Gang zum Doktor notwendig geworden wäre. Das galt mir nun wieder einmal für einen wichtigen Tag. Ich war nicht in größerer Erregung nach Au gekommen, als ich zum großen Wundertäter in Schwarzenberg geführt werden sollte.

Mit zitternder Hand klopfte ich so leise an, daß es erst das dritte Mal gehört wurde. War es nicht gefehlt, dreimal zu klopfen? Auf ein kräftiges »Herein«, in welchem mir doch etwas von einem leisen Tadel zu klingen schien, stolperte der Schwerbeschuhte, auf den sauberen Fußboden blickend, in die helle Stube.

Die Flaschen und Fläschchen der Apotheke verbreiteten einen geheimnisvollen Geruch, die langen Bücherreihen an der Wand schauten mich ernsthaft an, und mir war zu Mute wie früher in der Kirche. Wenn ich dem Doktor eine Frage um den kranken Weber beantworten mußte, schloß ich unwillkürlich immer die Augen und konnte beim Reden durchaus nicht ruhig sein. Erst in längerem Gespräche gelang es seinem einnehmenden Wesen, meine Scheu zu überwinden. Nachdem das mehr Geschäftliche abgetan war, frug er mich, wie ich denn mit meiner Umgebung auskomme, und nun bekam er eine lange Jeremiade zu hören. Ja, da ward ich warm und immer wärmer, sowohl wenn ich widerlegt wurde, als wenn ich mich verstanden sah. Meine Bücher lernte der Doktor, wie es schien, schon aus meinen Reden kennen, denn er sagte zuletzt geradezu, daß es besser wäre, meinen Geist an unseren Klassikern, an Schiller, Goethe und Lessing, zu kräftigen, die Welt, wie sie sei, erträglich zu finden, als sich auf eine Höhe heben zu wollen, wo unsere Luftsphäre aufhöre und man fallen oder ersticken müsse.

Als ich von Schiller und Goethe hörte, ward mir siedend heiß. Ich hatte schon viel über unsere Dichterfürsten in der Gartenlaube gelesen, von ihnen selbst aber noch nichts. So standen sie denn, obwohl eigentlich unbekannt, in übermenschlicher Größe vor meiner Seele. In unerreichbaren Fernen sah ich sie, hoch oben am Himmel, gleichsam alles überschauend und bis zum Grund erkennend, mir aber ewig unerreichbar. Und nun auf einmal sollten sie mir so nahe sein! Wie groß erschien mir der Doktor, als er Schillers Gedichte so ruhig wie irgend ein anderes Buch aus der langen Reihe zog und für mich in einen Zeitungsbogen schlug. Was war jetzt der oft beneidete Herr Bibliothekari in Innsbruck, der niemand ein freundliches Wort gönnte, gegen meinen väterlichen Freund?

Wie ich aus dem Hause kam? Ob ich mich auch ordentlich bedankte und ähnliches – weiß ich nicht, das aber weiß ich, daß ich so schnell heimlief, als ich konnte. Die Leute sahen mir aus allen Fenstern heraus nach und fragten, ob ich an eine Feuersbrunst wolle oder was um Gottes willen bei mir daheim fehle?

Heute stand ich keinem Rede. Heim eilte ich, daß ich

beinahe die Medizinen abzugeben vergaß, welche ich für den Weber erhalten hatte. Einen Botenlohn wollte ich durchaus nicht. Es sei gerne geschehen, und wenn man wieder einen Gang zum Doktor machen müsse, solle man's mir herzhaft sagen. Ich hätte es sogar ungern, wenn man einmal einen anderen schickte.

Aber wie sehr ich mich auch beeilt hatte, kam ich doch erst heim, als die Kühe wieder gefüttert werden mußten. Nach dem Nachtessen erst ging es an mein Buch. Die Verse gefielen mir außerordentlich, und mancher Gedanke prägte sich mir in seiner gefälligen Form so schnell ein, daß ich ihn sofort wörtlich auswendig konnte. Dennoch fand ich keinen rechten Zusammenhang, und manches kam mir ganz fremdartig vor. Wenn ich die Gedichte an Laura noch so oft las, es war mir doch immer, als ob ich mit allerlei Gepäck belastet und todmüde einem raschen Zweispänner folgen sollte. Gleich war er über alle Berge, und mir blieb das sehnsüchtige Nachsehen. Ich würde zufriedener mit Schiller und mit mir selbst zu Bette gegangen sein, wenn ich weiter im Buche herumgeblättert hätte, doch das war nicht meine Gewohnheit, und ich habe das bloße Dreinsehen und Herumschauen auch an anderen nie leiden können.

Am folgenden Tage klagte ich meinen Freunden, daß ich nun endlich ein Buch von Schiller hätte, es aber durchaus nicht verstehe und daher auch nicht schön finde. Kaspar meinte: bloß des berühmten Namens wegen möchte er sich mit keinem Buche Kopfweh machen. Ihm müsse das Lesen ein Genuß, eine Erholung, nicht quälende Anstrengung sein. Ein Buch, vor dessen Gelehrsamkeit und Künstlichkeit ihm so angst würde wie mir, schaffte er sich so schnell als möglich wieder vom Halse. Dieser Rat war so vernünftig wie alles, was mein Kaspar sagte; er glich dem Burschen auf ein Haar. Ich aber vermochte ihn doch nicht zu befolgen. Hätte ich mit dem Buche auch die quälenden Gedanken weggebracht, die es in mir weckte – und die schönen, die ich darin verstand –, ja, dann weiß ich nicht, was noch geschehen wäre. Darauf aber war nicht zu rechnen, und ich lernte jedenfalls mehr aus dem Buche, wenn ich darin las, als wenn ich es weglegte. Es kam mir zu demütigend, ja geradezu vernichtend vor, für einen Belesenen zu gelten, sich selbst dafür zu halten, in der Welt des Herzens zu schwärmen, ohne nur ein Blatt von dem ersten deutschen Volksdichter zu verstehen. Bisher hatte ich geglaubt, daß ich nur nicht in meine Umgebung paßte. Alle Dichter und Denker hatten mit in meine Welt des Herzens gehört, und jetzt fand ich sie schon für einen einzigen viel, viel zu eng. Ich war nichts unter Bauern und nichts unter denen, die nach Höherem, nach wirklich Hohem strebten. Zwischen Türe und Angel sah ich mich stehen, und es war mir, als ob ich jeden Augenblick erdrückt würde. Zum Glück mußte ich bald wieder für den Vetter nach Au und konnte da dem neugewonnenen Freunde mitteilen, was mich quälte. Recht offen durfte ich's freilich nicht, wenn ich nicht zum Weinen kommen wollte – jener Hochmut, der alles Gelobte wieder lobt und sich dabei groß dünkt, war meinem Wesen fremd, er hat nie mein Reden oder mein Schweigen bestimmt. Der Doktor schien mich trotz meiner Halbheit ganz gut zu verstehen. Er sagte: es sei leicht erklärlich, daß ohne die griechische Götterlehre kein rechtes Verständnis möglich sei. Einigermaßen vermochte das mich zu beruhigen, aber ich nahm doch Klopstocks Messias ohne besonders große Erwartungen mit heim, obwohl mich der Doktor versicherte, daß ich da nun eine mir bekannte Welt finden werde.

Des guten Mannes freundliche Worte hießen mir – ins gute Bregenzerwälderisch übersetzt – etwa so: wenn du nun auch das nicht verstehst, dann ist es wahrhaftig ein Elend mit deinem Lesen.

Ich glaubte, der Doktor müsse so denken, und machte mich nicht ohne Angst und Sorgen abends an das Buch. Aber wie schnell war das alles weg! In der biblischen Geschichte hatte man mich als Schüler gut genug unterrichtet, um diese großartige Darstellung lesen und schon das erste Mal auch genießen zu können. In jeder freien Minute saß ich bei dem Buche, halbe Nächte lang las ich oder unterhielt mich mit seinen herrlichen Gestalten. Jetzt war ich nicht mehr einsam. Das Unendliche hatte sich vor mir aufgetan in göttlicher Herrlichkeit. Heilige Freudenschauer durchzitterten mich, und ich war fromm und glücklich wie als Kind, wo mein Glaube noch den hl. Klaus vom Himmel steigen und mein Beten und Lernen mit schönen Geschenken belohnen sah. So ganz war noch kein Buch für mich geschrieben gewesen unter allen, die ich las. Der Dichter sang »für wenige Edle«, die ihn hören wollten. Also auch er hatte sich einsam gefühlt und daher den Verkehr mit einer besseren Welt gesucht. Jetzt zog er auch mich sich nach. Ja ich fühlte mich seiner kleinen Gemeinde, Marianne und dem seligen Vater, schon viel näher und so nahe, daß meine Gedanken nur noch mit ihnen verkehren wollten. Des Doktors zwar freundliches, aber doch etwas kühles Lächeln über mein begeistertes Lob verletzte mich so, daß mir der Verkehr mit ihm etwas peinlich wurde, wie sehr ich mich auch zu ewiger Dankbarkeit verpflichtet fühlte. Ihm entging es nicht, wie mein Lesen mich von der Wirklichkeit abzog. Und er überließ mich scheinbar gleichgiltig meiner Stimmung. Nur so nebenbei gab er mir Schriften von Wieland und Lessing und sprach manches recht gut gemeinte Wort. Aber was er zur Heilung meiner Schwärmerei versuchte, hatte einstweilen nur den Erfolg, daß mir das ihm gegenüber sich regende Gefühl der Dankbarkeit lästig wurde.

Die Bücher, die ich von ihm bekam, waren alle aus der verhältnismäßig wohlfeilen Klassikerausgabe, welche damals bei Cotta in Stuttgart erschien. Sie war, wie ich auf den Umschlägen las, in Lieferungen von zehn Bogen für zwölf Kreuzer wöchentlich zu beziehen, und konnte das früher Erschienene in beliebiger Weise nachgenommen werden. Das waren also günstige Bedingungen. Man brauchte wenig Geld, um sich Herrliches anzuschaffen; aber mir fehlte sogar das wenige. Die ganze Woche mußte ich jetzt immer arbeiten, fast wie ein Knechtlein, und getraute mir nicht einmal durchschnittlich lumpige drei bis vier Batzen zu erübrigen.

Nun wurde wieder mit Vorstehers Peterle geredet und beschlossen, unser Glück mit dem Ziegenfellhandel noch einmal zu versuchen. Die Preise wurden schon darum diesmal nicht mehr so hoch hinaufgetrieben, weil die Erfahrungen des letzten Jahres viele vom Handeln abgeschreckt und die übrigen vorsichtiger gemacht hatten. Ich lief nun wieder täglich durchs Dorf, um ja recht viele Ware zu bekommen. Der Verkehr mit der Bevölkerung brachte mich wieder etwas aus meiner idealen Welt heraus. Ich bekam wieder Freude an meinen Beobachtungen, an den Siegen, die zuweilen meine Beredsamkeit über den Geiz eines Bäuerleins feiern konnte. Freilich bedauerte ich noch immer die guten Tierchen, die ich ans Messer liefern mußte. Dieses Bedauern bestand sogar die Prüfung durch den geradezu glänzenden Erfolg, den diesmal unser Handel hatte.

Der 1. Mai 1857 war der große Tag, an welchem ich beim Reisenden der M. Riegerschen Buchhandlung in Lindau die in diesem Jahre erscheinenden Hefte der Klassikerausgabe bestellte. Am Pfingstfeste erhielt ich die erste Sendung und trug sie mit einem Gefühle heim, mit dem ich wohl recht vornehme Gäste unter mein Dach geführt hätte. Diese Wände umschlossen und verbargen jetzt teure Schätze, ja mehr, liebe, große, herrliche Geister, die meinem Hause eine Weihe verliehen. Von Wieland erschienen damals gerade seine frommen Jugendarbeiten. Diese versöhnten mich bald wieder mit ihm, den mir der Doktor in ganz anderem Lichte gezeigt hatte. Jetzt war ich der glücklichste Mensch auf der Welt. Nur das fehlte mir, daß man sich bei den Oberhausern nicht recht mit mir zu freuen vermochte. Wenn ich ins Haus kam, sah man mich mit einer gewissen Scheu an und frug mich, ob ich denn schon über sie hinaus wolle, daß ich mich immer seltener mache? Ich wußte dieses Benehmen nicht zu erklären, bis mir Kaspar offen sagte: er sehe es für sich nicht gerne, daß ich nun daheim so gelehrte Freunde habe, die mich wohl bald leicht alle anderen entbehren ließen. Er war dann aber doch der erste, der zu mir kam, um sich mit mir über die Bücher zu freuen, darin – oder doch in den frömmsten derselben, Goethe und Lessing schnitt ich noch gar nicht auf – zu lesen und ein wenig zu schwärmen.

XVII.

Der Frühling zog wieder warm und prächtig ins Land. Er kam ziemlich spät und schien jetzt zeigen zu wollen, daß er in der Welt draußen denn doch noch nicht alle seine Herrlichkeiten vertan habe. Früher schien mir das manchesmal der Fall – vielleicht gerade darum, weil ich's ihm nicht verargt und an seinem Platze so gemacht hätte. Dachte ich mir doch Herrliches und Großes nur in die Welt hinaus, von der unsere Berge mich abschlossen. Jetzt aber war's anders. Ich las ja täglich Zimmermanns Klagen über die Welt, ihre vergängliche, auch an und für sich elende Herrlichkeit, deren Schein nur oberflächliche Menschen zu blenden vermochte. Selbst Wielanden – ich kannte nur seine »Sympathien« und ähnliche fromme Schriften – sah ich eine geistige Gemeinde um sich versammeln, gerade wie ich es nicht nur in schlaflosen Nächten, sondern zuweilen auch in lauter Gesellschaft versuchte, wo ich mich allein und unverstanden sah. Ich war also doch nicht ein ganzer Sonderling. Andere hatten ähnliche Gefühle. Ich begann mich für etwas zu halten, gönnte meinen Altersgenossen ihre lärmenden Vergnügungen und fühlte mich in meiner Welt des Herzens, die ich mit Klopstock jetzt Wingolf nannte, glücklich und groß. Ins Wirtshaus kam ich schon darum nie, als wenn es durchaus sein mußte, weil das Geld immer zu Büchern gespart wurde. Auch in die Familie Oberhauser kam ich jetzt nur noch selten. Ich fühlte mich zuweilen unverstanden, und das tat mir so weh, daß ich noch lieber in Gesellschaften ging, wo ich nie weniger und oft mehr fand als ich erwartete. Ich hatte jetzt auch mit meinen Kühen zu tun. Ihren Weideplatz hinter dem Dorf umgab ich mit einem Hag und machte mir das Hüten leicht. Stundenlang konnte ich in dem kleinen Hüttchen sitzen, welches ich mir aus Hagstecken gebaut und mit Tannzweigen aus dem nahen Wäldchen hübsch und auch ziemlich dicht gedeckt hatte.

Da las ich Klopstock, Zimmermann und Wieland, während die weidenden Kühe um mich herum läuteten. Die Tiere nährten sich hier vom Heu für den künftigen Winter; dennoch sehnte ich mich nicht besonders nach der Zeit, wo man auf die Gemeinweide im Vorsaß ziehen und die Heuwiese schonen konnte.

Mein Weide- oder Etzplatz war hart am Weg, der ins innerste Achtal – nach Hopfreben und Schröcken führte. Manch einer der Vorübergehenden schaute mitleidig zu mir herauf, und wenn er gerade Zeit hatte, kam er für eine Viertelstunde ins grüne Hüttchen. Ich suchte dann mein Buch zu verbergen, aber die meisten trieb gerade nur die Neugierde herauf, einmal zu sehen, was ich lese. Hätte ich mich dagegen eigensinnig gestellt, so würden meine Bücher in noch schlechteren Ruf gekommen sein. Nur zuweilen gelang es mir, ein Gespräch anzufangen, meistens aber mußte ich meine Heftlein wieder auspacken. Dann las ich etwas recht Frommes vor. Das gefiel manchem so wohl, daß er warm wurde und auch aus seinem »Wingolf« zu erzählen begann. Ja, auch diese Bauern, denen ich nur noch Sinn für Erwerb und rohen Genuß zutraute, hatten ihre Ideale. Manche Sorge, die ein reiches, edles Gemüt verriet, religiöse und andere Fragen, wurden bald in meinem Hüttchen durchgesprochen. Es plauderte sich allerliebst, während die Ach rauschte, die Vögel sangen und das Geläute der weidenden Tiere klang. War ich wieder allein, so eilte ich nicht besonders ans Lesen, sondern schaute hinaus ins Dorf, wo ich mir jetzt manches Haus als einen Tempel dachte. Aber um so weher tat es mir dann, Leute, die ich nicht mehr zum großen Haufen zählte, nachher wieder so gewöhnlich zu sehen, als ob sie sich schämten, ihre bessere Seite zu zeigen. Besonders gegen mich benahmen sie sich so kühl, als ob wir nie beisammen in der grünen Hütte gewesen wären, oder als ob jene Viertelstunden aus dem Gedächtnisse erlöschen sollten. Ich suchte das jetzt billig zu beurteilen, und da fiel mir denn ein, daß ich meine innere Welt auch vor dem

Haufen verschließe. Nun begann ich zu untersuchen, warum denn das von mir geschehe. Ich kam darauf, daß alles, was man in der Gesellschaft tut, etwas Ämtliches hat. Die öffentliche Meinung, die Richterin, ist nicht nur Ausdruck aller einzelnen Meinungen, auch nicht ihrer Mehrzahl. Man urteilt strenger, als man ist, und sucht sich dabei vor allem ungemein fromm zu geben. Die öffentliche Meinung ist bei uns ein uraltes Weib mit allen Vorurteilen ihrer Zeitgenossen und deren Vorfahren; aber man fürchtet sie so, daß man immer ihre Farbe trägt – oder man fürchtet vielmehr, daß auch die anderen sie fürchten, und will nicht allein stehen. Ein Liebespaar, das mehr dem Zuge des Herzens als kalter Berechnung zu folgen scheint, hat nirgends eine freundliche Beurteilung zu erwarten, obwohl fast jeder unter vier und acht Augen sagt, daß das eigentlich ganz das Rechte wäre. Schon in der Schule hatte ich etwas von dieser Unnatur empfunden. Im Aufgabenheft eines Mitschülers fand ich hundert und zwanzig Briefe. Er verkaufte da Heu, wollte Geld entlehnen, dingte Knechte, bestellte Töpferarbeiten, kurz alles mögliche fand sich in den Briefen, und jeder schloß folgendermaßen: »Ich will alle Tage zu Gott dem Allmächtigen beten und ihn anflehen, daß er dich in bester Gesundheit erhalte.« Hätte der Schüler sich in die Lage des Schreibenden gedacht, so wäre das wohl mitunter vergessen worden, aber er dachte auch nur an die öffentliche Meinung, wie er sie kannte. Vielleicht sah auch der Pfarrer einmal ins Briefbuch, und dann mußte der seine Freude haben an dem guten, frommen Schüler. Andere hatten es ähnlich gemacht und machten es auch jetzt noch nicht besser. Hinterm Ofen hatten sie ihre Gedanken und ihren Grimm so gut als ich, aber das durfte beileibe nicht ins Briefbuch kommen. Jeder wich zurück, wo er gegen die herrschende Unnatur und Heuchelei auftreten sollte, und streckte und wand und krümmte sich, bis er auch auf den Leisten paßte, den einige kuhumgebene Dorfgrößen vielleicht schon vor einem halben Jahrtausend für sich selbst geschnitzt haben mochten.

Mein Stolz begann sich zu regen. Was war ich mit meinen besonderen Gedanken? Nichts als ein Feigling oder ein besonderer Narr, der sich einbildete, es vermöge hier herum niemand so schön zu empfinden als er. Wie sollte es besser werden, wenn jeder sich vor dem Hergebrachten beugte? Und war Schweigen nicht auch Anerkennung?

Klopstock und Zimmermann waren mit ihren Ansichten offen aufgetreten und hatten dafür die volle Kraft ihres Geistes eingesetzt. Die Furcht, lächerlich zu werden, hielt sie nicht zurück. Ihnen war es gegeben, ihre Gedanken durch den Druck zu veröffentlichen. Wie herrlich, zu Tausenden, die man nicht kennt, und denen man doch geistig verwandt ist, ja noch zu kommenden Geschlechtern, reden, ihnen das Beste, Heiligste mitteilen zu können! Mir war das nicht vergönnt. Schwerlich las jemals ein Mensch meine Tagebücher und die Verse, die ich in schlaflosen Nächten schrieb, weil es mir an Gelegenheit zum Aussprechen fehlte. Aber warum fehlte es mir daran? Hatte ich je einen Versuch so gemacht, wie er hier gemacht werden mußte? Was nutzte mein Klagen im Tagebuch und mein verbissener Spott über dies oder das? So fragte ich mich und zankte mit mir selbst und verschloß mein Tagebuch und begann herzhaft zu sagen, was ich früher nur niedergeschrieben hatte.

Der Widerspruch, den ich überall erregte, überwand den letzten Rest von Schüchternheit, der mit Vernunftgründen vergebens bekämpft wurde. Da begann ein Schütteln mächtiger Häupter und ein Reden, daß ich gerne wieder zurückgetreten wäre. Es ging nicht mehr. Niederspotten ließ ich mich zu ungern, und meine Ansichten wurden daher mit wachsender Leidenschaftlichkeit verfochten. Es war ein Kampf wie auf Leben und Tod. Ich konnte bald mit keinem Menschen mehr die kurze Strecke bis zur Kirche gehen, ohne in einen Wortwechsel zu geraten. Ich stritt über Glaubenssachen, über den Lauf der Sonne, über den Wert der Kalenderzeichen, über die Berechnung der Gemeindelasten und über alles. Da es mir darum zu tun war, etwas auszurichten, verkehrte Ansichten und verjährte Übelstände wegzubringen, kam ich mit jedem gerade auf das, was den anderen am schmerzlichsten treffen mußte. Es suchte mich daher auch jeder zu schlagen und zu demütigen. Ich mußte immer für alle Angriffe bewaffnet sein, wenn ich mich unter die Leute wagte, und kam aus der Aufregung nie mehr recht heraus.

Auch dem ruhigsten Menschen ist es gefährlich, für etwas Besonderes zu gelten. Er wird von jedem gleich auf eigene Weise behandelt und sogar mit Gewalt auf sein Steckenpferd gehoben, wenn er auch einmal ruhig neben den anderen bleiben, sich auf ihre Weise benehmen möchte. Anfangs ist ihm das lästig, nach und nach aber muß er sich für den anerkannten Vertreter einer Sache, und diese selbst für immer wichtiger halten, je mehr die Leute mit ihm ihren Spaß oder ihren Ärger haben. Er wird nun immer wärmer, und das finden andere kurzweilig. Wie Kletten hängen sie sich an ihn und ergeben sich nicht mehr, bis sie ihn zur Verzweiflung gebracht oder zum Narren gemacht haben.

Ich kannte selbst einen Menschen, dem es so erging. Er war ein talentvoller Schüler gewesen, und auch später hatte man nur sein Lesen zu tadeln. Seine Mittel erlaubten ihm die Anschaffung von Büchern, die er bestellte und las. Natürlich kam er bald in offenen Streit mit der nüchternen Auffassungsweise unserer Landsleute und ward mit der Zeit der Prediger reiner, idealer Liebe. Als solcher erlangte er im ganzen Bregenzerwald eine traurige Berühmtheit, und man ließ ihn kein vernünftiges Wort mehr reden, wenn er auch wollte. Die Aufmerksamkeit, die man ihm schenkte, machte ihn kühn und ließ ihn das Überspannteste behaupten, weil ja gerade das am meisten Staunen erregte. Er glaubte sich von allen Mädchen, die ihn neckten und ausfragten, verstanden und geliebt. Es war ja natürlich, daß er mit seinen Ansichten den rohen Bauernburschen überall vorgezogen wurde. Diese Einbildung suchte ihm auch niemand zu nehmen, bis man ihn vollends verrückt gemacht hatte und aller Widerspruch vergebens war. Zu meiner Zeit hielt er die wohlgemeintesten Zusprüche nur für die Sprache des Neides und der Eifersucht, weil er – schon ein starker Fünfziger – noch alle Jungen verdrängen könnte. Er hieß Bischofberger, welchen Namen man in »Bischer« abkürzte und auch anderen beilegte, die sich von einer närrischen Einbildung beherrschen ließen. Ich hörte mich in dieser Zeit mehrmals »Bischer« nennen, so daß mir der Unglückliche besonders wichtig wurde. Nach und nach fand ich bei meinem ängstlichen Suchen uns einander nur zu ähnlich. Bischer kam damals viel zu einem Mädchen in der Nachbarschaft, wo ich ihn zu beobachten Gelegenheit hatte. Es wurde mir ordentlich bang, wenn ich ihn ganze Viertelstunden so vernünftig sprechen hörte. Er wußte eines aus dem anderen zu folgern, und baute aus einer Menge ganz richtiger Schlüsse zuletzt das ungeheuerlichste Ganze auf. Hatte ich's vielleicht auch so? Das Aufsehen, welches ich machte, begann mir immer peinlicher zu werden. Ich machte den Vorsatz, sowenig als möglich zu reden, aber man ließ mich nicht gehen, und da ich unverteidigt zu weichen nicht mehr imstande war, blieb alles beim alten; nur daß ich stets unzufriedener mit mir selbst und mit den anderen heim ging. Die Gesellschaft, das Lesen und alles wurde mir zur Last. Seufzend stand ich am Morgen auf, erschrak den Tag über, wenn jemand mich anredete, und ging abends mit dem Wunsche zu Bett, nun gleich und für immer einschlafen zu können. Ich fürchtete allen Ernstes, verrückt zu werden. Ja zuweilen glaubte ich es schon zu sein, denn alles kam mir nicht vor wie anderen, so sehr ich mich auch in ihre Anschauungsweise hineinzuleben bemühte. Wie jetzt wünschte ich mich noch nie zwischen diesen Bergen hinaus, die alle auf mir zu liegen schienen. Ich mußte ins Freie, weg von hier und unter Menschen, die mich nicht immer als Sonderling behandelten. Trotz der drängenden Frühlingsarbeit trug ich mich einer armen Nachbarin selbst an, ihrem Söhnchen im Allgäu irgendwo einen leichteren Hirtendienst für den

Sommer zu suchen. Meine Mutter wollte mich durchaus nicht gehen lassen, aber diesmal war ich zu eigensinnig, als daß selbst sie etwas gegen meinen Entschluß hätte ausrichten können.

Wie ein Flüchtling wanderte ich eines Morgens in aller Frühe durchs Achtal hinaus. Ob mich auch hungern oder dürsten mochte, ich kehrte in keinem Wirtshause des inneren Bregenzerwaldes ein, um keinem bekannten Menschen zu begegnen. In Schwarzenberg dachte ich wehmütig an meine erste Reise zum berühmten Wundermann. Ich wiederholte seinen frommen Zuspruch und sagte: »Ja, ich hätte doch nicht soviel lesen sollen. Es macht mich unglücklicher als das, wogegen ich damals Hilfe suchte.« — Wäre sein Grab hier und nicht im Dorfe Andelsbuch drüben über der Ach gewesen, ich hätte es besucht und nach Landessitte, Weihwasser daraufspritzend, dem Geschiedenen die ewige Ruhe gewünscht. Das letztere tat ich nun auch hier, während ich den Lorenenberg bestieg. Ich hätte da die schönste Aussicht über die an beiden Seiten der Ach sich hinziehenden Dörfer des Innerbregenzerwaldes gehabt, aber ich mochte sie nicht genießen. Mich drängte es fort aus diesem Tale wie von einer Wegstelle, wo man jeden Augenblick das Niederstürzen einer Lawine besorgt. Ich stieg schneller aufwärts, als ich eine Stunde später auf der anderen Seite bergab ging, obwohl ich in dem Tal, das sich unter mir von Osten gegen Westen auftat, nichts mehr vor mir sah, was eine trübe Erinnerung, ein schmerzliches Gefühl weckte.

In Alberschwende kehrte ich in der Taube ein. Der Anblick des mit Zeitungen belegten Tisches weckte gleich ein günstiges Vorurteil für dieses Dorf. Ich wußte nicht, daß die Taube hauptsächlich den Fremden gehört, die hier durchreisen. Mir kam es da schon ganz großstädtisch vor, denn Zeitungen waren in unseren Wirtshäusern eine wahre Seltenheit. Ich begann zu lesen und las noch, als mein hungriger Begleiter mit Schmerzen das für uns aufgetragene Mittagessen verdampfen und kalt werden sah. Der Arme mußte lange husten, bis ich wieder an ihn und den eigentlichen Zweck meines Hierseins dachte. Unter dem Essen redeten der freundliche Wirt und noch ein Gast mit mir vom Zeitungslesen. Letzterer bedauerte, daß nur wenige für so etwas Sinn hätten, und meinte, die schlechten Schulen wären an den Rückschritten der Bevölkerung schuld. Von Rückschritten hatte ich nun freilich nie gehört, er aber wies nach, wie der frühere Gemeinsinn abhanden und schäbiger Geiz und elende Kriecherei an seinen Platz gekommen sei. Recht und Gesetz wachse nicht mehr aus den Bedürfnissen des Volkes heraus und habe daher seine rechte Geltung verloren. Es sei ein Fehler, etwas zu wissen und eigenen Willen zu haben. Das Volk fühle dunkel, wie sehr es von geistig Überlegenen mißbraucht werden könne und verdamme daher schon zum voraus alle Aufklärung. Dem Ehrgeize des Talentvollen stehe keine andere Bahn mehr offen, als zu erwerben und im Genusse zu verkommen.

Jetzt ging mir das Herz auf, und ich konnte wieder einmal reden. Wir kamen auf die frühere freie Verfassung des inneren Bregenzerwaldes – die älteste Republik in Deutschland – zu sprechen, und meinem Begleiter mag wohl die Weile zu lang geworden sein, bis ich endlich daran dachte, daß wir heute wenigstens bis nach Bregenz kommen sollten.

Als wir wieder ins Freie traten, kam mir die Welt ganz besonders weit vor, obwohl wir auch hier noch genug Berge in der Nähe hatten. Ich wünschte jedem Begegnenden einen guten Tag und ließ mich womöglich in ein Gespräch mit ihm ein. O, es tat mir so wohl, daß hier mir keiner gleichsam bewaffnet und als Angreifer entgegenkam. Sonst pflegte ich mich auf dem Wege weder nach rechts noch nach links umzusehen, jetzt aber hatte ich für alles einen offenen Blick, und an der Schwarzach besuchte ich mehrere Steinschleifereien, deren eigentümliches Knarren eine wehmütige Erinnerung in mir geweckt hatte. Auch den Arbeitern im Steinbruch sah ich zu, bis mein ungeduldiger Reisegefährte zum Gehen drängte und auf die sinkende Sonne wies.

Trotzdem kehrte ich im Dorfe Schwarzach schon wieder ein. Ich hatte weder Hunger noch Durst, aber es tat mir so wohl, Zeitungen auf einem Wirtstische zu sehen und von anderen Dingen als Kühen, Käsen und den kleinen Fehlern des Nebenmenschen friedlich plaudern zu können. So kam ich denn erst mit einbrechender Dunkelheit nach Bregenz und sah die Sonne golden und herrlich in den Bodensee hinabsinken. Im Städtchen schien es mir recht lebendig. Ich sah junge Herren mit einem Buch in der Hand vom Abendspaziergange heimkehren. Eine Gesellschaft hörte ich gar von Lenau reden. Dabei ward mir zumute wie einem, der in fremdem Lande, weit, weit von den Seinigen, plötzlich ein heimatliches Lied singen hört. Ich sagte mir, daß man mich hier für keinen »Bischer« hielte und ich auch keiner werden müßte.

Wir gingen ins erste Haus, wo wir gerade ein Schild heraushängen sahen. Herzhaft trat ich ein mit den Kleidern meines Gefährten auf dem Rücken in einem großen Sack. Man musterte unsere Anzüge, die uns allerdings nicht besonders empfahlen, aber nach meinem Dafürhalten die unfreundliche Begrüßung schwerlich entschuldigen konnten. Als ich ein Glas Bier verlangte, frug man, ob ich's auch bezahlen könne, und als ich gar noch um Nachtherberge zu bitten wagte, wurde ich zum Löwenwirt gewiesen, der als Herbergsvater der Zünftler alles behalten müsse. Ich zog hungrig, durstig und auch ein wenig beschämt ab, um vor einbrechender Nacht noch den Löwen zu suchen. Dort fand ich denn aber alles besser, als ich nach den erhaltenen Andeutungen erwartete. Schade, daß meine Stimmung mir so gänzlich verdorben war. Ich ging gleich nach dem Nachtessen zu Bette, obwohl ich mich nichts weniger als schläfrig fühlte.

Am anderen Morgen in aller Frühe schon verließ ich das Bett und das Zimmer, in welchem mein Begleiter noch wie eine Holzsäge schnarchte. Ich lief in dem ganzen Städtchen herum und entdeckte nun an mir selbst, daß ich jeden

Begegnenden nach seinen Kleidern und seinem Aussehen schätzte. Das hatte ich daheim nie getan, da ich dort die Verhältnisse eines jeden genau kannte, die oft mit dem Äußeren im grellsten Widerspruche standen. Nun begann ich – wohl zum ersten Male im Leben – meinen Anzug sorgfältig zu mustern. Der kurze Spenser, die engen Hosen, mir schon als Schulbube angemessen und später nur durch Flicken der Zunahme meines Körpers gemäß erweitert, kurz alles, außer den Stiefeln, kam mir recht elend und einfältig vor. Ich ging in einen Laden und gab den größten Teil meiner Barschaft für einen neuen Anzug aus, in dem ich nun wieder zu meinem Reisegefährten zurückeilte. Dieser glaubte, er träume noch, als er, bei meinem Eintreten ins Zimmer erwachend, die vorgegangene Veränderung sah. Er versicherte wiederholt, daß man mich in dem langen Städterröcklein unmöglich mehr für einen Schoppernauer halten könne. Das schmeichelte mir, denn ich war böse auf sie alle da drinnen und wollte künftig nicht mehr mit ihnen gemein haben, als ich mußte. Nicht Stolz, aber doch ein gewisses Selbstgefühl hatte mich mit dem Röcklein zu umgeben angefangen. Hastig tranken wir unseren Kaffee und machten uns dann über die bayerische Grenze.

Ich fragte vor jedem stattlichen Hof um Hirtendienst, aber es währte lange, bis endlich – schon wieder auf dem Heimwege – meinem Schützling ein Plätzlein gefunden ward. Nun ging ich noch nach Lindau, obwohl ich dort eigentlich nichts zu tun hatte. Der kleine Umweg ließ sich wohl gelegenheitlich einbringen. Wieder warf die scheidende Sonne ihre letzten Strahlen aus dem stillen See, als ich über die lange Brücke der freundlichen Inselstadt zuschritt. Ich hörte das Pfeifen und Schnauben des Dampfrosses und eilte sogleich auf den Bahnhof, während ich wieder einmal recht lebhaft an meinen guten Seppel denken mußte. Der hatte uns oft von der Eisenbahn erzählt, aber wir konnten ihm nie recht glauben. Es war zu traumhaft, zu wunderbar. Und nun sah ich die eisernen Stränge vor mir, die Leipzig und Paris und ganz Europa mit dieser Inselstadt verbanden. Mir wurde weit und frei neben den glänzenden Schienen. Es war also doch nicht bloß Geschwätz, was man von dem Siege des Menschengeistes über Raum und Zeit sagte. Wir in unserem Tale mußten uns freilich den Naturkräften beugen, und fast alle waren da als Feinde bekannt. Feuer, Wasser und Luft blieben uns im ganzen furchtbar, hier aber sah ich sie zum Arbeiten für das Menschengeschlecht, zur Vermittlung des geistigen und materiellen Verkehrs gezwungen. Und den Erfinder des Dampfrosses hatte man seinerzeit auch für einen »Bischer« gehalten. Mir war das ein rechter Trost, obwohl es mir nicht einfiel, mich neben ihn zu stellen. Nun, »Bischer« nannte man wohl jeden, mit dem man schnell fertig zu werden wünschte, ohne etwas zugestehen zu müssen. Meinetwegen wohl! Ich hatte genug, daß es kein Traum war, was man von den Wundern unseres Jahrhunderts sagte. Hier lag etwas ganz anderes in der Luft als zwischen unseren Bergen, etwas, das ich wie das Wehen eines Unendlichen empfand, dem ich mich aber verwandt fühlte, wie ein Glied dem ganzen Körper. Mit unbeschreiblichem Behagen schaute ich dem bunten Treiben im Bahnhofe zu. Gewiß hätten das meine Landsleute alles ebensowenig begriffen als mich und meine Worte. Dennoch war es so und war recht für die Welt und nur zu groß für sie in den engen Tälern mit den engen Begriffen. Jetzt wußte ich, warum es dem Seppel bei uns nicht mehr gefiel, warum er mit den Leuten eigentlich nur noch spielen mochte. Was konnte man anderes tun, wenn man das Enge ihrer Urteile, das Unbedeutende ihres Lobes und ihres Tadels einmal erkannte? O, von jetzt an wollte auch ich nicht mehr so empfindlich sein und in bösen Tagen immer an diese schöne Stunde denken!

Aufrechter, sicherer als ich sonst durch mein Dorf ging, schritt ich jetzt durch die Stadt und suchte die Riegersche Buchhandlung auf. Beim Eintreten dachte ich an meines Fuhrmanns Beschreibung einer Buchhandlung. Ich machte mich auf Großartiges gefaßt, aber vor den vielen Büchern hier ward mir denn doch so angst, daß nur Herrn Stettners gewinnende Freundlichkeit den Mut zum Reden wieder weckte. Die Mundart meiner Heimat vermied ich so gut als es einer kann, der in ihr zu denken und zu reden gewohnt ist. Jeder Bregenzerwälder lernt als Schüler jedes Wort ins Hochdeutsche übersetzen; aber seine Briefe und alles Hochdeutsch, das er verbraucht, kann man nur mehr oder minder gut übersetzte Mundart nennen, deren Wortfolge jeder beibehält, der sich nicht später in ein unnatürliches Bücherdeutsch mit endlosen Sätzen verliert. Geschrieben fällt das weniger auf und nimmt sich zuweilen recht gut aus; schlimmer ist's, wenn man einem Fremden zu Ehre seiner Rede das Festkleid anziehen will. Ich hatte das schmerzlich empfunden, so oft ich mit jemand reden wollte, dem ich kein Verständnis meiner Mundart zutrauen durfte. Wie war ich jetzt beschämt, sogar die kleinen Kinder des Buchhändlers ein Deutsch reden zu hören, wie ich's nur von Gelehrten erwartet hätte. Ich sollte ihnen von meiner Heimat, ihren Schönheiten und den Sitten ihrer Bewohner erzählen, aber ich brach die Unterhaltung schnell ab und ging. Auch im Gasthofe, wo ich übernachtete, erschrak ich, so oft ein Wort an mich gerichtet wurde. Im Bette machte ich mir darum Vorwürfe. Solang schon habe ich mich da heraus gesehnt, und nun verdarb ich mir alles aus Furcht, mich bei weiß Gott wem lächerlich zu machen. Jetzt sah ich, daß wir Bregenzerwälder nicht nur durch unsere Berge, sondern vielmehr noch durch Erziehung und Gewohnheit von der Welt abgeschlossen waren. Nicht einmal das hatten wir, daß wir zwölf Stunden von der Heimat noch ordentlich mit den Leuten reden konnten. Auch ich war noch nicht so weit, nicht aus der Enge heraus, nur zwischen Tür und Angel vermochte ich mit aller Mühe mich zu bringen.

Am anderen Morgen machte ich mich früh nach Bregenz hin auf. Ich hätte gerade auf einem Dampfschiffe fahren können; aber ich wollte nichts mehr, was nicht auch daheim zu haben war. Das Schicksal bestimmte mich zum Gehen und schloß mich ab von den Errungenschaften unserer Zeit. Nun – es sollte seinen Willen haben. Lange haderte ich mit der Glocke, die drüben am Hafen zur Abfahrt läutete, und ich glaubte ihr einen rechten Possen zu spielen, wenn ich so schnell als möglich lief. Mancher Bregenzerwälder will aus Furcht vor dem großen Wasser auf kein Schiff. Diese Furcht kannte ich nicht. Wenn ein Schiff mit mir unterginge, was wäre daran gelegen? Ich stand still und suchte mir's auszumalen, bis ich das Zischen und Tosen zu hören meinte. Es ließe sich wohl herrlich ruhen da drunten in der stillen blauen Tiefe. Meine Landsleute – ich hörte sie schon – hätten dann gesagt: »Da hat er's nun! Immer wollte er weiter als andere — nun tröst ihn Gott und gebe dem Ruhelosen die ewige Ruhe! Es ist ihm leicht wohler als bei uns, und wir können's haben ohne ihn.« – Ja, so hätten sie gesagt, und mit Recht. Mein Gut wäre von anderen so geschickt als durch mich und mit mehr Freude verwaltet worden, und alles Träumen und aller Unfriede hätte ein Ende gehabt für immer. Die Mutter – nun, sie hätte kummerfrei gelebt – vielleicht – und neben mir konnte sie das nicht. Aber warum nicht? War ich denn gar nichts? Zu allem unfähig? Ich konnte ja arbeiten so gut als einer, wenn ich meine Kräfte recht zusammen nahm. Hier in der Welt war ich doch auch nichts. Es erfaßte mich ein Heimweh, welches mich nicht mehr ermüden ließ, bis abends spät in Schoppernau unsere Haustür hinter mir ins Schloß fiel.

XVIII.

Das gab ein Reden und Lachen, als ich am folgenden Sonntag das erste Mal im halblangen Röcklein mit dem fremden Schnitte zur Kirche ging. Einige meinten, der Hochmutsteufel in mir werde nun über die Berge fliegen wollen, daß er so lange Jochgeierflügel anlege. Andere muteten mir die Absicht zu, noch die einzige gute Hose an Bücher umzutauschen und den Schaden so gut als möglich mit dem langen Rocke zu bedecken. Wäre das nicht, so machte ich sicher eine Mode mit, die weniger, nicht eine, die mehr Tuch brauche als ein gewöhnliches Kleidungsstück. Wie geteilt auch die Meinungen sein mochten, gegen mich waren alle und ließen keinen Zweifel mehr aufkommen, daß ich ein ausgemachter »Bischer« sei. Mich aber vermochte das nicht mehr auch nur im geringsten zu beunruhigen. Ja, es war mir eigentlich lieb, daß sie es recht arg machten und dadurch ihre Kleinlichkeit verrieten und den beschränkten Sinn, der alles verdammte, was nicht nach ihrem Leisten gemodelt war. Wie gut war es, daß diese Leute nie aus der Geruchsweite einer Suppe kamen, welche die Mutter daheim ein bißchen anbrennen ließ. Wo man anders lebte, sprach und sich kleidete als hier – also fast auf der ganzen Welt – hätten sie nur lauter »Bischer« angetroffen. Hu! Da wäre es denn aller Welt schlecht gegangen, und es wäre eine große Frage geworden, ob man nicht der Eisenbahn, dem Dampfschiff und allem hätte Halt gebieten müssen, was etwa meine wackern Landsleute nicht recht begreifen konnten. So spottete ich über die, welche mich lächerlich machten. Mein Röcklein gab mir eine Sicherheit, die nicht frei von Selbstüberhebung, aber mir jetzt doch Wohltat war. Ich machte den Vorsatz, mich nie mehr um das Urteil der Leute, das Geklingel leerer Schellen zu kümmern. Und wollte ich dem in der Folge einmal untreu werden, so brauchte ich nur mein viel getadeltes Röcklein anzulegen und an die Viertelstunde zu denken, wo ich im Lindauer Bahnhofe stand. Ich habe das auch an Werktagen, und immer mit gutem Erfolge getan. Da stand ich denn stich- und hiebfest, niemand vermochte mich mehr in einen Streit zu verwickeln über etwas, das nach meiner Ansicht schon eine Tagreise weit von hier überall ein ausgemachte Sache war.

Bald wußte man nicht mehr viel von mir zu erzählen, weil ich mich nur noch gegen die Oberhauser offen aussprach. Die fremde Kleidung war gleichsam eine Mauer geworden, die mich gänzlich von den Leuten abschloß. Mochte ich nun für stolz gelten, oder was man wollte, ich war herzlich froh, daß ich Ruhe hatte. Was gingen die Leute mich an? Nur die gute Mutter sollte mit mir zufrieden sein. Ich arbeitete nun fleißiger als in der letzten Zeit, und meinen Büchern wurden oft nicht einmal mehr die freien Minuten gegönnt. So ging der Rest des Frühlings und der Sommer vorbei. Die Kühe wurden aus den herbstlich gelben Alpen ins Vorsaß zurückgebracht. Hier wäre mir am meisten Zeit zum Lesen geblieben. Aber ich erwähnte schon früher, daß ich im Vorsaß immer ein ganz anderer wurde. Es war, als ob schon etwas in der Luft liege, das einen nie lange ruhig sitzen lasse. Wenn ich noch ein so schönes Werk vor mir hatte, hörte ich abends das frohe Jauchzen der Burschen, die auf die Nachtstubat zogen, so empfand ich ein ganz eigenes Brennen in den Augen; das Buch flog in einen Winkel – ich zur Hütte hinaus auf die Nachtstubat.

Diese pflegte sich in der Hütte zu versammeln, welche der Schneider mit seinen ledigen Geschwistern bewohnte. Mehrere der Kinder hatten sich in den letzten Jahren verehelicht. Ein Bruder, namens Kaspar, lebte seit mehreren Jahren als Beamter in Ungarn und ließ nur noch selten etwas von sich hören. Trotzdem wurde beinahe täglich seiner gedacht. Nach dem, was ich von ihm hörte, mußte er ein ganzer Mensch sein. Seine Geschwister fanden mich ihm in manchem ähnlich und kamen mir daher mit einer Freundlichkeit entgegen, wie ich sie bisher nur in der Familie Oberhauser erlebt hatte. Den Schneider kannte ich seit länger und habe auch schon früher seiner gedacht. Jetzt aber war mir seine jüngste Schwester merkwürdig, die ich früher kaum beachtet hatte. Sie wußte nicht nur vom studierten Bruder zu erzählen, sondern sie schien auch viel von ihm zu haben. Ich verkehrte sehr gerne mit ihr, obwohl es mir, als ich den Reichtum ihres Gemütes ein wenig ahnen lernte, nicht mehr so leicht ging als mit anderen Mädchen. Ich empfand ihr gegenüber eine gewisse Scheu, die aber nicht so mächtig war, als der Wunsch, mich doch auch zuweilen verstanden zu sehen.

Nanni, so nannte man das Mädchen, war in meinem Alter, eine kleine volle Gestalt. Der Ausdruck ihres blühenden Gesichtes war ganz eigen und mir doch so bekannt, als ob ich ähnliches auch schon einmal in glücklichen Stunden – vielleicht in einem Bild – einem Traum gesehen hätte. Und wie das, kam alles an ihr mir so bekannt vor, daß ich mich oft besann, was wir denn schon miteinander erlebt hätten. Es fiel mir aber nichts ein, als daß man sie mir vor fünf Jahren als die beste Schülerin der Gemeinde Au gezeigt hatte. Dann traf sie ein von der Üntsche niederstürzender Stein gefährlich an den Kopf, als sie die Kühe von der Weide holen wollte, und ich sah, wie sie blutend heimgetragen wurde. Später hörte ich, daß sie langsam besser werde, aber noch arbeitsunfähig sei und daher fast immer in den zurückgelassenen Büchern ihres studierten Bruders lese. Jetzt sah man ihr von allem nichts mehr an. Ich sage absichtlich »von allem«, denn sie war so frisch und gesund an Leib und Seele, so freudig zu jeder Arbeit, so sicher und kräftig in ihrer Rede, wie ich mir ein Mädchen nicht vorstellen konnte, welches im Bregenzerwalde gelebt und viel Gelesenes verdaut haben sollte. So ein Wesen hatte ich mir bisher nur blaß und kränklich und unzufrieden zu denken vermocht. Ihr heiteres, glockenrein klingendes Lachen ging mir durch mein Innerstes, und doch kam ich mir neben ihr wie ein Bettler vor, der Gold klingen hört. Das Bild paßt nicht, aber es fehlt mir ein anderes, welches besser paßte. Ich vermochte mich nicht recht zu erfreuen am Reichtum ihres Gemütes und an der Ganzheit ihres Wesens, in dem so viele Vorzüge sich harmonisch vereinigten. Oft versuchte ich, durch ausgelassenste Lustigkeit den beengenden Druck von mir abzuschütteln, den ich in ihrer Nähe empfand. Aber ich ermüdete bald von dem Zwang, den das forderte, und saß dann wieder so still und launig neben dem Mädchen, daß es allen auffiel und sie mich neckend fragten: wo ich denn wieder einen Kapuziner verschluckt habe?

Einmal, als ich wieder so geneckt wurde, sagte Nanni zu mir: »Siehst du, so haben sie es! Wenn du dich zu ihrem Narren hergibst, bist du ihnen recht; sonst aber lachen sie dich aus. Ist wohl dieser Beifall wert, daß du so oft das Beste an dir verleugnest?«

Dabei traf mich ihr ernster Blick. Er traf mich tief, tief. —

Ich blieb den ganzen Abend still, wie arg man mich auch auslachen mochte.

Auch an den folgenden Abenden war ich so still und wortkarg, daß der Schneider mich ernstlich tadelte. Man begann zu vermuten, daß mir etwas ganz besonders Schweres auf dem Herzen liege. Zu meiner Erheiterung wurde nun von den Burschen ein abendlicher Spaziergang auf die Nachtstubat in dem eine halbe Stunde entlegenen Vorsasse Schalzbach am anderen Ufer der Ach verabredet. Mit ging ich, aber es gelang mir schwer, mich zu Reden zu zwingen; so sehr war es mir schon Bedürfnis, für *sie* zu reden. Ich begriff kaum noch, wie ich es ohne das, einzig bei geistlosen Späßen und leerem Gerede, auf unserer Nachtstubat in Hopfreben solange hatte aushalten können. Jetzt wäre mir das unmöglich gewesen. Ich hatte und wollte nichts mehr von der Nachtstubat als — ein wenig Verkehr mit ihr.

Nie hatte ich die Kühe am Abend so frühzeitig heimgeholt als diesen Herbst. Dann wurde gemolken, die Milch in den Keller gebracht und das Nachtmahl eingenommen, so schnell, als das nur möglich war. Kam ich in Nannis Haus, so war das Mädchen in der Regel noch mit der letzten Küchenarbeit des Tages beschäftigt. Ich ging dann in die Stube und wartete ungeduldig, bis sie kam. Sollte ich unterdessen eine Geschichte erzählen, so fiel mir nichts Ordentliches ein, und im Ausnahmefall dünkte es mich so schade, das jetzt zu verschwenden, daß ich lieber schwieg. Schnell gewöhnte ich mich daran, nur an sie zu denken und mit ihr zu reden, während ich den übrigen etwas zu erzählen schien. Mein Betragen wurde – ohne daß ich mir einen Zwang antat – in kurzer Zeit ruhiger und gemessener. Jedermann bemerkte an mir eine Veränderung; ihre Ursache wurde um so weniger erraten, weil ich die nächste Nähe des Mädchens beinahe ängstlich mied. Ich tat das nicht etwa nur wegen des Geredes der Leute. Dem Mädchen gegenüber, das mir so – ich weiß kein anderes Wort als so – ganz, so eins mit sich selbst und der Welt erschien, begann mich das Gefühl meiner Kleinheit recht zu drücken. Hätte ich mich für verliebt gehalten, so würde ich gegen dieses Gefühl gekämpft haben. Ich bekam aus meinen Büchern die Vorstellung, daß sich nur liebe, was sich ergänze. Dieses Mädchen sah ich so vollkommen, so in sich selbst abgeschlossen, daß ich nicht gewußt hätte, was meine Liebe ihr bieten, wie die sie noch glücklicher machen könnte. Ich mit meiner Unruhe, meinem unbefriedigten Wesen, meiner inneren Zerrissenheit, sah mich ihr ferne, ferne. Aber die Strahlen der Sonne tun jedem wohl, wie ferne ihm das herrliche Tagesgestirn auch immer bleiben mag.

Ich ließ sie ganze Abende nicht mehr aus den Augen und sah nun, daß sie von allen, auch von den Rohesten, geschätzt und hochgeachtet wurde. Nichts Gemeines schien ihr nahen zu können, ohne sich sofort zu veredeln. Unsere Mundart klang wunderschön, wenn sie etwas sagte. Die Lieder, die sie sang, wurden mir bei der Arbeit der liebste Zeitvertreib, weil ich auch sie beständig singen hörte, wenn sie allein war. Mit ihren Liedern ging alles viel leichter. Sogar meine Stallarbeit verrichtete ich lieber, seit ich hörte, daß sie den

Sommer hindurch beim Schneider in ihrem Älpelein die glücklichsten Tage verlebt habe. Der Schneider war dort Senn, sie hütete die Kühe und mußte nebenbei überall helfen.

Schnell und viel zu schnell waren die drei Vorsaßwochen vorüber. Zwar lag mein Haus nicht ganz eine Stunde von dem ihren entfernt, ich fand sicher Ausreden, nach Au zu gehen und – den Schneider zu besuchen; aber ich hatte mich schon so an den täglichen Verkehr mit ihr gewöhnt, daß ich gar nicht wußte, wie ich von jetzt an die Abende und die Wochen herumbringen sollte.

Es hatte mir immer wohler getan, ihr klangvolles Lachen zu hören, aus dem der ganze Reichtum ihres Gemütes herausjubelte; aber am letzten Abend unseres Beisammenseins machte es mich doch noch glücklicher, daß ich auch sie ein bißchen traurig zu sehen meinte.

Vierundzwanzig Stunden später saß ich beim Kerzenlichte daheim in meiner Kammer. In das Tagebuch, welches vor mir auf dem Troge lag, den ich als Schreibtisch zu benutzen pflegte, hatte ich nichts als folgende drei Fragen gebracht:

Woher komme ich?

Wo bin ich?

Und was nun?

Ich sann lange und gab mir endlich folgende Antworten:

Du kommst von Hopfreben, aus der Sommerfrische der vielgeplagten Bauern, wo es jedem, auch dir, vergönnt war, frei aufzuatmen, mit Torheiten den Riß zu überbrücken, der dich sonst von anderen trennte, und mit deinen ärgsten Gegnern sogar recht närrisch lustig auf dieser Brücke herumzutanzen. Erst am letzten Tage, wenn die schlechten Hütten wieder verlassen waren und jeder zu seiner strengen Berufsarbeit, ich zu meinen Büchern, zurückeilte, wurde der Riß wieder größer und verschlang unsere Brücke. Aber alle waren zu beschäftigt, zu sehr wieder in Anspruch genommen von ihren eigenen Angelegenheiten, um es nur noch zu bemerken. Sogar ich, der nun wieder einsam stand, war meistens froh, nun wieder ganz auf meine Weise leben zu können. Hundert liebe Erinnerungen grüßten mich im Hause meines Vaters. Ich freute mich der wohnlicheren Zimmer, die in der schlechten Vorsaßhütte fehlten, und ich war so gewohnt, ihre Wände als Mauern zwischen mir und anderen zu denken, daß es mir nie mehr einfiel, den gähnenden Riß überspringen zu wollen. Wer bleibt auch unter Gleichen der Gleiche in Kirche und Wirtshaus? Und stehen sich Dorf und Vorsaß nicht in ähnlicher Weise gegenüber? Warum also traurig werden, daß es wieder ist, wie es hier sein muß? Denke daran, daß du wieder im Dorfe bist, wo es dir nie gut anschlug, wenn du über den Riß wolltest, vor dem du einsam stehst! –

Aber wenn sich hier etwas finden ließe, um eine Brücke zu bauen? –

Dort drüben, unter denen, die mir nicht lieb sind, höre ich ein Lachen, dessen froher Klang mehr inneren Frieden verrät und gibt, als meiner Einsamkeit jemals wurde.

Und sie, die ich höre, ist kein gedankenloses Ding. Es ist das Mädchen mit dem bekannten Gesicht und dem tiefen Blick, der mir durch Leib und Seele ging. Wo sie das Köpfchen mit den goldenen Zöpfen so fröhlich aufrichten kann, da muß es sich doch auch vergnüglich leben und auf menschliche Weise froh werden lassen. Nie und nimmer hätte ich so ein Wesen unter dem großen Haufen gesucht. Wo sie war, muß noch mehr, muß viel Gutes sein. Bei Gott, ich wollte, daß ich bei ihr wäre!

Die Sätze, welche vor diesen in meinem Tagebuche standen, hatte ich noch an meine Marianne gerichtet, jetzt dachte ich nicht mehr an sie. Erst beim Überlesen des heute Geschriebenen fiel mir ein, daß sie nun eine andere Gestalt vor meine Seele rufen, und ich beschloß, nächstens ein frisches Heft zum Beschreiben herzunehmen, obwohl dieses noch ziemlich viel leeren Platz hatte.

Gewiß kam heute keiner der vielen, welche in letzter Zeit

einen großen Teil der Nächte fröhlichem Vorsaßleben opferten, so spät wie ich ins Bett. Dennoch stand ich am anderen Morgen auf, bevor die Mutter mich weckte. Sonst ging mir das schwer. Ich hatte schon den guten Rat bekommen, den armen Seelen im Fegefeuer jeden Abend ein paar Vaterunser zu beten, dann würden diese mich immer wecken zur gehörigen Zeit. Ich aber glaubte nicht recht daran, und es wirkte viel mehr, als ich einmal hörte, daß Nanni jeden Morgen um fünf Uhr aufstehe und in die Küche eile, wie spät sie auch zu Bette gekommen sei. Seit damals ärgerte mich's ordentlich, wenn ich einmal nicht auch ungeweckt in der nämlichen Stunde mit ihr an die Arbeit kam. Während des Melkens und »Stallens« sang ich ihre Lieder, vom einsamen Haus auf der Alm und dem wunderschönen Mädchen, welches mit tränennassen Augen an der Quelle saß. Es war mir dabei, als ob ich mich in Nannis Gesellschaft befinde, und alles ging unvergleichlich besser vonstatten als sonst. Ich war überhaupt zu allem viel aufgelegter, seit ich auch sie sich so freudig ihrem Berufe hingeben sah. Sollte mir etwas zu klein oder zu mühevoll sein, während sie sich auch im Kleinen groß und im Großen bescheiden zeigte?

Bald waren zwei Wochen vorüber, viel eher, als ich's am letzten Abend in Hopfreben für möglich gehalten hätte. Nur noch zwei Tage, dann kam ein Sonntag, und zwar einer, auf den ich schon meine Ausrede zu einem Sprünglein nach Au gesucht hatte. Diese zwei Tage waren freilich fast so lang, als vorher die zwei Wochen. Endlich aber hatte ich sie doch überstanden.

Das Dorf Au, das größte und bedeutendste in der Gegend, besteht nur aus kleinen Weilern, die mit ihren Häuserreihen an beiden Ufern der Ach liegen. Sanfte Hügel ziehen sich von denselben bis an die Füße der Fluoh, des Didamskopfes, des Geislitterspitzes und der Kanisfluh, die im Westen das Tal abzuschließen scheint. Von den Weilern hat jeder seinen Namen und, wenn man dem Volksmund glauben darf, auch seine Eigenheiten. Im Argenzipfel wohnte Kraft, in Argenau das Geld, in Rehmen der Mut und in Schrecken die Heiterkeit. In Schrecken, dem sonnigen Dörfchen, hart neben der Fluoh, stand Nannis Haus. Ihr Bruder Jakob, der nebenbei auch Zimmermann war, hatte früher, als der Vater noch lebte und bauerte, gar manches daran verbessert. Die Stubenwand war mit schön abgerundeten Schindeln gepanzert und der Stall weiter gemacht, wie es der wachsende Wohlstand der fleißigen Leute forderte. Vor dem Hause, hart an der Straße, war ein kleines Gärtchen. Es stand so wohl gepflegt da, wie man es hier herum selten findet. Was von Blumen in dieser Gegend mit aller Sorgfalt zum Wachsen und Blühen zu bringen ist, stand so herrlich da, wie wenn der längst vertriebene Frühling sich hier ein Denkmal errichtet hätte. Gewiß war es Nanni, die dieses Fleckchen Erde so gut gegen die Macht des Herbstes zu schützen wußte. Große Stangrosen und weiße »Italiener« winkten mir entgegen, als ich auf das Haus zuging. Ich stand lange neben dem Gärtchen, und wenn der Wind die Blätter zu schütteln begann, daß ihr lieblicher Duft mich durchschauerte, dann war mir's, als ob ich schon das liebe Mädchen lachen und singen hörte.

Endlich kam der Schneider aus der Stube und rief mich in den Schopf, wo ich von ihm und seiner Schwester aufs freundlichste gegrüßt wurde. Nur Nanni war noch nicht da. Ihre freundliche Mutter, eine lebhafte Greisin von achtundsechzig Jahren, sagte mir: das Mädchen sitze an Sonntagen immer in einem Winkel und lese, so oft ihm ein freier Augenblick werde und es auch nichts im Garten zu tun gebe.

»Hat sie den so gut gepflegt?« frug ich.

»Versteht sich«, antwortete das Mütterchen mit einer frischen Freudigkeit, die mir wohltat. »Sie ist ihr Lebtag eine ganz eigene Blumenfreundin gewesen. Sie hat auch eine recht glückliche Hand, unter der alles aufkommt und schön wird. Als sie vor Jahren beim Heimtreiben der Kühe ein

Stein getroffen hat – gerade an den Kopf hin – da ist es dem Doktor zuerst fast ein Unmögliches gewesen, etwas für sie zu tun. Auch mein Zureden half nichts. Von dem fremden Mann wollte sie sich nicht anrühren lassen. Als er ihr dann aber auf meinen Rat hin schöne und seltene Blumen mitbrachte, ja da war er der rechte Mann und wurde täglich erwartet und konnte die Wunde untersuchen und daran machen, was er wollte. Auch jetzt noch kann sie alles für ihre Maien, und mitten in aller dringenden Arbeit weiß sie noch eine Viertelstunde für die Pflege ihres Gärtchens zu gewinnen oder sie tut's in der Zeit der Ruhe, wie karg ihr die auch zugemessen ist.«

»Ja«, bemerkte eine von Nannis haushälterischen Schwestern, »sie ist geradezu unermüdet für ihre Liebhaberei. Wenn das nur mehr nutzte, es ist schad um so viele Arbeit. Denke nur: im Sommer kam sie an Sonntagen bis aus unserem Älpelein, mehr als eine Stunde weit herab, einzig um zu ihrem Garten zu sehen.«

»Oder vielleicht doch eher, um in die Kirche zu gehen und zu beten«, meinte ihr Bruder Jakob, der unterdessen auch zu uns in den Schopf gekommen war.

»Nein«, erwiderte die Schwester mit Entschiedenheit, »ich kenne sie zu gut, um so etwas zu glauben. Sie sagt ja manchesmal selbst: ihr sei gar nirgends auf der Welt so andächtig zu Mut, als wenn sie im grünen Wald sitze. Da wölbe sich hart drüber der blaue Himmel, man sei wie in einer Kirche, und der Gesang der Vögel und das Rauschen der Blätter gebe viel zu denken und manche erhebende Empfindung. Ja, sogar die Stille im Wald predige einem besser, als Menschen es könnten. So redet Nanni. Sie hat sogar behauptet, daß es für sie droben auf dem stillen Älpelein in jeder Woche sieben Sonntage gebe, drum weiß ich ganz gewiß, daß die nur des Gartens wegen zuweilen statt des Pfisters heruntergekommen ist.«

»Hättest aber nicht auch du ihr den Garten versorgen mögen?« frug ich unwillkürlich.

»Ich bin nicht so Liebhaberin«, sagte die Schwester. »Wenn er auch irgend etwas nutzte! Aber mit den Blumen ist's im Herbst wieder aus. Ich möchte mich nicht so plagen, bloß um dieses quälende Bild der Vergänglichkeit immer vor mir zu haben.«

»Wenn ich im Sommer auch als Schneider daheim wäre, so tät ich's nicht anders, als daß Feldfrüchte gepflanzt würden. Ich wollte doch lieber Kraut, Salat und Rüben.«

»Auch ich« , stimmte Jakob dem Schneider bei, »möchte Grund und Boden besser benutzt sehen.«

Mir hatten die letzten Aussprüche doppelt weh getan, weil ich unterdessen Nannis liebliche Gestalt unter der Haustüre erscheinen sah. Sie grüßte mich mit einem freundlichen Blick.

Ich hatte mich schon mit einer geharnischten Rede gegen die übergroße Sparsamkeit gerüstet, wie sie des Menschen unwert sei und gleich einem Wurm an jeder schönen Freude nage, bis selbst der kräftigste Stamm, der tüchtigste Mensch, in den Staub sinke. Aber Nanni sah zu heiter drein, als daß ich mit meinem etwas bitteren Vortrag hätte beginnen können. Ich kam aus dem Staunen hierüber nicht heraus und schwieg daher, bis sie mit wahrhaft bewunderungswerter Ruhe sagte: »Da scheint es über meinen Garten her zu gehen. Ihr solltet doch nicht ärger sein als die Ziegen, gegen die ich ihn auch immer verteidigen muß, seit man von Hopfreben zurück ist und alles Vieh ungehindert herumlaufen läßt.«

Und nun durch den Schopf hinaus gehend und sich vor ihr liebes Gärtlein stellend, fuhr sie fort: »Ist es nicht schön? und so klein! Kaum für eine Woche würde einer hungrigen Ziege da genug Heu wachsen. Also sieben Tage kaum könnte eine Ziege sich an dem Platze freuen, ich aber freue mich das ganze Jahr daran. Ist das nicht auch etwas? Im nächsten Jahr will ich die Einteilung so machen, daß auch noch Kraut und Rüben gesetzt werden können. Dann müßt ihr mir aber dieses kleine Flecklein Erde überlassen – nicht wahr?«

»Ja wohl«, antworteten die im Schopf. Ich aber sagte: »Es ist doch ein Elend auf der Welt, daß man sich alles so mühevoll erwerben muß.«

»Und mich«, sagte Nanni, »dünkt gerade das schön, daß man sich etwas erwerben kann, und daß selten leer ausgeht, wer sich nur ein wenig rühren und regen mag.«

Noch keine Predigt hatte auf mich einen so tiefen Eindruck gemacht, wie das, was ich hier soeben sah und hörte.

Auf diese Art ließ sich allerdings fröhlich leben und mit allem gut auskommen. Und doch war es nur die einfachste, die natürlichste Art.

Der Schneider bemerkte jetzt: man müsse der Nanni diese Freude von Herzen gönnen, sie verlange sonst selten etwas und entbehre leicht, was jetzt fast alle Mädchen wollten, wenn sie auch nicht gerade hoffärtig seien. Manche meine, sie müsse auf jeder Hochzeit, bei jeder Tanzgelegenheit sein. Nanni tanze wohl auch gerne, trotzdem sei daheim ihr die Weile nie lang und wenn einmal alles im Hause der Lustbarkeit nachlaufe und nur sie bei der Mutter bleibe, so setze sie sich fröhlich hin und schreibe ein Gedicht.

»Wie, sie schreibt auch Gedichte?« frug ich freudig überrascht.

»Ja und was für!« antwortete der Schneider. Auch die anderen lobten begeistert ihre schönen Verse. Nanni aber sprach: »Glaub ihrem Lobe nicht! Die Sache ist so: ich drückte so gern in Versen meine Gedanken und Gefühle aus, daß noch alle mißlungenen Versuche mich nicht haben abschrecken können.«

Ich konnte mir nichts ganz Mißlungenes von ihr denken, wenn ich auch gerne glaubte, daß sie sich unmöglich genug tun könne. Jetzt hätte ich so gerne eine ihrer Arbeiten gesehen, daß ich mehrmals darum bat, wiewohl ich ihre Verlegenheit bemerkte. Sie stand unschlüssig, bis der Schneider den Schreibkalender holte und die den Monaten beigehefteten grauen Blätter überblickte. Auf den meisten hatte Jakobs kräftige Hand etwas für die Bauerschaft Wichtiges eingetragen. Nur neben dem Monat Mai fand sich unter dem Preisverzeichnis der damals gekauften Kühe, von leichter Hand zierlich hingeworfen, folgendes Gedicht:

Der Frühling

O liebe, liebe Frühlingszeit,
Kehrst wieder du zurück
Und gönnest uns, die lang verschneit,
Den holden Gnadenblick.

Von deines Mundes warmem Hauch
Belebt sich Berg und Tal,
Es schmilzt der Schnee in Bergen auch,
Auftaut der Schöpfungssaal.

Es plätschern von der Felsen Höh'n
Schneebächlein auf die Flur,
In ihrem Spiegel ist zu seh'n
Dein schönstes Bild, Natur.

Da breitet sich in Tal und Schlucht
Der grüne Teppich aus;
Und jedes Tier und Tierlein sucht
Im Freien seinen Schmaus.

Es jubelt froh ein Vogelschwarm
Fast hinter jedem Strauch;
Mein Lied ist einfach nur und arm,
Doch fröhlich bin ich auch.

Anna Katharina Moosbrugger,
genannt Nanni

Ich kann nicht sagen, wie mir diese reine Freude an den Schönheiten der Natur wohltat, die sich hier so sicher und ohne alle Reflexion aussprach. Mir wäre es ganz unmöglich gewesen, so zu schreiben, gerade so unmöglich, als vorhin mit diesem liebevollen Humor um das Plätzlein vor der Stubenwand zu bitten. Lange saß ich schweigend und sah bald das kleine und doch so große Mädchen an, bald seine zierlichen Buchstaben im Kalender.

Ihr mochte dieses Schweigen peinlich werden. Sie sagte endlich: »Gelt, wie kann man doch kindische Freuden haben? Ich muß schon gestehen, daß ich's eigentlich nur für mich selber schrieb und niemand sehen zu lassen wünschte. Besonders dir nicht.«

»Warum nicht?«

»Ich habe beim Schreiben bloß dem Gefühle gefolgt und mich nicht lange mit dem Zählen der Silben abgegeben. Ein Kritiker kann an meiner Arbeit keine Freude haben.«

Ich antwortete: »Im Ganzen hast du leider nur zu recht, wenn du mich für einen müßigen, verbissenen Kritiker haltest, das habe ich noch nie so lebhaft empfunden als jetzt, aber diesmal will ich nicht kritisieren, sondern genießen.«

»Das ist freilich das Angenehmste«, meinte das Mädchen, indem es sich setzte. »Ich habe einmal eine Naturlehre gefunden unter den Büchern meines Bruders Kaspar und habe dann eine Weile darin gelesen. Aber nicht lang. Denn es tat mir ordentlich weh, da alles so trennen und zerfasern zu sehen. Nachher aber ließ es mich doch nicht mehr ruhen, und ich las wieder und wieder, bis ich, wie Humboldt so schön sagt: auch in der Vielheit wieder die Einheit sah.«

Ich könnte noch lange erzählen, wenn ich alles anführen wollte, wodurch sie mich in Erstaunen setzte, bis sie uns verließ. Dies geschah, sobald der Bruder Jakob, der uns verlassen hatte, mit seinen sechs Kühen von der Wiese heim kam. Der Schneider hatte die Sonntagskleider noch nicht abgelegt, daher wollte Nanni für ihn die Tiere in den Stall und jedes an seinen Platz bringen helfen.

Erst jetzt hatte ich Zeit, mich auch ein wenig in der Stube umzusehen. Die getäfelten Wände schmückten einige Holzschnitte und das Bild des abwesenden Bruders. Auf dem Sims am Fenster lag noch das Buch, in welchem Nanni gelesen hatte. Sie konnte also nicht einmal in ein eigenes Winkelchen gehen, wenn sie lesen wollte. Nichts auf der Welt gehörte ihr als das Gärtchen, und doch hatte sie mehr Freuden als mancher, der seinen Besitz kaum zu übersehen vermag.

Den Schneider fand ich ganz anders als im Vorsaß. Auch auf ihn mußte die Dorfluft einigen Einfluß haben. Er war nicht aufgelegt zu Scherz und Possen, sondern redete fast nur von der Arbeit der kommenden Woche oder dem Viehhandel. Dafür aber hatte ich jetzt durchaus keinen Sinn. Ich machte mich daher auf den Heimweg, sobald ich merkte, daß Nanni, schon mit dem Anrichten des Abendessens beschäftigt, nicht sobald wieder in die Stube kommen werde.

»Komm bald wieder!« rief mir des Mädchens klangvolle Stimme nach. Jeder Gehende pflegt hier mit diesen Worten entlassen zu werden, heute aber taten sie mir so wohl, daß ich sie für weit mehr als für eine Form nahm.

XIX.

Wenn ich mir bisher zu manchem unfähig, in vielen Stücken ein Sonderling erschien, so pflegte ich mich mit dem Gedanken zu trösten: ich besitze dafür andere Fähigkeiten, welche die hierzulande geschätzten und gesuchten weit überwögen. Ich sei nur nicht an meinem Platz auf der Welt und habe daher nichts zu verantworten, wenn ich mich auch nicht zur allgemeinen Befriedigung bewege. Ja, es gab Stunden und Tage, wo die Betrachtung meiner Unfähigkeit zu so vielem mir ein Gefühl gab, das ich beinahe Schadenfreude nennen möchte. Davon aber ward ich durch den eben erzählten Besuch für immer geheilt. Ich begann mich vor dem herrlichen Mädchen und vor mir selber zu schämen. Was war denn meine Bildung? Nicht nur anderen, auch mir selber eine Last und doch alles, was ich hatte. Nanni dagegen hatte durch Lesen ihr Geistesleben bereichert, ohne daß sie sich darum dem Alltäglichen abwandte.

Auch das Feindliche verstand sie heiter und in liebevoller Weise zu überwinden, während ich mich allem feindlich gegenüberstellte, was nicht gerade nach meinem Leisten geschnitten war. Das mußte anders werden oder ich war wirklich ein »Bischer«!

Es ward auch wirklich anders, aber nicht so schnell, als ich wollte. Ich fand den Gedanken, ich sei nicht auf meinem Platze, schon viel tiefer in meine beste Kraft eingefressen, als ich es je geahnt hatte. Zu seiner Bekämpfung brauchte es alle Verehrung des Mädchens, dessen fröhliches Walten in Haus und Stall meiner eigenen Berufsarbeit eine höhere Weihe gab. Ich könnte hundert Beispiele erzählen, wie ich alles mit den Augen Nannis anzusehen, mit ihren Worten zu beurteilen suchte und mir darin ordentlich Mühe gab, aber man könnte leicht glauben, ich habe nur irgend einen recht verliebten Roman abgeschrieben. Die Furcht, daß man über mich lachen würde, wenn man mich auf ihre Art rasch den

Kopf aufrichten sähe, um einen unangenehmen Gedanken gleichsam abzuschütteln, habe ich nicht, denn mir scheint das Nachahmen eines geliebten Wesens ganz natürlich. Als Kind schon – und Verliebte werden auch wieder wie Kinder – ahmen wir das Tun derjenigen nach, die wir lieben. Wir behalten für die Beschäftigung der Älteren immer eine gewisse Vorliebe, wie beschwerlich dieselbe auch sein mag. Der Schüler will den Lehrer spielen, der Lehrling stolziert mit den Eigenheiten seines Meisters, und immer bleiben wir mehr oder minder die Nachahmer derjenigen, die uns gefallen. Warum sollte der Verliebte hiervon eine Ausnahme machen, während doch ein teilweises Aufgeben der eigenen Persönlichkeit schon im Wesen der Liebe liegt? Aber auch schon der Wunsch, sich selbst zu gefallen, macht den Liebenden unbewußt zum Nachahmer, und es tut ihm wohl, sich etwa durch die Lieblingsreden des geliebten Wesens dasselbe immer gegenwärtig zu halten.

Ich übte das Nachahmen und das Hineinleben in ihre Denkungsart ganz bewußt und hielt mich dennoch, oder vielleicht eben darum, durchaus nicht für verliebt. Ich arbeitete ja nur an meiner Selbsterziehung. Wie konnte ich verliebt sein, da ich mich nicht einmal nach dem Tage sehnte, an dem man wieder, und zum dritten, letzten Mal im Jahre, nach Hopfreben zog, um das Heu zu füttern, welches man dort im Sommer gewann. Wäre Nanni meine Geliebte gewesen, so hätte ich diesen Tag wohl kaum erwarten können, und die Tage vor diesem wären mir ganz leer gewesen. Sie war aber nur meine Lehrerin und ich der Schüler, der seine Aufgabe, sich mit seiner Umgebung eins zu machen wie sie, noch lange nicht fertig hatte.

Wie freute mich's, wenn es mir gelang, in ihrer liebevollen gewinnenden Weise mit den Leuten zu verkehren. Selbst was ich schrieb, mußte die heiteren Farben ihres Frühlingsgedichtes haben, während früher durch alle meine Arbeiten hindurch der Riß ging, den ich auch auf meinem Lebenswege immer mir entgegengähnen sah.

Gewiß – ich wage die gegebene Vergleichung nochmals festzuhalten – gewiß lebte kein Schüler noch der Zeit seiner Prüfung mit mehr Sorge entgegen, bereitete sich fleißiger darauf vor als ich. Nicht ohne geheime Angst sah ich die Dorfwiesen gelb und kahl werden, so daß die Kühe kaum noch ihr Futter fanden. Der November kam, und es fiel der erste Schnee. Ich und die Mutter packten unsere Kleider und die nötigsten Lebensmittel zusammen und begannen das Haus zu schließen. In meinem Altarkämmerlein machte ich die Fensterläden zu. Dann betete ich noch geschwind ein Vaterunser, um mich auf den mir so wichtigen Gang vorzubereiten. Wie war es wohl in etwa vier Wochen, wenn man wieder heimzog? Diese Frage beschäftigte mich auch noch, während ich meinen vier Kühen durchs engste Achtal hinein voranging.

Nannis Hütte im Vorsaß stand schon offen. Aber wer war wohl darinnen? Diese Frage begann mich nun zu beschäftigen. Unter diesem Dache waren fast nur Stallungen. Alle ihre Geschwister pflegten sich nach dem Beginne des Winters nie mehr hier aufzuhalten, da es den Brüdern an aller Beschäftigung, den Schwestern an einem ordentlichen Zimmer und an einer ordentlichen Schlafstelle gefehlt hätte. Vielleicht kam Nanni gar nicht herein. Das begann mich so zu beunruhigen, daß ich nun merkte, wie sehr ich mich doch nach dem Umgange mit ihr gesehnt hatte. Ich richtete rasch den Kopf auf, wie sie es zu tun pflegte, wenn sie einen unangenehmen Gedanken von sich gleichsam abzuschütteln schien, ich begann ein Liedchen zu summen, aber diesmal waren alle Mittel umsonst, und ich kam traurig in meine Hütte.

Hätte ich nun dort in irgend einer Krippe des kalten Stalles oder in der engen Wohnstube das Wertvollste, einen Schatz gefunden, so groß als nur einer in den wunderbaren Erzählungen meines unvergeßlichen Alten, ich wäre dadurch nicht so glücklich geworden, als da ich Nanni mit zwei großen Eimern zum Brunnen gehen sah und ein lustiges Liedchen singen hörte.

Am Abend ging die Mutter ungewöhnlich früh in ihr enges Schlafkämmerlein, das einzige Zimmer, welches die Hütte außer der Stube hatte. In dieser war es noch nicht recht warm, wie stark man auch eingeheizt hatte. So ein Ofen mit seinen dicken Mauern aus Sandstein (und Kachelöfen sind sogar in den Dörfern selten) braucht mehrere Stunden, bis er ordentlich wärmt. Ich hatte nicht Lust, so halb erfroren ins kalte Heu zu gehen, und eilte in Nannis Hütte, um dort erst ordentlich zu erwarmen.

Ich fand auch andere Burschen dort, welche mit Nannis Bruder Jakob bei den Karten saßen. Mädchen waren außer dem von mir gesuchten keine da, und ich hörte, daß auch keine kommen werden und wir die ganze Zeit allein Nachtstubat würden halten müssen.

Ich setzte mich zu Nanni, die nicht spielte, und bei dem Lichte, welches ob dem Tische hing, auch keinen Platz mehr zum Sticken hatte. Die Burschen spielten ziemlich teuer und waren dabei so verhitzt, daß sie auf unser Geplauder im unteren Ofenwinkel gar nicht achteten.

Und in diesem Winkel, hart neben der schweren Stubentüre auf der schmalen Bank, die sich um den warmen Steinhaufen herumzog, habe ich die schönsten und glücklichsten Stunden verlebt.

Ich könnte stundenlang erzählen, was wir plauderten, denn alles, was sie sagte, hat sich meinem Gedächtnisse tief eingeprägt und ist mir recht ein liebes, inneres Eigentum geworden. Von unseren Lieblingsdichtern, denen wir manche Stunden schenkten, kamen wir darauf, daß es auch geistige Verwandtschaften gebe, wie Wieland in seinen Sympathien so schön sagte. Nanni gestand mir, daß sie sich mir viel verwandter fühle als vielen, denen sie in der Kirche eine Kerze brennen müßte, wenn sie stürben. Wir kamen dazu, uns Bruder und Schwester zu nennen, und wir waren auch so offen gegeneinander, wie es Geschwister nur selten zu sein pflegen. Dabei erfuhr ich, daß auch Nanni sich ihre Heiterkeit, ihr Sicheinsfühlen mit der Umgebung nur durch schwere, blutsaure Gedankenarbeit gewonnen hatte. Sie zeigte mir einmal Goethes Sprüche und sagte: ihr scheine, diesem Dichter sei zuweilen gewesen wie den sogenannten Weltschmerzlern. Er habe aber gleich wieder einen großen Gedanken gefunden, an dem er sich aufzurichten vermocht habe. Ihr seien Goethes Sprüche zum Brevier geworden. Auf seine Weise sei es ihr gelungen, das Berechtigte fremder, den ihren entgegengesetzten Anschauungen zu ertragen oder auf sie einzuwirken. Ich klagte, daß mir das immer so schwer werde; das Mädchen aber tröstete mich, indem es leuchtenden Auges sagte: »Du brauchst dich nicht in alles zu finden. Du hast die Kraft in dir, den Kampf mit dem Schlechten und Gemeinen aufzunehmen; ich nur die Fähigkeit, alles zu ertragen. Du kannst anderen etwas werden, ich verbrauche meine Kraft, mir selbst erträglich zu bleiben.«

Mir tat dieses Lob recht in der Seele wohl, wenn ich es auch für nichts anderes nahm als eine Andeutung dessen, was ich nach ihrer Ansicht könnte und sollte. Das aber fühlte ich, daß Nanni den Kern meines Wesens richtig erfaßt hatte, und ich ging mit tausend guten Vorsätzen von ihr heim.

Ein anderes Mal erzählte sie mir von ihrem Vater. Sein Leben war auch ein kampfreiches gewesen, voll Mühe und Entbehrung. Mit hundert Gulden Vermögen hatte er eine lustige Bizauerin geheiratet. Fünfzig Gulden gingen darauf für hochzeitliche Kleider und für die Geschenke an die Verwandten. Für die anderen fünfzig Gulden hatte er eine Kuh auf das kleine, überschuldete Anwesen gekauft, welche man aber am Morgen nach der Hochzeit tot im kalten Stalle fand. Nun sahen die jungen Eheleute sich gänzlich auf die eigene Kraft angewiesen. Das erfüllte den Vater mit einer Art von Trotz gegen sein Schicksal. Er pachtete ein größeres Anwesen, konnte aber dabei keine andere Bürgschaft stellen, als seinen guten Ruf. Das Beispiel des ersten, der ihm Vertrauen schenkte, wirkte bald auch auf andere, so daß er Kredit hatte, soviel er brauchte. Er mietete nun bald da, bald dort etwas, das sonst niemand mochte, und zog so mit der jährlich wachsenden Familie von einem Orte zum anderen. Von seinen vierzehn Kindern kam fast jedes an einem anderen Orte zur Welt. Fünf davon starben, die anderen aber mußten dem Vater helfen oder bei Fremden dienen, sobald sie sich selber ankleiden konnten. Fleißige Arbeit auf fremdem Grund und Boden machte nach und nach den Pächter zum Grundbesitzer, zum Bauern. Er begann so nebenbei einen kleinen Viehhandel, und war dabei um so kühner, weil er im Grunde nicht viel verlieren konnte. Jahrelang kämpfte er den Verzweiflungskampf um seine Existenz, aber ruhig und sicher. Er war strenge gegen sich selbst, aber nie hart gegen andere. Die Zahl der Kinder konnte ihm nicht zu groß werden, denn er sagte, er wüßte sich nichts Besseres zu ersparen als sie.

Und die wackeren Kinder wurden wirklich der Trost und die Freude seines Alters. Schade, daß er sie nicht länger zusammenwirken und ihren Wohlstand wachsen sah. Alle bauten fleißig weiter, wo er und die Mutter aufhörten. Die Liebe zu der letzteren und das Gedächtnis des seligen Vaters und sein Beispiel, dem jedes der Kinder folgen wollte, verband sie aufs innigste und war die Wurzel ihrer Kraft. Nanni versicherte mich: ihre eingebildeten Leiden seien ihr immer lächerlich geworden, wenn sie daran gedacht habe, wieviel der Vater durchmachen mußte und was die Mutter auszustehen gehabt habe. Sie hätte es nicht übers Herz gebracht, sich dessen unwert zu zeigen, und habe alles überwunden in ihr und um sie, was sie hindern wollte, ein rechtes Bauernmädchen zu werden, dessen man sich nicht zu schämen habe.

Sie sagte auch, daß sie den Kaspar ordentlich beneidete, weil dieser, von einem geistlichen Vetter unterstützt, zum Studieren kam. Die schönsten Stunden habe sie immer in seiner Vakanzzeit gehabt. Ihr sei diese Zeit gewesen, was einem Bauernburschen das Vorsaßleben sei. Nach Kaspars Abreise nach Ungarn habe sie viel in sich überwinden müssen, um wieder heiter zu werden. Ja, da hätte sie zuweilen auch fortziehen mögen, und die Reize der Heimat hätten sich erst wieder geoffenbart, als zwei ihrer Schulfreundinnen nach Amerika auswandern wollten. Sie habe gefühlt, daß sie sich doch nicht von der ganzen Vergangenheit trennen könnte. Das Abschiednehmen sei ihr so zu Herzen gegangen, daß sie darüber einige Verse gemacht habe, die ersten, aber doch nicht die besten, da es ihr gar nicht eingefallen sei, sich an eine Regel zu halten. Man sehe ihnen das an, obwohl sie nachher etwas verbessert worden seien. Als ich sie bat, mir dieselben mitzuteilen, zog sie ein Blatt aus einem neben ihr liegenden Büchlein und las mir – zum ersten Male – mit seltener Lebendigkeit folgendes vor:

Fort von Heimat, Tal und Feldern,
Fort von eures Vaters Haus;
Fort von Hügeln und grünenden Wäldern,
Zieht ihr ins Weite hinaus.

Kaum daß noch der Morgen dämmert
Über heimatlichem Grund,
Euch nun die Kirchenglocke hämmert
Die letzte, ach, die Abschiedsstund'.

Dann geht ihr aus dem Dörflein klein,
Wo selige Tage verflossen,
Wo ihr zuerst gespielt im Freien,
Die ersten Tränen vergossen.

Fort von allen Orten und Stellen,
Wo ihr gelacht, gescherzt,
Wo Freude euer Herz geschwellet
Und nichts euch so arg geschmerzt.

Euch ist ja manch schöne Stunde verstrichen,
Wenn ihr getanzt und gesungen;

Und jetzt sind diese Zeiten gewichen,
Nun ist all das verklungen.

Könnt ihr in Frühlings schönster Zeit
Von allem, allem gehen
So viele tausend Meilen weit
Vielleicht auf Nimmerwiedersehen?

Wagt ihr euch in die Welt hinaus,
In Schicksals starre Hand,
Fort aus dem sicher'n Elternhaus,
Wo eure Wiege stand?

Fort von eurern Eltern Grabe,
Die groß gezogen euch
Mit ihrem Schweiße, ihrer Habe,
Nun fort von Österreich?

Es gebe euch des Schicksals Hand
Recht frohe, schöne Tage;
Daß in dem großen Talerland
Euch nie das Heimweh plage!

O lebet wohl auf fremder Au,
Vor Übeln bleibet befreiet;
Die Zukunft euch hold entgegen schau,
Daß euch der Schritt nicht reuet!

Das Mädchen bat mich nun, ihm die Formfehler nicht etwa nur zu zeigen – denn es finde manchen jetzt selbst – sondern zu verbessern.

Ich antwortete: der Reiche behauptet das Recht, sich feiner zu bewegen, und er gefällt, wenn er sich auch nicht um alle althergebrachten Formen kümmert. So ist's aber auch mit dem Gemütsreichtum. Man würde sie nur verderben, wenn man sie beschneiden wollte.

Mir war das auch heiliger Ernst. Wenn man das Mädchen selbst lesen hörte, fand man keinen Fehler. Man hatte Angenehmeres zu tun und folgte lieber dem Gange seiner Gedanken und Empfindungen, als daß man da lang ängstlich die Silben abzählte.

Nanni sagte lieblich errötend: sie würde mir durchaus nicht glauben, wenn sie von mir jemals auch nur eine halbe Schmeichelei gehört hätte. Da aber das nicht der Fall sei, so bekomme sie Mut, mir auch andere kleine Arbeiten mitzuteilen. –

Ich möchte aber hier am wenigsten ermüden und breche daher ab. Sollte ich meiner Neigung schon zuviel nachgegeben haben, schon zu breit geworden sein, so möge man daraus sehen, wie wichtig mir jene Abende waren, die meine Freunde nachher scherzweise die »Ofenbankabende« zu nennen pflegten.

Die Spieler machten überhaupt allerlei Bemerkungen über uns, wenn sie dazu einmal Zeit fanden. Mir aber lag wenig daran, wenn nur Bruder Jakob gegen unser Zusammensein nichts hatte. Ich sah aber zu meiner Freude, daß er mir herzlich gut war. Er lud mich ein, auch untertags zuweilen zu kommen, damit er an unserer schönen Unterhaltung – die ihm viel besser gefalle als das Spielen – doch auch einigen Anteil nehmen könne. Daß ich dieser Einladung folgte, versteht sich wohl von selbst, besonders, da wir uns in seiner Gegenwart durchaus keinen Zwang anzutun brauchten. Er war durch die Bücher seines studierten Bruders, besonders in naturwissenschaftlichen Werken, fast belesener als ich. Für Herder schwärmte er förmlich und versprach, mir nächstens dessen Ideen zur Geschichte der Menschheit zu geben, indem er bemerkte, daß der eigentlich noch gar nichts gelesen habe, welcher nicht einmal dieses herrliche Werk kenne. Früher hätte mich eine solche Behauptung beinahe verletzt, jetzt aber bildete ich mir auf meine Belesenheit ohnehin nicht mehr besonders viel ein. Meine Bücher hatten mich nur von der Wirklichkeit abgezogen, während diese guten Leute so ganz mit der Umgebung verwachsen blieben, daß man sie immer mit Leib und Seele verbauert und nur auf Erwerb und Gewinn bedacht hielt. So eitel aber war ich denn doch nicht, daß diese Erkenntnis mich nur im geringsten geschmerzt hätte. Es war mir vielmehr ein Trost, zu sehen, daß eine bessere Ausbildung nicht unfähig mache, in meiner Heimat nach der Väter Weise zu leben und zu arbeiten, wenn ich selbst es auch noch nicht soweit gebracht hatte.

Und noch eins war mir erfreulich und ein rechter Trost. Nanni und ihre Geschwister hatten von jung auf gewiß nur vom Sparen und Erwerben gehört. Was in der Schule für sie zu lernen war, konnte ich mir denken, und neben der Schule mußten sie so streng arbeiten, soviel entbehren, daß sie nach allgemeiner Berechnung träge Ruhe und behaglichen Genuß des Erworbenen für das höchste Erdenglück halten mußten. Woher nahmen sie die Spannkraft, nach blutsaurer Arbeit noch freudig dem Fluge unserer edelsten, kühnsten Geister zu folgen, wenn nicht die Allmacht des Gedankens sie ihnen gab? Ein Student hatte während seiner Vakanzzeit die Kluft auszuebnen vermocht, welche diese an die Sorgen des Bauernlebens Geketteten scheinbar für immer von der Welt abschloß. Er war ihr Priester geworden, der ihnen den Tempel menschlichen Wissens erschloß. Zwar nicht, um sie zu Altardienern darin zu machen, aber doch, daß sie dort nach strengem Tagwerke Erholung und neue Kraft holen konnten. Das vermochte ein einzelner Tüchtiger in wenigen Wochen. Was mußte mir in meinem Dorfe unter meinen Schulfreunden möglich sein, wenn ich der Mann dazu wurde? Und sonst zeugte es nur vom gesunden Sinn des Volkes, wenn es mir wie immer feindlich blieb.

XX.

Die unvergeßlichen Ofenbankabende waren zu Ende. Ich hatte unser Heu verfüttert, und in wehmütiger Stimmung, aber doch nicht so schweren Herzens, als man vielleicht nach den vorhergegangenen Schilderungen glauben könnte, zog ich wieder ins Dorf zurück. Ich nahm so manche schöne Erinnerung, soviel von der Geliebten mit, daß ich auch von ihr getrennt doch immer in ihrer Gesellschaft leben zu können hoffte. Und darum mußte sich's von nun an recht angenehm lernen und arbeiten lassen. Vor allem mußten jetzt Bücher, die ganze Klassikerausgabe mußte her. Um Geld hierzu erwerben zu können, lernte ich das Schindelmachen und bekam bald so viele Aufträge, als ich für die wenige freie Zeit, welche mir die Bauernarbeit ließ, nur wünschen konnte. Man fand meine Schindeln so ordentlich gearbeitet, daß sie jeder Stubenwand zur Zierde gereichten. Ich gab mir auch Mühe, sie nicht nur vorn schön abzurunden, sondern auch auf der Seite, wo sie aneinander stoßen sollten, so zu fügen, daß der, welcher sie anschlagen sollte, recht leicht arbeiten konnte, denn es ließ sich berechnen, daß er schließlich über meinen Ruf als Schindelmacher entscheiden würde.

Abends las ich in meinen Büchern, deren Anzahl sich nun rasch vermehrte. Schillers Räuber begeisterten mich, ein *Drama* zu schreiben. Der Held war Seppel, sein Vater ein von religiösen Vorurteilen befangener Mann, den sein blinder Eifer zu allem Schlechten trieb, um den Sohn zum Guten zu zwingen. Entstanden war der Gedanke durch den Streit, der indessen zwischen dem Genannten und seinem Vater, dem Weber, entstanden war. Seppel hatte in der Schweiz über manches ein Urteil gewonnen, welches der Weber für den Ausdruck des versunkensten Heidentums hielt. In ihren Briefen begannen die beiden nun über religiöse Fragen ein hitziges Wortgefecht, welches damit endete, daß der Vater dem Sohne jede weitere Unterstützung versagte. Seppel kam, bevor er ausgelernt war, auf die weite Gasse. Das war ganz nach dem Willen des Vaters. Dieser hatte gehört, daß auch mein Schulfreund Hieronymus, der, wie er beim Austritt der Schule schon im Sinn hatte, nach Wien zu seinem Vetter kam, sich auf Kosten seiner unsterblichen Seele wohl sein lasse und es daher trotz seiner Geschicklichkeit nicht weit bringe. Ein anderer von denen, die neben Seppel und mir aufwuchsen, hatte studieren wollen, ward aber schon im Gymnasium verjagt und trieb sich jetzt elend in der Welt herum. Auch das war dem Weber zu Ohren gekommen, und nun meinte er: man müsse die Burschen zum Heimkommen zwingen, weil sich zeige, daß in der Welt draußen nichts Rechtes aus ihnen werde, während es aus allen, welche daheim geblieben seien – den Franzmichel etwa ausgenommen, der mit dem Kopf auch immer draußen stecke – ganz ordentliche Leute abgegeben habe.

Seppel kam aber nicht. Er schrieb mir, daß er jetzt um keinen Preis mehr heim ginge, sondern lieber das Schlechteste treibe. Das machte mich besorgt, und meine Briefe begannen ihm zu predigen, bis er mich in einem Brief auch für so dumm als die anderen erklärte und mir seine Freundschaft kündete. Der Vater aber glaubte, ich habe den Sohn gegen ihn und die Stiefmutter aufgehetzt, weil er vom Vetter in Bezau erfuhr, wie sehr ich anfangs gegen seine Heirat mit dem Theresle gewesen war. So machte mir Seppel noch Sorgen und Verlegenheiten bei vielen Dorfbewohnern, obwohl er Tagreisen weit von mir entfernt lebte. Zuerst machte mir die Sache schlaflose Nächte. Dann versuchte ich, was mich quälte, dichterisch zu gestalten. Auf diese Weise hatte ich mich schon als Werktagschüler von manchem Verdrusse befreit, hatte die Quelle des Unmutes so stark fließen lassen, daß sie gar bald versiegen mußte und dann klein und lächerlich erschien, was mir vorher unerträglich gewesen war.

Unglücklicherweise wählte ich, wie gesagt, diesmal statt

der erzählenden die dramatische Form, in der ich mir bald wie in der Kleidung eines Riesen vorkam. Ich begann daher etwas bescheidener eine Abhandlung zu schreiben über die Frage: Warum kommt der Bregenzerwälder in der Welt draußen so leicht auf Abwege? Diese Arbeit, die recht gründlich werden sollte, regte mich zum Beobachten und zu lebhafterem Verkehr mit der Bevölkerung an. Ich versäumte kein Volksfest mitzumachen und, wenn es anderwärts nichts zu sehen gab, setzte ich mich ohne Bedenken in irgend einem Wirtshause zu den Schnäpslern an den schlechtesten Tisch. Auf diese Weise lernte ich oft die talentvollsten Leute kennen. Erkundigte ich mich nach ihren Vergangenheiten, so erfuhr ich immer so ziemlich das nämliche. Sie waren Söhne wohlhabender Eltern gewesen oder hatten durch ihre Geschicklichkeit ungewöhnlich viel verdient. Nun aber gab ihnen ihr Talent und das, was sie hatten oder leicht erwarben, eine Sicherheit, die sich wenig um hergebrachte Formen oder alte Sitten und um die öffentliche Meinung kümmerte. Ihr Ehrgeiz konnte ihre Kraft nicht anders verbrauchen, als daß sie sich nicht auf den Leisten legen ließen, nach welchem man hierzulande alles schneiden und modeln will. Nun sahen sie sich plötzlich im Kampfe mit der ganzen Gesellschaft, alles trieb, neckte und hetzte sie, und nur bei denen fanden sie – nicht Hilfe, sondern Beifall – die ihr trauriges Schicksal schon früher ausgestanden hatten. Das war dann vollends ihr Untergang.

Man tut und unterläßt hier fast alles des lieben Scheines wegen. Das Gewissen ist der Beifall des Vorstehers und der Zorn des Pfarrers. Wer davon nicht bestimmt wird, steht ohne sittlichen Halt. So geschoben und gezogen bewegt man sich auf der breiten Straße des Gewöhnlichen und braucht darum fast mehr Kraft, auszuarten, als nach den Vorschriften der öffentlichen Meinung zu leben, die besonders gegen Reiche und Erwerbsfähige in vielen Stücken unglaublich nachsichtig ist. Das alles wurde mir nach und nach ganz klar, und nun begriff ich auch, wie wenig meine Heimat ihren Söhnen in die Fremde mitgeben kann und wie haltlos sie in der Stunde der Versuchung dastehen, wo sie unbeachtet und von der öffentlichen Meinung nicht mehr bewacht sind.

Das alles kam nun mit vielen Beispielen in meine Abhandlung, die so über den anfänglichen Plan hinauswuchs, daß sie gar nicht fertig wurde. Ich sah nämlich, wie tief die gestellte Frage in das gesellschaftliche und religiöse Leben eingriff, und verlor mich mehr und mehr ins einzelne. Ein großer Gewinn von dieser Arbeit aber blieb, daß sie mich zum Studium heimatlicher Zustände anregte. Ein anderer Vorteil war die Erkenntnis, daß der Mensch verliert, wenn er sich im Reden und Tun Formen anbequemt, welche nicht seiner Eigenart entwachsen sind. Der Mensch sollte die eigenen Fähigkeiten pflegen, statt sich fremden Mustern anzubequemen, denn es bleibt noch immer genug, wozu er sich Zwang antun muß. Auch der Einfachste gefällt, wenn er sich seinem Wesen gemäß gibt, und da er seine beste Kraft nicht verbraucht, ein schlechtes Schattenbild zu sein, kann er in irgend einer Weise bedeutend werden.

Wenn Nanni bei der Arbeit ein lustiges Liedchen sang, so war das ganz natürlich und mußte jedem gefallen. Wenn aber ich es nachmachte, mit einer Stimme, die Gott zum Reden, aber gewiß nicht zum Singen schuf, so – ich gestand mir das – wäre es vielmehr lächerlich. Ich gab mein Singen ziemlich auf und ließ mir durch den Fuhrmann, welcher mir einst den Kalender brachte und vom Bibliothekari erzählte, eine kleine Ziehharmonika kommen, auf der ich nun rasch mehrere lustige Weisen und Tänze so gut spielen lernte, als ich's von anderen gehört hatte.

Da ich gleich gegen meine liebste Angewöhnung so schonungslos vorging, läßt sich leicht denken, daß ich mir auch keine besondere Mühe gab, mit anderen in ihrer Weise zu verkehren. Was mir vernünftig schien, eignete ich mir so gut als möglich an, und Unvernünftiges sollte man von keinem, wenigstens von mir nicht, verlangen. Daß ich mit dieser Anschauung mir keine Freunde machte, läßt sich denken. Ich kümmerte mich aber auch nicht darum, da ich ja meine Bücher, die liebenswürdige Familie Oberhauser und tausend liebe Erinnerungen vom letzten Herbst hatte. Mit dem allen und mit strenger Arbeit im Feld und am Schindelstocke vermochte ich mir die Langeweile leicht zu vertreiben. Ich weinte mit dem jungen Werther, klagte mit Lenau, schwärmte mit Klopstock und forderte mit Karl Moor alles zum Kampfe heraus. Aber wenn ich einmal von den Bauern ausgelacht wurde, weil ich mich ein wenig frei aussprach, so ertrug ich das, auch ohne das lange Röcklein anzulegen, ganz leicht und konnte herzlich mitlachen, so daß ich sie ordentlich in Erstaunen setzte. Es ward mir doch immer leichter, auch fremde, den meinen entgegengesetzte Anschauungen berechtigt zu finden. Im meinem Tagebuche kamen nicht mehr halb so häufig Klagen über die hiesige Gesellschaft vor als früher. Dafür aber waren die vorkommenden kräftiger, und die ihnen folgenden Abhandlungen zeigten, daß ich mich immer ernstlicher um alle Zustände der Heimat, ihre Ursachen und ihre Wirkungen, zu kümmern begann.

Je mehr ich über meine Landsleute sann und schrieb, desto angenehmer ward mir das Leben unter ihnen. Auch wenn ich Widerwärtiges von ihnen erfuhr, ward es mir in der Regel viel mehr zum interessanten Denkstoff als zur Qual. Ich stellte mich mit Behagen auf fremde Standpunkte und lachte dann herzlich über mich selbst, wenn wieder etwas, das eigentlich nur vor lauter Kleinheit spitzig war, ein Löchlein in meinen Geduldsack machen wollte. Vielleicht konnten sich Kleinigkeiten darum so tief in mich einbohren, weil ich mir's auf meinem stillen, einsamen Lebensweg angewöhnt hatte, auch das Unbedeutendste wichtig zu behandeln und so lange daran herumzutragen, bis ich müde war und sie mir recht schwer vorkamen. So erklärte ich mir's wenigstens im meinem Tagebuch, wenn ich wieder einmal ruhig über mich selbst urteilen wollte. Das geschah auch viel häufiger, als man es einem neunzehnjährigen Bauern zumuten würde. Ich suchte mir über alles Rechenschaft zu geben und arbeitete mit heiligem Ernste an meiner Selbsterziehung. Daß das dann zuweilen auch in müßige Selbstbespiegelung ausartete, läßt sich denken, aber ebenso klar ist, daß es mir im Grunde doch ernst mit der Sache war, sonst würde ich die Kraft nicht gefunden haben, hier unbeirrt von allen meinen Weg zu gehen.

Meine Nanni besuchte ich nur zweimal. Am Neujahrstage und am Faschingsonntag. Schon aus der Wahl dieser Tage sieht man, wie wichtig der Gang mir jedesmal war. Am Neujahrstage hatte ich eigentlich nicht im Sinne zu gehen, denn das Wetter war so schlecht, als es hier nur immer sein kann. Aber als mir den Morgen hindurch jeder Begegnende ein gutes neues Jahr wünschte, begann ich mir's auszumalen, wie lieblich es klingen müßte, wenn jetzt Nanni diesen Wunsch ausspräche. Ich machte mich daher nach dem Mittagessen trotz Sturm und Wetter auf den Weg. Wie kalt auch der Wind blies, mir war's doch siedend heiß, als ich vor ihr Haus kam. Einen wehmütigen Blick auf das verschneite Gärtchen werfend, ging ich – jeden Tritt schneller – durch den Schopf in die Stube, die so voll von Menschen war, daß ich kaum noch auf einer der an den Wänden sich hinziehenden Bänke Platz zum Sitzen fand.

Alle Angehörigen reichten mir die Hand zum Gruß, wie einem lang vermißten, lieben Bekannten, nur Nanni drängte sich nicht herbei. Wie angebannt blieb sie im Ofenwinkel neben der Gadentür stehen, und mir war das lieb. Ich hätte nicht gewußt, wie ich vor so vielen Leuten dastehe, was für ein Gesicht ich machen sollte, wenn jetzt auf einmal des Mädchens kleine runde Hand in der meinen läge. Und gewiß war es nur ein ähnliches Gefühl, was das Mädchen so unbeweglich in seinen Winkel bannte. Ich glaubte das wenigstens, und Nannis Verhalten, das wohl manchem aufgefallen wäre, machte mich viel seliger, als mich in diesem Augenblick ihr Glückwunsch zum neuen Jahre gemacht hätte. Aber auch der kam noch. Als ich einmal aus der Stube zum Herd hinaus ging, hatte sie zufällig etwas in der Küche zu tun, und da konnten wir nebenbei einige Worte wechseln. Es waren nur wenige; wie überhaupt ein großer Augenblick den kleinen Menschen belastet und die sich drängenden Empfindungen nur das Kleinste, Unbedeutendste zwischen sich heraustreiben. Glücklicherweise macht die Liebe auch das Kleine groß. Ich bekam Kopf und Herz von Nannis wenigen Worten so voll, daß ich für jetzt und für lange genug hatte. Keiner der anwesenden Nachbarn war mir im Wege. Fröhlich saß ich bis gegen Abend in ihrer Gesellschaft, die mir schon darum unterhaltend war, weil ich in jedem heiteren Gelächter auch Nannis klangvolle Stimme hörte.

Wohl fast jeder Bregenzerwälder an meinem Platz hätte das Heimgehen der Fremden, ja wohl auch das Zubettegehen der Hausbewohner abgewartet und wäre dann wenigstens bis Mitternacht bei dem Mädchen auf dem Strich geblieben. Ich war schon mit dem Erlebten herzlich zufrieden. Auch sollte von unserem Verhältnis – so wagte ich es zum ersten Male mir selber zu nennen – kein Mensch etwas erfahren. Mein Inneres empörte sich dagegen, es an allen Brunnen und auf jeder Nachtstubat in zwei Gemeinden besprechen zu lassen. Auch eine andere Sorge begann sich leise zu regen. Ich war kein echter Bauer und kein Bursche, wie man ihn hier zu Lande einem geschätzten Mädchen zum Liebhaber wünschte. Nannis Angehörige schienen mir jetzt freilich sehr geneigt, wie würde das aber, wenn das Mädchen mit mir ins Gerede kam? Sie alle waren ungemein fleißig und sparsam, so daß sie gewiß mit Schrecken hörten, wie viele Pfund neue Bücher mir der Gerichtsbote schon gebracht habe. Und weiß Gott, was alles auch sonst sie noch von mir hören mußten, sobald man sich mit unserem Verhältnisse zu beschäftigen begann? In solchen Fällen war noch stets auch der Beste, Beliebteste vom Ärgsten nicht verschont, wie sollte es erst mir gehen? Ich sah voraus, daß die, welche über

Nannis guten Ruf zu wachen hatten, mir sofort ihr Haus verbieten würden, weil stets ein Mädchen mit allem Unrat beworfen wird, den die ärgsten Dorfhecheln aus dem Leben seines Geliebten und dem seiner ganzen Verwandtschaft herauskratzen können.

Als es zu dämmern begann, machte ich mich auf den Heimweg, und das von Nanni mir so herzlich nachgerufene »Komm bald wieder« klang noch in meinen Ohren, als ich schon bei meinen vier Kühen im Stalle war.

Spät in der Nacht, als die Burschen jauchzend in meinem Dörfchen herumzogen und unter die Fenster der Häuser gingen, in denen sie ein Liebespaar beisammen wußten, saß ich im stillen Altarkämmerlein und schrieb in mein Tagbuch:

Wär ich nun auf dem Strich bei ihr, so kämen auch solche Lärmer zu uns unters Fenster und redeten und witzelten mit verstellter Stimme, bis sie genug und wir übergenug hätten. In Gesellschaft war ich lange neben ihr, allein aber habe ich sie nur hier im stillen Kämmerlein.

Berge, Hügel, Täler, Wiesen
Deckt des Winters Hülle zu;
Und die Menschen sind mit diesen
Eingeschneit zu stiller Ruh'.

Alle nun erquickt der Schlummer
Die am Tage sich gequält,
Die nicht mehr ein tiefer Kummer
Oder Sehnsucht wach erhält.

Jedes Bild des Leids und Schmerzens
Hüllt die Nacht in Dunkel ein;
Und in meiner Welt des Herzens
Gönnt das Glück mir froh zu sein.

Am Faschingsonntag kam ich etwas früher in Nannis Haus und konnte nun allein mit dem Mädchen zum Nachmittagsgottesdienste gehen. Abends entstand daheim folgendes Gedicht:

Der Glocken Feierklänge riefen
Die Christen in das Haus des Herrn;
Von allen Seiten Beter liefen
Der Kirche zu aus nah und fern.

Die Buchenbäume standen traurig
Und schmucklos auf der toten Flur,
Gleich Grabeskreuzen ernst und schaurig
Am kalten Grabe der Natur.

Der Äste Reif, vom Sonnenscheine
Erwärmt wie von der Lieb' das Herz,
Fiel von dem Baum, als ob er weine,
In großen Tropfen niederwärts.

Doch immer schweift der Blick ins Weite,
Dem du dich gönntest, liebes Kind!
Mir war so wohl an deiner Seite,
Die Kirche kam nur zu geschwind.

Ich wünschte sie da draußen stehen
Im kalten Schattentale weit,
Ich möcht mit dir durchs Leben gehen
Durch Lenz und Winter, jede Zeit!

Wer diese Verse bereits überschlug, hat mich darum noch durchaus nicht verletzt. Ja, ich möchte mich ihm gerne gefällig zeigen, mit dem guten Rat, allenfalls gleich auch den folgenden Abschnitt zu überschlagen, der nur wieder von meiner Liebesgeschichte erzählt und die Handlung nicht gerade besonders fördert.

XXI.

Der Frühling des Jahres 1858 war der schönste, den ich noch erlebt hatte. Er brachte nicht nur Blumen und Blüten, sondern auch die Hoffnung, bald wieder in Hopfreben neben Nanni zu sein. Freilich durfte ich keine Ofenbankabende mehr erwarten, aber ich freute mich schon darauf, das liebe Mädchen zu sehen, zu hören und durch die Helden der Geschichten, die ich auf der Nachtstubat erzählen wollte, einige Worte an es zu richten, ohne daß es jemand merkte. Ich konnte das ganz vortrefflich und hatte auch schon die Freude gehabt, zu sehen, daß ich nicht umsonst redete, nicht vergebens mich bei den anderen Zuhörern in den Ruf brachte, daß ich zuweilen denn doch ein etwas unverständlicher, langweiliger Erzähler sei.

Unter allen, die jauchzend und singend zwischen dem Üntscherberg und dem Gräsalpenfelsen mit ihren Kühen durchs enge Achtal hineinzogen, gab es gewiß keinen Fröhlicheren als mich. Im Zwerchsack auf meinem Rücken stak neben den allernotwendigsten Kleidungsstücken auch meine Ziehharmonika, mit der ich Nanni zu überraschen gedachte. Ich wartete mit dem Auspacken derselben nicht einmal, bis ich in meinem kleinen Hüttle war, sondern zog, einen lustigen Hopper aufspielend, im Vorsaß ein, wobei ich mich so sehr zusammennahm, daß ich nicht mehr gewahrte, ob die Kühe oder die Leute mir erstaunter nachblickten. Das aber sah ich denn doch, daß Nanni einige Schritte vor ihr Hüttchen heraustrat, um mich besser und länger zu hören. Schon dieser Erfolg hätte mein Lernen im Winter genugsam belohnt, aber es war nicht der einzige. Auch daß ich nun auf der Nachtstubat recht beliebt und der Freund aller Tanzlustigen wurde, erwähne ich nur so nebenbei, obschon es für mich nicht viel Gutes haben konnte, wenn Nanni allenfalls einmal mit mir ins Gerede kam. Wichtiger war mir, daß das Mädchen den Wunsch äußerte, mir meine Künste abzulernen, am wichtigsten aber sein während der ersten Lehrstunde gemachtes Zugeständnis: es habe seine Freude daran, von mir etwas zu lernen, obwohl es nicht weit zu kommen hoffte. Es war gut, daß Nanni nicht viel verlangte, denn sie wäre nicht weit gewesen, wenn sie auch ihren Meister erreicht hätte. Das aber machte uns wenig Kummer, wenn sie mit dem Instrumente nur etwas Lärm machen konnte, während wir vertraulich plauderten. Das war ja doch bald der Hauptzweck, den wir in unseren Lehrstunden verfolgten und auch nur da erreichen konnten. Sie sagte mir manches beglückende Wort, während wir einen gewaltigen Lärm machten.

Die gemeinsame Bewachung unseres süßen Geheimnisses brachte uns immer näher. Waren die Viertelstunden selten, die wir für einander erlisteten, so waren sie dafür um so kostbarer und wurden um so gewissenhafter benutzt, uns wieder alles zu sagen, was wieder aus dem beständigen Aneinanderdenken für diese glücklichen Augenblicke aufbewahrt worden war. Ich fühlte mich schon so eins mit dem Mädchen, daß mir sogar der Abschied viel leichter wurde als im vorigen Herbst, wenn ich von der Ofenbank aufstand und nur für wenige Stunden »B'hüt Gott« sagen wollte. Ich nahm so viele liebe Erinnerungen, so manches ermunternde, tröstliche Wort von ihr in meine Heimat mit, daß ich leicht den ganzen Sommer davon zehren zu können meinte.

Nanni zog mit dem Schneider auf ein kleines Älpelein – nicht etwa als Sennerin, sondern um dem Bruder bei allem zu helfen. Mich lud sie vor den anderen ein, sie im Sommer einmal zu besuchen. Meine Freude über dieses Wort weiß ich keiner früher erlebten zu vergleichen, denn mein Glück war noch größer, als da Pfarrer Stockmayr mich einlud, ihm bei der Messe zu dienen. Ich sagte nicht, daß ich kommen werde; denn ich wagte nicht, mich so glücklich zu denken. Dennoch ging ich dann unter dem Heuen, welches gleich nach dem Heimziehen begann, oft von den Leuten weg und mähte stundenlang allein auf einem Platze, nur um mir's auszumalen, wie es wäre, wenn ich jetzt das herrliche Mädchen einmal besuchte. Dabei verlor ich mehr und mehr den Glauben, daß ich nur zum Dulden und Kämpfen da sei und mir alles schief gehen müsse. Ich liebte mich mehr, seit ich mich von ihr geliebt glaubte. Vier Sonntage lang war ich glücklich durch den Gedanken, daß ich nun gehen könnte. Am fünften jedoch wollte kein Buch mehr mich fesseln und von einem Spaziergang ins nahe Tannenwäldchen, wo ich sonst so manchen Sonntag verbrachte, kehrte ich schon auf halbem Wege zurück. Der Mutter sagte ich, daß ich einmal den Schneider auf seiner Alp zu besuchen gedenke, und sie dürfe keine Angst haben, wenn ich heute abend nicht von Au zurückkomme.

»Du gehst also nach Au?« fragte die Mutter.

Ich war schon zum Hause hinaus. Aber auf dem Wege klang mir noch immer die Frage der Mutter nach. Es konnte nicht glücken, wenn man so ging. Ich kehrte um, und erst als ich zu allem die Erlaubnis hatte, hielt ich mich für würdig, vor dem braven Mädchen zu erscheinen.

Auf dem Wege sagte ich mit Klopstock:

»Wer nicht fürchtet, nicht hofft, nur der ist glücklich.
Also denkt er: der Weis' erwartet ruhig
Was ihm senden die Vorsicht
Werde, Freud' oder Schmerz.«

Ich vermochte mich aber damit nicht zu beruhigen. »Ist sie noch in ihrem Gärtchen? Läßt sie mich mit auf die Alp oder hat sie mich am Ende nur aus Höflichkeit eingeladen?« So fragte ich mich immer wieder, bis mir ihre Mutter begegnete. »Geschieht dir schon recht, daß der Vogel ausgeflogen ist, warum hast du sie auch so lange warten lassen!« rief sie mir schon von weitem entgegen.

»Wer hat auf mich gewartet?« frug ich mit unsicherer Stimme.

»Du solltest dir doch denken können, wer so närrisch ist«,

sagte das Mütterchen etwas streng, aber doch mit freundlichem Lächeln. »Schon am letzten Sonntag kam sie zwei Stunden zu spät fort. Heute nun wollte sie sich denn doch nicht mehr so lang auslachen lassen und ist früher gegangen.«

Ich erschrak über diese Mitteilung, doch war sie in einer Weise gemacht, die mich manches wieder verschmerzen ließ. Es machte mich glücklich, mir das gute Mütterchen so geneigt zu sehen. Das war den Gang schon wert. Ich plauderte lange mit ihm und versprach dann, am nächsten Sonntag, den 15. August, ganz bestimmt und rechtzeitig zu kommen.

Ich schied in der fröhlichsten Stimmung, die sich aber bald verlor. Wie wär's jetzt so herrlich gewesen, wenn ich sie getroffen hätte, und nun sollte ich aus eigener Schuld noch eine ganze Woche warten. In Schoppernau angekommen, fühlte ich mich zum Lesen so gar nicht aufgelegt, daß ich nicht einmal heim, sondern sogleich auf einen Kegelgraben ging, was sonst nicht jedes Jahr geschah. Ich brauchte Aufregung, Lärm; das fand ich da und lärmte schließlich selbst mit. Am anderen Tage gestand ich mir, daß ich zuviel getrunken habe. Schaudernd dachte ich daran, wie schlecht ich jetzt ohne das Mädchen werden könnte. Sonst warf ich jeden Sonntag drei Batzen in die Sparbüchse für meine Bücher und ging dann, statt zu anderen ins Wirtshaus, mit einem Buch in mein stilles Wäldchen hinter dem Dorf und setzte mich unter die Tanne, von der ich einst meinen erstaunten Gespielinnen frische Kühe herunter warf. Gestern, als ich zu ihr wollte und nicht konnte, trieb mich der Unmut schon ein wenig auf den Abweg. Wie sollte das werden, wenn ich sie einmal wieder ganz verlöre? »Mein Herz ist weg und nur noch bei ihr«, sagte ich mir; aber ich tröstete mich, »daß es ja an keinem besseren Orte sein konnte.«

Trotzdem ward mir die Woche länger als die fünf vorherigen.

Am folgenden Sonntag war ich in Au beim Gottesdienst

und sah Nanni mit dem glänzenden Schappale, unter dem ihr Gesichtchen noch rosiger erschien, bei der Prozession, die die Himmelfahrt der Muttergottes feierte.

Ein Vergnügungsreisender, ich glaube, es war ein Münchner, der mit mir dem langen Zuge ganz gleich gekleideter Wälderinnen nachsah, sagte, daß eine der anderen gleiche. O ich fand das nicht, aber es fiel mir nicht ein, ihn auf die lieblichste aufmerksam zu machen.

Nach dem Gottesdienste eilte ich gleich in ihr Haus. Mittags saßen wir zum ersten Male zusammen beim Mahl und aßen aus einer Schüssel. Daheim war ich nie zufrieden, wenn ein Schmarren auf den Tisch kam, heute aß ich ihn mit größtem Appetit. Ich wüßte nicht, was mir da nicht geschmeckt hätte.

Auf Anraten der Mutter Nannis verließen wir das Haus nicht, bis der Nachmittagsgottesdienst wieder angegangen war, der hier fast so fleißig als die Messe besucht wird. Auch sie ging und nahm ihre anwesenden Kinder mit. Ich und Nanni blieben allein im Hause. Das Mädchen zeigte mir die kleine Bibliothek seines studierten Bruders und was ihm sonst noch wichtig war. Es hatte alle seine Schätze in einer kleinen Kiste ohne Schloß, die es unter seiner Bettstelle aufbewahrte. Den Kleiderkasten hatte es mit den Schwestern und der Mutter gemein, und doch war er nicht besonders voll. Es gehörte ihm so wenig von der Welt, und doch war es glücklich und genoß viel mehr, als mancher Beneidete besaß.

Die letzten Kirchgänger waren vorbei. Wir machten uns auf und schritten langsam die Halde hinter dem Hause hinauf. Von jeder Stelle grüßten das Mädchen liebe Erinnerungen. Da hatte es gespielt, hier diesen kleinen Kummer gehabt und dort mit dem Vater gearbeitet. Schon übersahen wir das ganze Tal, Nanni ward durch den Anblick so vieler Häuser an manche Geschichte erinnert. Sie urteilte über alle Menschen liebevoll, wie es nur kann, wer gleich bei jedem den Kern seines Wesens zu erfassen weiß. Auch von

Büchern wurde geredet. Sie hatte den Werther gelesen und dabei geweint. Auch jetzt wieder wurden ihre Augen feucht, während sie sagte: es ist so schön, sich im stillen einen Altar aufzubauen von allem Teuren und Verehrten und ihn mit einer Mauer abzuschließen von der Welt, die uns doch nicht versteht. Erst von Goethe habe ich das recht gelernt, und zuerst bin ich ihm fast böse gewesen, daß er so schonungslos zeigt, wohin es führen kann. Hätte Werther statt seines Ossian die Geschichte gelesen, er hätte sich wohl daran aufrichten und retten können. Man sollte nicht »sein Herzchen halten wie ein kleines Kind«, sondern auch aufs Allgemeine sehen, damit einem weniger schwer werde, was davon auf den einzelnen fällt. »Drunten im Tale, wo ich kaum über unsere Arbeit hinaus zu blicken vermag, hab' ich schon manches Kapitel dieses wunderbaren Buches erlebt. Da ist unsere Wohnung so groß, daß ich meine, die Häuser drüben über der Ach zum Fenster hereinlangen zu können, wenn allenfalls ein Sturmwind die kleinen Schächtelchen herübertragen sollte; von hier aus sehe ich alle Häuser so ziemlich gleich drunten stehen, und unseres ist eines der kleineren. Und so geht es mit all dem Unsrigen und dem Meinigen, wenn ich mich darüber erhebe, daß ich's neben anderen sehe. Von hier aus gleicht nicht nur ein Haus dem anderen; es gibt auch in allen Freuden und Leiden, in allen ist man sich dadurch gleich, daß man an einem gegebenen Zustande trägt und daß das Heimweh in jeder Menschenbrust, die Sehnsucht nach Höherem, Besserem keinen ermüden und keinen ruhen läßt. Bin ich drunten, so sage ich: ich gehöre in jenes Haus. Dabei denke ich schon an jeden Winkel in demselben, und jeder Winkel erzählt mir etwas. Hier heißt es: ich gehöre in dieses Tal – dann verschwindet augenblicklich alles Besondere, und ich sehe mich nur noch arbeiten und sehnen und hoffen mit den anderen. Alles wird erträglich, wenn man's mit anderen trägt oder als die natürliche Folge eines Vorherigen erkennt, und bedenkt, wie wenig ein vollkommen befriedigter Zustand dem noch ungeläuterten Menschen zur Veredlung nützte, und wie viel er zur Unterdrückung der gleichberechtigten Mitmenschen beitragen würde.«

Wir setzten uns auf einen moosbedeckten Stein und schauten ins Tal hinab. Die Leute waren wieder aus der Kirche gekommen, und ein bläulicher Kaffeerauch lag ob ihren Häusern, in dem ich allerlei Gestalten auftauchen, sich erfassen und miteinander herumtanzen sah.

Es war so still, daß wir die Dorfmusikanten eine lustige Weise spielen hörten. Wohin sie zogen, sahen wir nicht.

»Ein Gruß aus dem Tal«, flüsterte Nanni.

»Nicht nur aus dem Tal«, sagte ich. »Auf den Wellen der Töne wird schnell überall hinaus, und bis in des Ärmsten Hütte hineingetragen, was den gottbegabtesten Geistern aller Zeiten in Stunden der Weihe geoffenbart ward, und alle können es verstehen. Ich möchte gleich eine Rede über die Musik und besonders über die große volkserziehende Mission des Liedes halten.«

»Ei, tue das«, bat Nanni.

Und ich stand auf, hielt meine Rede. Es war die erste, und ich stockte nicht, bis mein Auge Nannis leuchtendem Blicke begegnete. Dann aber war ich plötzlich still, und neben uns flogen zwei Vögel auf, welche gelauscht zu haben schienen.

Wir reichten uns die Hände. – Zum ersten Male.

Die Alp, welche wir zu erreichen uns nicht besonders beeilten, hieß der Sattel. Sie lag auf dem Rücken eines Berges, von dem sich im Westen, der Kanisfluh gegenüber, der Liggstein wie ein Roßkopf über dem Achtal erhebt. Die Alphütte lag in einer Schlucht, und wir wunderten uns nicht, die Tür geschlossen zu finden. Auch ich pflegte auf unserem Älpelein jeden Sonntag, wenn ich Zeit hatte, die Stelle aufzusuchen, wo die beste Aussicht über die Dörfer des Innerbregenzerwaldes war.

Sobald ich jauchzte, sprang der Schneider – jetzt der Senn – in seinen schweren Holzschuhen so schnell von einer felsigen Anhöhe herunter, daß ich beinahe Angst hatte. Während wir uns begrüßten, machte Nanni Feuer an, und noch plauderten wir gar nicht lange, als sie uns schon zu einem Heideldum (Rahmkaffee) in die Hütte rief. Diese war so dunkel und eng, als es eine Alphütte nur immer sein kann.

Die Fensterlöcher in den Wänden, aus jahrhundertalten Stämmen lose aufgestrickt und mit Moos beschoppt, waren zu klein, als daß ein Mensch hätte den Kopf hinausstecken können. Und hier, in dieser dunklen Stube, in der engen Sennerei und im niedrigen Stall mußte Nanni den größten Teil der Zeit verbringen! Ich bedauerte sie. Da sah ich in einem Winkel die kleine Ziehharmonika und einige Bücher aus meiner Bibliothek. Jetzt ward es immer heller in der Stube. Ich lachte und scherzte und fühlte mich behaglich, während wir beim dampfenden Heideldum saßen und uns die frischgerührte, goldgelbe Butter schmecken ließen.

Als das wackelige Tischchen wieder abgeräumt war, nahm Nanni die Harmonika zur Hand und spielte meine Stücke so genau, daß mir dabei die Finger unwillkürlich zu jucken begannen. Selbst was ich sie nie gelehrt hatte, gab sie so treu wieder, als ob sie es vom Blatt abspiele. Als ich mein Erstaunen hierüber aussprach, sagte der Schneider: ihn nehme das gar nicht wunder; in jeder freien Viertelstunde lese, schreibe und harmoniere sie, als ob es das ewige Leben gelte.

»Was schreibt sie denn?«

»Du mußt sie selber fragen. Ich hab' nie etwas davon finden können, so daß ich glaube, sie trag' es – da hier in der Hütte kein verstecktes Plätzlein ist – beständig mit sich herum.«

Nanni schlug errötend vor, ein wenig aus der Hütte zu gehen. Draußen auf dem Hügel sei die herrlichste Aussicht, aber schon färbten sich die Berge, und bald breite sich ein dunkler Schleier über die Täler aus.

Wir brachen gleich auf. Es war herrlich draußen auf dem Hügel. Gleich unter uns zogen sich die Häuserreihen von

Schnepfau und Hirschau längs der glänzenden Ach hinaus. Dort rechts in Bizau, der Heimat von Nannis Mutter, läutete die Feierabendglocke. Welche Erinnerungen hätten diese Klänge jetzt in ihr wach rufen müssen! Alles da drunten wäre ihr lebendig geworden. Mir aber war Reuthe, dort ganz unten, wichtiger. Dort stand die erste, älteste – Reuthe liegt bei Bezau am Eingange des Tales gegen Bizau – Kirche des Innerbregenzerwaldes, freundlich winkte sie Grüße frommer Vorfahren zu uns herauf.

Wie mag ihnen zumute gewesen sein, wenn sie sonntags aus all den Tälern sich da zusammenfanden? Wenn man sich so nach den kleinen Sorgen des einsamen Werktagslebens hier zusammenfand und sich in der Gesamtheit fühlen lernte, mußte das fast in jedem eine Stimmung wecken, wie den Juden ihr Osterfest, wo alle, die zum Volke gehörten, sich in dem einzigen Tempel versammelten. Jetzt hatte jedes Dorf seine Kirche. Man blieb daheim und sah das Nachbardorf zum Stubenfenster hereinkommen, wie Nanni zuweilen die Häuser drüben über der Ach. Ich hätte mit den Alten einen Blick in die jetzige Zeit tun mögen.

Mellau lag bereits in Dämmerung, und ein regenbogenartiger Schleier schwebte über den Häusern. Er hob sich immer höher und breitete sich weiter übers Tal und hing sich an die Spitzen der Berge, von denen einzelne Zacken ins endlos Blaue hineinragten. Es war uns, als ob auch wir uns erhöben, als Himmel und Erde sich errötend zu umfangen begannen. Wenn Beten mit dem Allgeist reden, vertrauensvoll dem Nahegefühlten – ach, das Wort paßt nicht – dem Allgegenwärtigen erzählen heißt, dann hab' ich gebetet; aber ohne Worte. Reden konnte ich nicht und Nanni auch nicht. Dem Schneider war's langweilig neben uns, und er ging in die Hütte zurück.

Als wir endlich nachkamen, hatte er seine zwanzig Kühe mit Hilfe des Pfisters bereits in den Stall gebracht. Ich half melken, und so waren wir damit ziemlich bald fertig. Aber jetzt ging erst noch das Sennen an. Gegen Ende des Sommers hat man nämlich bedeutend weniger Milch. Da aber der Senn seinen Käsen so ziemlich die gleiche Größe geben will, muß er in kleineren Alpen mehrere »Melketen« zusammen nehmen. Wird nun mit drei Melketen einmal gesennt, so geschieht das Sennen, da man täglich nur zweimal melkt, jeden zweiten Tag am Abend und den dritten gar nicht. Den morgigen Tag hatte also der Schneider frei, und er versprach, mich ein Stück heimzubegleiten, wenn ich ihm heute wachen helfe.

Das nun tat ich vom Herzen gerne, da ja Nanni sicher auch aufblieb. Wir drehten ihm abwechselnd das Butterfaß und halfen sonst, was wir konnten. Dabei aber fanden wir auch Zeit, beisammen in der Stube zu sitzen, wo mich dann das Mädchen ihre Tagebücher sehen ließ, die sie in dieser Einsamkeit mit Bleistift schrieb. Die kleinen Heftchen enthielten kurze Gedichte, Urteile über Bücher und Menschen, kleine Erlebnisse und große Gedanken darüber und manches beglückende Wort an den fernen Freund. Hier lasen und plauderten wir, während draußen das Feuer prasselte, der fleißige Senn sang und nebenan im Stall die Glocken der wiederkäuenden Kühe leise zusammenläuteten. Ich weiß gar nicht, wie der Senn es machte, daß er mit seiner Arbeit in so kurzer Zeit fertig war. Gewöhnlich braucht man zum Sennen und aller Arbeit, die dabei und gleich hernach getan werden muß, wenigstens vier Stunden. Ich hätte gerne nach der Uhr gesehen, um zu wissen, wie lang er denn brauchte, aber es war keine da. Ungemessen rauschte die Zeit hier vorüber und nur von den Forderungen des Augenblickes bestimmt.

Da wir die Tagebücher bereits durchgesehen hatten, war uns die Gesellschaft des aufgeweckten Burschen durchaus nicht unerwünscht. Ich bekam wie gewöhnlich mit ihm sogleich einen kleinen Streit. Er sagte beim Hereintreten: »Aber das stimmt wunderlich zusammen! Ihr redet vom Göttle und vom Klopfstecken und von solchen Stutzköpfen, und dazwischen schellen die Kühe, klingt der Milchkessel und klappern die Milchgepsen und rumort das ganze Bauerntum, als ob es euch auslachen wollte.«

»Das«, antwortete ich, »geht wohl nicht so scharf gegeneinander, als es dem ersten Blicke scheint. Eins kann und soll das andere ergänzen. Das Denken und Streben derjenigen, die auf der Höhe der Kultur standen, darf uns nicht verloren sein, wenn wir keine toten Räder in der Maschine bleiben wollen. Du findest wohl nichts Besonderes mehr darin, wenn der einsame Küher ein Lied von unseren Dichtern singt und sich dadurch auf eine Höhe gehoben fühlt, von der vielleicht sein ehemaliger Schulmeister keine Ahnung hatte. Das Gefühl der Edelsten spricht im Lied schon jetzt zu allen, durch Gutenbergs Kunst hat nun auch der Gedanke seinen Mittler gefunden. Ich sehe eine Zeit kommen, wo der Bauer mit in die Kulturströmung hineingezogen wird, während er sich jetzt noch wie ein Bleigewicht an jeden Fortschritt hängt, weil er – und zu seinem Schaden – statt das Gemeinsame nur bloß das Trennende aufsucht und hervorhebt.«

Nanni wiederholte einzelnes aus meinem Vortrag über das Lied. Wir plauderten und stritten lange, und es ging schon stark gegen Morgen, als wir uns unters Dach auf den duftenden Heustock begaben, wo der Pfister vor dem Schlafengehen jedem ein eigenes Nest gemacht hatte. Diese Nester waren so nahe beisammen, daß ich und Nanni unsere Hände ineinander legen konnten. So schliefen wir ein. Das Klingen der Kuhschellen unter uns im Stall wurde mir nach und nach Glockengeläute. Ich und Nanni gingen mitsammen zur Kirche. Sie hatte das Schappale auf wie bei der Prozession und war – was ich wachend nie zu denken wagte – meine Braut. Jetzt aber sah ich mich wieder unterm Dach im Heu und hatte ihre Hand in der meinen, trotzdem hörte ich noch immer jene Musik, welche mir im Traum zur Kirche voranging. War vielleicht auch das nur Traum, daß ich mich bei ihr in der Alphütte befand und ihre Hand in der meinen hatte? Oder umschwebten uns Geister in dieser Einsamkeit?

Hellwach war ich, und auch der Schneider und Nanni erwachten und richteten sich so erstaunt horchend auf wie ich. Eine Sekunde später kletterten wir die Leiter hinab und eilten vor die Hütte. Der Schneider ging voran und hatte nun die Freude, mehrere Alpknechte aus der Nachbarschaft begrüßen zu können. Der eine spielte dieses, der andere jenes Instrument, und gestern hatten sie verabredet, heute eine kleine Wallfahrt über die Berge auf die kleinen Alpen des Vorderbregenzerwaldes, hart an der bayerischen Grenze, zu machen. Dort gab es noch lustige Sennerinnen, von denen ein gutes Wort und ein Glas Kirschenwasser zu erwarten war. Einzelne von diesen Burschen kamen schon mehrere Stunden weit und hatten andere auf dem Wege mitgenommen. Auch den Schneider wünschte die lustige Gesellschaft bei sich zu haben. Ich sah wohl, daß er Lust zum Mitgehen hatte und rückte daher mit dem Antrage heraus, heute für ihn einzustehen. »Ich habe nichts dagegen und da die Blauäugige sicher auch nicht«, sagte er mit einem eigentümlichen Lachen, während er in die Hütte eilte, um sich etwas besser anzukleiden.

Nanni hatte wirklich nichts dagegen. Lächelnd sah sie fünf Minuten später den Fortziehenden nach. Die von ihnen gespielten Weisen verhallten in den Bergen, und die Vögel begannen ihre Spottlieder über den wunderlichen Lärm. Dann war's wieder ganz still.

Der gestrige Tag war für mich ein wahrer Glückstag; der heutige wurde noch schöner. Wir blieben fast immer allein, denn der Pfister hatte zuerst immer mit den weidenden Kühen zu tun und dann auch die Ziegen zu beaufsichtigen. Unsere Hauptarbeit war vormittags das Melken. Sonst hatten wir wenig zu tun, Nanni wollte diesen Tag »feiern«, und wir saßen die meiste Zeit auf dem Hügel ob der Hütte. Die Sonne schaute freundlich vom tiefblauen Himmel auf uns herab. Kein Bächlein rauschte, kein Blatt flüsterte, kein Wesen regte sich mehr, als einmal die Kühe im Stall waren und in den Wäldern um die Alp herum die Vögel zu singen aufhörten. Nur wir plauderten. Es klang ganz eigen in dieser Stille. Mir war's, als ob ich vor Gott stehe, und um alles hätte ich keine Unwahrheit behaupten können. Ich wog die Worte nie so gewissenhaft als jetzt. Zu sagen hatten wir uns viel, und alles war wichtig. Nanni erzählte, ihr habe geträumt, daß ich dableiben würde. Ich wagte nicht, etwas von meinem Traum zu sagen. Als ich besorgt von dem Gerede sprach, in welches uns die Musikanten bringen könnten, meinte die Nanni: die Alpknechte entwöhnten sich das Klatschen. In diesen Höhen verschließe man sich ganz oder lerne, sich neidlos an nichts mehr so wie an fremdem Glücke zu freuen.

Ein Wort gab nun das andere. Wir wollten gleichgiltig bleiben gegen das, was Gret und Hans etwa munkelten. Es wurde sogar ausgemacht, am 28. August – der Auer Kirchweih – in Sonnenwirts Tanzsaal öffentlich als Paar aufzutreten.

Wunderbar ward mir zu Mute, als wir, da die Sonne von der Mittagshöhe brannte, mitsammen der Hütte zuschritten. Wir gingen durch den Stall hinein. Die Kühe machten große Augen auf mich und sahen dann wieder nach der offenen Stalltür, ob nicht auch der Schneider mitkomme. Nanni gab mir ein Messer und bat mich nun, während sie koche, meinen Namen und die Jahreszahl und das Datum in eine Wand zu schneiden, damit doch dieser schöne Tag sein Denkmal habe.

Ich tat es.

Zum erstenmal waren wir allein beisammen am Tisch. Wir aßen wenig und saßen lang, wir plauderten selten, und doch fiel das keinem auf.

Nachmittags machten wir einen Spaziergang auf den Liggstein. Über die Ach und ihr Tal herüber grüßte die stolze Kanisfluh. Sie stand freilich viel ferner, als es schien, aber doch nahe genug, um die Luftströmung der beiden Täler vor und hinter dem Schnepfauer Walde zu brechen. Man konnte seinen Hut über den Liggstein hinaus werfen, die Luft ließ ihn nie hinab. Ja sogar ziemlich große

Holzstücke wurden wieder nach oben auf die grüne Ebene hinauf gebracht. Da tief unten in blauem Dufte zog die Ach hinaus. Hören freilich konnten wir sie nicht. Zuweilen meinten wir es wohl, aber es war nur Einbildung, wie wenn wir beim Überblicken der Dörfer viele viele Menschenstimmen zu hören glaubten. Wie mußte es da vor tausend Jahren ausgesehen haben, als ringsum noch lauter Wald war und niemand arbeitete und liebte und sorgte, niemand die Ach tosen hörte als vielleicht ein einsamer Jäger? Da gleich unter dem Liggstein, nahe dort, wo jetzt sich der stolze Kirchturm von Au erhebt, stand ein kleines fürstliches Jagdhaus, und der Ort hieß Jaghausen. Von hier aus zog man nach *Schnepfau, Hirschau, Petzau* auf die Jagd. Dann kamen Menschen, Flüchtlinge aus dem Schwarzwald, und setzten sich zuerst an höheren Orten fest, bis sie Werkzeuge und Arbeitsvorrat hatten, die fruchtbarere, aber eben darum noch bewaldetere Niederung für ihre Herden zu gewinnen. Liebe und Sorge machte den Boden fruchtbar, das Gefühl der Verlassenheit ward den Zerstreuten zum starken Band der Freundschaft, bis die Kirchenglocke sie zusammenläutete. Vor sechshundert Jahren wurde das Ländchen durch die erste Straße mit sich und mit der Welt verbunden. In den vielen Auen erhoben sich stattliche Kirchen bis hinein in die obere »Au« – zur obern Au – welches nach und nach in »Schoppernau« verhunzt worden ist.
Auf so einer Höhe kommen einem wirklich die Menschen, ihre Wohnungen und all ihr Tun recht klein vor. Man will über Zeit und Raum hinaus. Es ist einem auch, als ob man ein geheimnisvolles Rauschen aus der Vergangenheit höre und längst Geschiedenen die Hände reichen könne, wenn man neben einer Riesentanne steht, die sie als zartes Bäumchen gegenüber der Urgroßmutter unserer Ziegen beschützten. Mir wenigstens war es jetzt so. Früher freilich, als ich noch die Ziegen auf unserem Älpelein hütete, beschäftigten meine Gedanken sich weniger mit anderen als mit mir selbst. Ich mußte heute an diesem Platz besonders lebhaft an jene

Zeit denken. Ich erzählte meinem Mädchen, wie ich da, nach Gedanken suchend, stundenlang tropfnaß im Nebel auf einem Felsen saß. Wie unter allen Gedanken mir der liebste der geworden, daß ich jeden Augenblick Herr über Leben und Tod wäre.

Das Mädchen erfaßte mich erschrocken und hielt mich fest. Ich schaute ihm ins klare Auge. Schweigend standen wir auf des Felsens höchster Spitze und hielten uns umschlungen. Gottes Sonne schaute freundlich von seinem Himmel auf uns herab.

Das hätte ich nie geglaubt, daß einst aus dem fruchtlosen Herbst jener Nebeltage heraus mir die Seligkeit des ersten Kusses erwachsen würde.

Die Schatten fingen an zu wachsen. Wir sprachen vom Heimgehen, blieben aber noch lange da, um die ganze Umgebung uns unauslöschlich ins Gedächtnis einzuprägen. Ich hatte das Gefühl, daß wir nie mehr beisammen auf diesem Platze sein würden. O Gott! wir Menschen sind doch klein, und unsere Tage vergehen so schnell – wenn man auch ein biblisches Alter erreicht!

In wehmütiger Stimmung kehrten wir in die Hütte zurück. Nanni machte mir noch einen Heideldum. Bis er auf dem Tischchen stand, kam auch der Schneider mit seinen lustigen Gefährten. Wir scherzten und tanzten noch eine Weile und machten uns dann jauchzend auf den Heimweg.

Ich ging nicht so schweren Herzens aus der Alp als vom Liggstein, wo ich vielleicht ahnte, daß wir zum ersten und letzten Male dort waren. Aus der Alp trug ich Nannis Bild heiter in meiner Seele mit und ging froh und freudig der Heimat, der Zukunft entgegen.

XXII.

Von der Auer Kirchweih könnte ich wieder viel erzählen. Nicht etwa nur, wie da die jüngeren Leute aus dem Hinterwalde zusammenkamen, wie sie sich suchten und mieden, betrübten und erfreuten. Für das alles hatte ich heute kein Auge mehr, denn ich ging mit Nanni zum Sonnenwirt. Wie eng es war, wie lustig es zuging, wir vergaßen doch nicht, daß heute Goethes Geburtstag sei, und es war, als ob der große Geist uns umschwebte und unser Gespräch lenkte. Wahrhaftig, was ich heute erlebte, war schon wert, daß die Leute hernach ein wenig redeten, wenn's auch nicht gerade zu meiner Erbauung ausfiel.

Am Reden fehlte es denn auch wirklich nicht. Da wollte man jetzt gesehen haben, wohin diese einfältige Leserei führe. Ein ordentliches, hübsches Mädchen vergaß dabei seiner selbst so sehr, daß es sich an einen Menschen hing, der weder ein rechter Bauer noch auch nur ein halber Herr, zu witzig zum Gehorchen und zu dumm zum Befehlen war. Mit Mädchen sollte nichts zu tun haben, wer nur den Gelehrten spielen und sein Geldlein auf Bücher verwenden wolle. Das ja sei meine Liebschaft, und ich wäre keine bessere wert. Ein bettelarmes dummes Ding, dem ich kein Ansehen, keine schöne Zukunft verdürbe, müßte man mir überlassen, da könnte man sagen: wie der Käufer, so die Ware; aber diesem Mädchen müsse man mit einer Zange die Augen öffnen, wenn es etwa sonst gar nicht mehr sehen sollte.

Damit nun schien der Anfang sofort gemacht werden zu sollen. Wir gingen etwas nach zehn Uhr bei lieblichstem Mondschein in Nannis nahe Wohnung zurück. Kaum waren wir in der Stube und hatten Licht, als wild an die geschlossenen Fensterladen geklopft wurde. Wir taten gleich auf.

Jedes Paar muß derlei Störungen sich gefallen lassen, und an Kirchweihtagen und Hochzeiten sind sie unvermeidlich. Jene Burschen, die selbst kein Schätzchen heim zu bringen haben, wollen doch sehen, wie die anderen es treiben und was für ein Gesicht sie zu ihrem Glücke machen. Singend ziehen sie in den Dörfern herum und suchen Häuser mit geschlossenen Fensterläden, um die Paare dahinter zu belauschen, oder aber sich mit verkehrter Stimme mit ihnen zu unterhalten. Ich hatte das auch schon mitgemacht. Zwar nicht häufig, aber doch oft genug, um das Bräuchliche zu kennen. Man pflegt die Paare ein wenig zu necken, aber was ich zu hören bekam, schien mir denn doch mehr als Scherz. Einer meinte: dieses Mädchen wäre mit seinem Burschen im Ehestande bei weitem nicht so schlimm dran, als in allen Winkeln herum behauptet werde. Das Wasser könne es gewiß noch weinen, wenn der Herr vor Lesen keine Zeit finde, solches vom Brunnen zu holen; das Mehl könne es aus den wurmstichigen Wänden seiner Hütte herauskratzen; Prügel zum Kochfeuer werfe er ihm bald nach, und an Papier fehle es auch nicht, um später gebetteltes Schmalz darin einzuwickeln. So und noch ärger ging es fort. Ich schrieb der Kirchweihstimmung etwas zu und ließ mir lange alles gefallen. Zuletzt aber trumpfte ich sie so unbarmherzig ab, daß Nanni ängstlich wehrte. Sie meinte, in einem fremden Dorfe müsse man sich viel gefallen lassen, wenn man keine Schläge wolle. Mir wären jetzt Schläge lieber gewesen als Reden, wie Wein, Haß und die wüstesten Leidenschaften zusammen sie hervorbringen konnten. Später wurden wir von einer gemütlicheren Gesellschaft gestört. Es waren auch Schoppernauer dabei, die sich mir zu erkennen gaben, und mit denen ich dann fröhlich heim ging.

Später lernte ich Ärgeres ruhig hinnehmen, als was ich an jenem Abende hören mußte, und ging mir einmal etwas gar zu Dickes im Kopfe herum, so nahm ich die Harmonika und machte meinen Lieblingstanz, der mir von der Kirchweih im Gedächtnis blieb und schon am folgenden Tage mit ziemlicher Fertigkeit gespielt wurde.

Hätte ich nicht schon in kurzer Zeit – besonders den folgenden Herbst hindurch im Vorsaß – die Wahrnehmung machen müssen, daß das Geschwätz böser, neidischer Leute über mich auf Nannis Geschwister einigen Einfluß hatte, so würde es mir immer gleichgiltiger geworden sein. Hier, wo so weniges geschieht, pflegt sich das Tagesgespräch rein aus Stoffmangel auch mit der Zukunft jedes einzelnen zu beschäftigen. Jedem wird sein Lebensweg haarscharf vorgezeichnet, wobei man seine bekannten Verhältnisse und guten oder schlimmen Eigenschaften als bleibend ins Auge faßt und nach Belieben vergrößert oder verkleinert. Erwünschte Fähigkeiten, Ansehen und Wohlstand werden jedem das Maß seiner Bahn, und wehe dem, der sich über die gesetzte Grenze hinauswagt! Man will natürlich nicht falsch gerechnet haben und verdammt lieber die gewordene Tatsache, als daß man seinen Irrtum eingestehe. Ich kenne ein reiches Mädchen, welches seine Neigung stark genug machte, einen armen Burschen gegen den Willen der ganzen kuhstolzen Verwandtschaft zu heiraten. Das Paar blieb im beständigen Krieg gegen seine Feindin, die öffentliche Meinung. Diese fand die Sache nie in Ordnung und behandelte das Paar so ungleich, daß sich zwischen den beiden wirklich nach und nach der Riß auftat, der anfänglich nur in der Einbildung vorurteilsbefangener Leute vorhanden gewesen war. Auch mir hatte man meinen Lebensweg vorgezeichnet. Ich sollte einsam leben, tolle Streiche machen und nach und nach – allen Leseliebhabern zum warnenden Beispiel – ein rechter Lümmel werden. In einem Liebesverhältnisse mit einem ordentlichen Mädchen vermochte mich kein Mensch zu denken. Darum war es auch vielen gar nicht recht, und sie taten alles mögliche dagegen. Andere aber, die mir wohlwollten, konnten sich recht herzlich darüber freuen. Das waren solche, die mich besser kannten und glaubten, daß ich von lieber Hand mich leiten lasse. Es gab auch außer den Oberhausern solche Leute im Land. Erst die Kirchweih und der aus ihr entstandene Lärm verhalf mir zu dieser Entdeckung. Teils waren darunter solche, die auch schon unter der öffentlichen Meinung Unrecht zu leiden glaubten, teils meine Freunde aus dem Vorsaß und ihre Kreise; dann auch andere, mit welchen ich schon zu tun hatte, unter denen ich besonders unseres Vorstehers erwähne, der jetzt mich die »Augsburger Allgemeine«, die er aus zweiter Hand hatte, um ein sehr Billiges lesen ließ. Unter den zuerst Genannten hielt ich mich besonders an die jungen Musikanten in Au. Es waren sehr talentvolle Bursche dabei, die für Errichtung einer anständigen Kapelle um so mehr opfern und kämpfen mußten, da der neumodische Gedanke einer allgemeinen »Spielbettlerei« nur allgemeine Anfeindung fand. Der junge, fleißige Kapellmeister Greußing, welcher seine musikalische Ausbildung fast nur dem eigenen Fleiße verdankte, mußte anfangs beinahe verstohlen Unterricht geben. Nach und nach bildete sich unter seinen viel angefochtenen Schülern eine Art Verein zu Schutz und Trutz. Einige dieser Sonderlinge hatten sich schon an der Kirchweih zu mir gestellt, wenn andere mich neckten; später wurde ich durch sie auch mit den übrigen bekannt. Bald standen wir überall für einander ein. Die neue Musik in Au war mir wirklich ein Gruß aus dem Tal, wie Nanni auf dem Wege zum Sattel gesagt hatte. Unser Verhältnis gewann eine Innigkeit, die den Bauern um so mehr Angst machte, da sie unseren Kreis immer wachsen sahen, sobald ein fester Punkt geschaffen war, von dem aus öffentlich Pfeile gegen starre Vorurteile geschossen wurden. Stets kamen mehrere herbei, die allein und für sich nicht den Mut hatten, als Sonderlinge zu gelten. Durch mich und mit mir wurde die Gesellschaft laut. Ich muß aber schon gestehen, daß ich erst durch den Gedanken an meinen Rückenhalt den rechten Mut, und durch die Sorge, ihn zu verlieren, die nötige Vorsicht gewann. Wir pflegten uns oft, aber nicht regelmäßig, bei der wackern Rößlewirtin zu versammeln. Das freundliche Herrenstüble wurde immer voller von solchen, die es wenigstens gern hörten, wenn's einmal tüchtig über längst veraltete Meinungen und ihre verknöcherten Götzen losging. Jeder teilte selbst gemachte Erfahrungen mit. Es wurden in unserer wortreichen Mundart kurze und längere Reden gegen erkannte gesellschaftliche Übelstände gehalten, wobei es nicht an Belegen mit lächerlichen und traurigen Beispielen fehlte. Wer, wie wir zu sagen pflegten, wieder einer Dorfgröße im Kaffeesatze stecken blieb und also den Schweinen vorgestellt werden sollte, der war unser Schützling, für den wir fortan bei jeder Gelegenheit kräftig einstanden. Wir verteidigten durchaus nicht das Ungesetzliche, aber in Scherz und Ernst, ja zuweilen mit größter Leidenschaftlichkeit bekämpften wir jedes erkannte Vorurteil und jeden aus ihm entstehenden Eingriff in die persönliche Freiheit. Ich lebte neu auf und wurde eines der tätigsten Mitglieder dieser freien, frohen Gesellschaft. Hier vermochte ich mich von manchem Drückenden zu befreien, indem ich es in gefälliger Form zum Gemeingut machte. Auch anderen ging es so, und wir hatten die Freude, auch die Stillsten auftauen zu machen, so daß sie ganze Gedankenlawinen über die Kartoffeläcker des Philistertums verheerend niederdonnern ließen. Es läßt sich denken, wie dabei sich auch etwas Selbstüberhebung breit machte, da ja nicht nur unsere Jugend, sondern auch der uns verbindende Gedanke dazu führte. Es galt nichts anderes, als mit vereinter Kraft dem verknöcherten Bauerntum mit seinen religiösen und gesellschaftlichen Vorurteilen Trotz und Hohn zu bieten. Schon zwei Jahre später waren wir soweit, daß die damalige Gemeindevertretung von Au mit Hilfe des k. k. Bezirksamtes umsonst allerlei nergelnde Maßregeln versuchte.

Doch davon werde ich vielleicht später einmal erzählen.

Für jetzt muß ich vor allem des wackeren Dr. Walser gedenken, den ich auch zuerst im Herrenstüble der Rößlewirtin kennen lernte. Dr. Beck war nämlich schon früher nach Feldkirch gezogen, und man hörte nur noch, daß er dort glücklich verehelicht sei. Mir hatte die Abreise des geschätzten Mannes so weh getan, daß ich dessen Nachfolger gar nicht mehr kennen wollte. Sein erstes Erscheinen in unserer Gesellschaft freute mich nur, weil es ihr ein gewisses Ansehen gab. Später war ich glücklich, ihn jedesmal zu treffen und neben ihm auf dem Kanapee sitzen zu können. Er wußte manche jugendliche Ausschreitung leicht zu hindern, und war uns da bei allem Schönen und Nützlichen anregend und förderlich. Ich fühlte mich gehoben durch die Freundlichkeit, mit der ich von ihm behandelt wurde. Er brachte mich dahin, kleinere Gedichte vorzutragen. Die meisten waren in unserer Mundart geschrieben und sprachen hier besonders wegen ihres humoristischen Tones und der lokalen Färbung so an, daß sie vielfach abgeschrieben und auswendig gelernt worden sind.

Wie wir schon öffentliche Meinung zu machen anfingen, beweist der Umstand, daß mein Ruf ein halbes Jahr später mich zum Abdanker bei den meisten Hochzeiten machte, welche damals in Schoppernau und Au gefeiert wurden.

So stolz wie mancher neugebackene Schullehrer war ich auf diese Tätigkeit nicht, aber ich freute mich doch, einmal öffentlich auftreten und meine Ansichten aussprechen zu können. Merkwürdig war mir, daß fast alle Brautleute mich ängstlich baten, ja doch nichts Lächerliches vorzubringen, weil das an ihnen mit der Erinnerung an ihren Ehrentag fürs ganze Leben hängen bliebe. Mir fiel es gar nicht ein, so etwas zu tun, ich wollte im Gegenteil nach und nach allerlei recht Ernstes zur Sprache bringen, so daß meine Freunde am allerwenigsten besorgten, ich würde es zu lustig machen. Sie fürchteten vielmehr, ich werde mit dem Wichtigsten nach einem so überreichlichen Mahle nur Langeweile erregen in einer Gesellschaft von Hochzeitsgästen, die immer nur vom Zufall zusammengeworfen sei. Mich machte das nicht mutlos, die einzige Gelegenheit zum Aussprechen meiner Gedanken besonders über Liebe und Ehe, über gesellschaftliche Verbindungen, Kirche und Staat, vor Freunden und Gegnern gehörig auszukaufen. Wenn's nur bei einigen etwas nutzte; mochten die anderen immerhin tadeln – ich war ja nichts Besseres gewohnt.

Mein erstes Auftreten als Abdanker im Frühling des Jahres 1859 – und zwar im Hause des Rößlewirts zu Schoppernau – hatte denn auch einen bedeutend besseren Erfolg, als meine Freunde besorgten. Es gefiel besonders, daß ich ohne Stocken Pfarrerdeutsch sprach und in kurzer Zeit sehr viel sagte. Zu hochgestellt sollte es freilich gewesen sein; aber man nahm doch immerhin soviel davon mit heim als manches andere Mal aus einer salbungsvollen Predigt über das heilige Sakrament der Ehe, die ein Pfarrer seinem Schullehrer verstohlen aufschrieb. Die Oberhauser, welche mit gewesen waren und jeden Zuhörer ängstlich beobachtet hatten, versicherten mir, daß alles staatsmäßig gegangen sei. Mich freute diese Mitteilung, aber am besten doch nur als Beweis für die Treue meiner alten Freunde, die mich eigentlich nicht gerne in der wilden Gesellschaft der Auer zu sehen schienen. Am Beifall der Menge lag mir nicht mehr besonders viel. Ich hatte meinen gewählten Kreis, die übrigen Menschenkinder waren nur noch Gegenstände meiner Beobachtungen, und ich sah mit meinen Erwählten so ziemlich von oben auf sie herab. Tat auch einmal jemand freundlich gegen mich, so dachte ich kühl an Früheres, hielt ihm in Gedanken sein Sündenregister vor und ging. Nach meiner ersten Abdankung sah ich's manchem an, daß er gerne ein paar vertraulichere Worte mit mir gewechselt hätte, aber mich widerte das ordentlich an, und weil es noch ziemlich früh am Abend war und meine Freunde – deren Gesellschaft ich wünschte – sich in heiterster Stimmung nach Tänzerinnen umgetan hatten, ging ich nach Au zu Nanni auf den Strich.

Es war das erste und einzige Mal, wo ich unter ihr Fenster kam, um sie, dem Brauche gemäß, zu wecken und ums Aufstehen zu bitten. Es hätte das nicht viel Arbeit gemacht, wenn sie leichter zu wecken gewesen wäre. Ich wollte aber doch keinen Lärm machen, daß das ganze Haus davon erwache. Am Sims hinter dem Fenster mich festhaltend, auf welchem die Blumentöpfe standen, zog ich mich an der

Wand hinauf und wollte den Kopf ganz ins Zimmer stecken, um dann recht laut rufen zu dürfen. Doch dazu kam ich nicht mehr. Ritsch! brach das Sims, die Töpfe mit Nannis Lieblingen stürzten polternd ins Zimmer, ich selbst mit Ach und Krach auf den kiesbesäten Gartenweg.

Jetzt war Nanni geweckt. Durch wen das geschah, erfuhr sie zuerst durch den Schneider, welcher in seinem Zimmer mich längst klopfen und rufen hörte. Wen allenfalls das durch meinen Unfall oder vielmehr durch meinen Fall erregte Gepolter noch schlafen ließ, den mußte das wahrhaft unbarmherzige Gelächter wecken, unter welchem er in abgebrochenen Sätzen durch die Wand der Schwester zuschrie: »Es ist doch ein Glück, daß das der Franz Michel getan hat. Einem anderen tätest du dein Lebtag nicht mehr verzeihen.«

Ich muß gestehen, daß mich das noch nicht gut dünkte. Als aber bald darauf mir das flinke Kind bis in den Schopf mit dem Lichte entgegen kam, lachten wir beide herzlich über den kleinen Zwischenfall, und dann war er vergessen.

Das gute Mädchen freute sich mehr über meinen Bericht von der ersten Abdankung als ich selbst. Es sagte: »Ich wüßte freilich ohne das, wer du bist und was du kannst; aber auch die Meinen müssen es wissen und sollen es anerkennen, wider ihren Willen sogar. Du mußt Boden bekommen, daß du allen werden kannst, was du dem Kreise deiner Freunde bereits bist. Ich begreife ganz leicht, daß das heutige bißchen Erfolg dich den Krauskopf noch nicht höher tragen läßt, mir aber mußt du schon erlauben, mich recht kindlich daran zu freuen. Ich habe das wahrhaftig not, damit ich stark bleibe im Kampfe für unser Verhältnis, der mir täglich und stündlich währt. Früher hattest du nur Abgeneigte dir gegenüber, seit du aber einem bestimmten Kreise angehörst und seine Bestrebungen teilst, hast du viele Gegner, die alle erdenklichen Schritte wider uns für Parteisache halten. Einer kommt und besorgt das Schlechteste für mein leibliches, der andere für mein geistiges Wohl, und Gutes hört man gar nichts. Ist's da ein Wunder, daß auch die Meinigen zweifelhaft werden, da sie dem Treiben eurer wilden Gesellschaft abgeneigt sind?«

Das Mädchen legte mir seine Tagebücher vor. Sie waren voll Klagen. Da man im Lesen und Schreiben gleichsam ein Band sah, welches das Mädchen an mich fesselte und über den elenden Dorfklatsch erhob, wollte man ihm sogar diese Freude nicht mehr unangefochten gönnen. Ach Gott, ich hatte diesem Kinde nicht nur seine Blumentöpfe verdorben, als ich bäurisch zu ihm kam, sondern auch seine Bücher hatte ich ihm als Büchermensch zerstört! Hatte ich denn eine so unglückliche Hand, daß alles schlecht geführt wurde, was sie liebend umfassen wollte? Ich wollte dieses edle Wesen nur glücklich machen, und was war durch mich aus ihm geworden? In wehmütigster Stimmung nahm ich von der Weinenden Abschied. Auf dem Heimwege frug ich mich: warum denn dieses edle Wesen soviel ausstehen müsse? Ich ersann keinen Fehler, der etwas an ihm unganz machte und Platz für das Gefolge menschlicher Schwächen ließ. Daß das Erdenelend sich ans Gemeine hängt, fand ich in Ordnung, mich hatte noch jede trübe Erfahrung zu einer neuen Erkenntnis gebracht oder in irgend einem Stücke gebessert. Wenn aber auch sie ganz Gemeines leiden mußte, dadurch aber nicht gebessert, sondern vielmehr niedergedrückt wurde, so konnte das nur von dem Kranken in unserem Gesellschaftskörper kommen, woran jeder einzelne mitleiden und mittragen mußte. Endlich glaubte ich das Richtige zu erkennen. Überall sah ich die Selbstsucht des einzelnen roh und künstlich genährt. Von den meisten Kanzeln aus wurde mehr oder minder gegen Fortschritt und Aufklärung gepredigt. Die geistige Arbeit galt rein nichts, wo sie nicht mit Privilegien und Titeln auftrat. Wir Hitzköpfe hatten einen viel größeren Kampf angefangen, als wir ahnten. Alle Zünftigen, alle Behaglichen und alle, die fürderhin in dem durchlöcherten Gesellschaftsbau ein Nestlein machen wollten, hatten wir gegen uns, denn sie alle standen ein fürs liebe

Alte und für die Allmacht des Talers. Wie viele von den harmlosen Musikfreunden, die gern über ihre Gegner lachten, blieben wohl noch fest, wenn sie einmal das Ganze so klar als ich jetzt zu übersehen vermochten? Ich sah einen nach dem andern abfallen und mein Häuflein am Tage der Entscheidung zusammenschrumpfen. Nun gut, es sollte klein werden wie Gedeons Heer, denn nur mit den Tüchtigsten konnten bessere Zustände geschaffen werden. Jetzt war's noch den meisten um persönliche Geltung zu tun, um die Sicherung ihrer Selbstherrschaft. Sie konnten unmöglich anders sein, denn sie wurden von Gesetzen und Lehrern dazu erzogen. Sicherten doch die meisten gerichtlichen Verordnungen den Angebern ihrer Übertretungen die Hälfte der angesetzten Strafsumme zu. So hetzte man Nachbar gegen Nachbar, tötete allen Gemeingeist und baute Ordnung und Recht auf schäbigen Eigennutz, den saftlosesten aller menschlichen Fehler. Keiner traute dem andern, denn alle waren durch die geistliche und weltliche Regierung zu Aufpassern und Angebern gemacht, so daß die Tüchtigsten sich scheu abschlossen und dem Volke die beste Kraft verlorenging, wo sie sich nicht seiner Entwicklung feindlich gegenüberstellte.

Nicht nur diesen Abend, sondern auch in den folgenden Tagen und Wochen beschäftigte ich mich viel mit solchen Gedanken. Ich sah das Volk einem Tiere gleich von den gemeinsten Leidenschaften gefesselt und geführt. Von den Kanzeln aus hörte ich den Schacher mit Gott predigen. Das einzige, was den arbeitsmüden, sorgenbelasteten Menschen noch erheben und veredeln konnte, das Gebet, war zur Ware gemacht. Man betete nicht, um den Geist zu Gott zu erheben, sondern man arbeitete betend beim lieben Gott im Stücklohn. Ein Vaterunser nach dem andern wurde aufs große Kerbholz geliefert, als ob sogar die Kirche ihr Proletariat haben müsse. Überall sah ich das Volk gedrückt, und meine Verbitterung richtete sich mehr und mehr nach oben. Mit einem wilden Behagen sah ich dem Ausbruche des Krieges in Italien entgegen. Von unseren Geistlichen ward er ein Religionskrieg genannt, um die Begeisterung des friedliebenden Bauernvolkes zu wecken. Ich sah darin nur das gute Einvernehmen zwischen Staat und Kirche, denn ich konnte sogar die bedrohte weltliche Herrschaft des Papstes unmöglich für einen Glaubensartikel halten. Doch derlei Gedanken wagte ich nur meinem Tagebuch mitzuteilen, aus dem ich hier gleich einiges hersetzen will:

Am 1. Juni 1859.

Heute sagte ein Bauer dem andern: der Staat ist nur ein Stall, will mir scheinen, in dem man uns die Milch nimmt und unsere Jungen verwertet. Das Gleichnis paßt nicht, sagte ein anderer, denn zum Ziehen werden wir doch nicht im Stall abgerichtet, so wenig als unsere Rinder. Das tut man auf den blumigen Wiesen der Kirche, sagte ich und ging.

Es ist ein wahres Elend mit diesem Staatsbegriff, aber woher sollte ein besserer kommen?

Am 3. Juni.

Da sagt man immer, wer unser Feind sei? Der Italiener, der Franzose, der Preuße, der Protestant. Unser Feind ist, wer unsere naturgemäße Entwicklung hemmt, wer uns das nehmen will, was wir unter Vaterländischem verstehen. Wir aber sind die Feinde derjenigen, die wir auch mit so etwas bedrohen. Wenn aber beide Teile müssen – wer ist dann der Feind?

Am 6. Juni.

Im häufigen Verkehr mit der Bevölkerung wird mir klar, es hätten's viele nicht ungern, wenn bei dem bevorstehenden Krieg etwas Licht und Luft in die uns umgebende Doppelmauer geschossen würde. Dabei ist man aber doch erbittert auf den Feind, der unser Behagen stört, uns nicht mehr ruhig mit den Angehörigen schaffen und erwerben läßt.

Am 14. Juni.

Nun soll man zur Landwehr spielen? Man hört überall die Frage: was wir denn zu verteidigen hätten? Wer uns unser Los mißgönne und uns Bauern den Boden nehmen wolle, von dem wir Steuern und Abgaben und Zinsen abmühen müßten? Die Aufregung ist groß, außer dem Vorsteher würde es keinem gelingen, unsere Burschen zum Spielen zu bringen. Diese Aufregung sähe ich nicht ungern, wenn sie nur einen weniger gräßlichen Hintergrund hätte. Ich bin in Hopfreben, aber es ist gar nicht mehr, als ob man im Vorsaß sei. Von Tanzen und Springen ist keine Rede, und meine Zeitungen gehen von Hand zu Hand. *Sie* ist im Dorf draußen bei der kränkelnden Mutter.

Am 16. Juni.

Wie doch den armen Soldaten zumute sein muß! Früher konnte sich persönliche Tapferkeit zur Geltung bringen, jetzt entscheidet die Mordmaschine. Er ist nur noch Ware und nicht einmal so hoch geschätzt als ein gutes Roß. Es ist gut für ihn, daß man ihn mit einem eigenen Stolz umgibt. Für ihn ist das gut – aber für die Seinen? Für die Gesellschaft? Ich bin nicht so beschränkt, um bei einem reinigenden Gewitter bloß an meinen zerschlagenen Salat zu denken. Ich denke ans Allgemeine, und eben daher kommt meine trübe Stimmung.

Am 18. Juni.

Geheimste Soldatengedanken.

Ihr nennt mich einen Feigling, weil zurück
Zur Heimat Auge sich und Herz verlor,
Bis – ach! ihr Bild dem tränenfeuchten Blick
In lieblos kalter Fremde fast gefror.

Ja wohl, ich bin Soldat und muß wie ihr
Das Leben wagen; aber trugt ihr schon
Von je die Brust geschnüret – waren wir
Nicht alle früher Gatte, Bruder, Sohn?

Hat keine Hand die eure heiß gedrückt,
Als hinter euch die Haustür fiel ins Schloß?
Hat euch kein Auge weinend nachgeblickt?
Kein teures Weib – kein lieber Spielgenoß?

Wie ihren Stab hielt Mutter meine Hand
In der vom Führen müd' Geword'nen fest;
»Nur Mut, es gilt das teure Vaterland!«
So predigte der Nachbar aus dem Nest.

Wer zög' nicht gern fürs Vaterland in Kampf?
Doch wo ist er, der ihm Verderben schwur?
Es füllet alles sich mit Pulverdampf,
Ich seh' Maschinen, ach, und Knechte nur!

Wo ist mein Gegner? Zeigt ihn mir geschwind!
Der frech und ohne Grund den Frieden brach!
Ich seh' als Gegner mancher Mutter Kind,
Doch nur gezwungen geht's der Fahne nach.

Nun fehlt mir noch der Schluß, aber ich weiß ihn wahrhaftig nicht zu finden. Tröstlich wäre hier die Hoffnung, daß fast noch immer aus blutiger Saat eine neue Erkenntnis wuchs und Gemeingut wurde. Aber dieses Gedankens wäre mein Mann nicht fähig. Er ist zu selbstsüchtig, zu sehr ein Kind unserer Zeit. Darum soll er jetzt auch trostlos, unfertig vor den großen Ereignissen stehen bleiben. Wie, wenn jetzt das, was ich hier ausspreche, durch den Krieg allgemein klar würde? Wenn man einsehen lernte, wie schwer sich Knechte, bloße Knechte, für einen großen Gedanken begeistern! Wenn aber Österreich siegt, ist's auch gut für uns, besonders für den Käsehandel. Einige fürchten, daß die Regierung noch strenger würde, wenn sie siegte, ich besorge das nicht. Gut ist's nur, daß der Gesundheitszustand meiner Mutter mich wieder auf die Alp läßt, wo es dieses Jahr manche Lawine aufzuräumen gibt. Ich müßte nicht gerade gehen, aber ich will. Hier rede ich zu viel, seit man auf mich hört. Tun kann ich doch nichts hier, als die Aufgeregtesten mit Zeitungsartikeln beruhigen.

Am 15. September 1859.

Der Sommer ist vorbei und der Krieg auch. Ich bin froh. Mit dem Krieg hat Österreichs Regierung viel verloren, und ich habe unterdessen auch umsonst gearbeitet. Bei unruhigen Zeiten muß man sein Molken billig verkaufen, und der Käsehändler steckt den Profit ein – natürlich dafür, daß er etwas wagte. Jeder Erwerb unterliegt allgemeinen Gesetzen; dem Bregenzerwälder Milchwirt ergeben sich leider aus den hiesigen Verhältnissen gar keine günstigen Fälle. Es ist für die ganze Gegend hier herum nur ein einziger Käsehändler, dem die ängstlichen Bauern trauen dürfen. Der hat Geld und bestimmt die Preise. Was will man gegen ihn machen, wenn sie nach dem Preise der Güter und Alpen, die nicht er regelt, auch viel zu klein sein sollten? Verkaufen muß der Bauer und kann doch nicht selbst auf den Weltmarkt. In einem mittelmäßigen Jahrgang habe ich von der Alpenwirtschaft, wenn ich den Zins und alles abrechne, rein nichts, und muß doch so gut mein alles wagen dabei als irgend ein Käsgraf. Ich schätze die Alp. Sie gehörte meinem Vater. Aber jetzt würde der mir selbst raten, sie zu verkaufen. Es ist das auch bei mir eine beschlossene Sache. Die Kühe, die ich nicht selbst wintern kann, will ich zum Verkauf nach Schwarzenberg auf den Markt nehmen.

Wenn man die letzten zwei Aufsätze miteinander vergleicht, so sieht man, wie ich auf der Alp wieder zu mir selbst und meine Gedanken in engere Verhältnisse zurückgekommen waren. Die Not macht eng und kleinlich. Ich besuchte jetzt auch meine Gesellschaft beim Rößlewirt in Au viel seltener, um einige Batzen für Bücher zu ersparen. Die Mutter hatte recht: Alles nebeneinander erlaubten unsere Mittel uns nicht. Zum Verkaufen meines Teiles an der Alp gab sie ihre Einwilligung nicht halb so ungern, als ich erwartet hatte. Auch Nanni war mit mir einverstanden. Ihre Geschwister meinten: ich tue nur ganz recht, da ich doch nie wahre Lust zur Sache bekommen werde. Es lag ein Vorwurf in diesem Zugeständnisse, der nicht leicht entgehen konnte, aber ich war doch damit zufrieden.

Ich konnte nicht so schnell zum Handeln kommen. Die Güterpreise und sogar der Geldwert blieben den Winter über so schwankend, daß kein Mensch etwas anstellen wollte. Ich suchte vergebens Käufer und mußte mich wieder um Kühe für den folgenden Sommer umsehen. Durch gütige Vermittlung meines Vormundes gelang es mir, im Dorfe Schwarzenberg sechs stattliche Tiere zu pachten. Der Zins war freilich so hoch, daß ich dabei wenig oder gar nichts mehr verdienen konnte. Aber das ging ja auch nicht besser, wenn ich nun wieder einige hundert Gulden für eigenes Vieh daran setzte. Ich wollte daher lieber noch mit fremden Werkzeugen arbeiten, bis zum Verkaufe der Alp sich eine günstige Gelegenheit zeigte.

XXIII.

Der Winter war ungemein lang und schwer. Der Fasching aber ging vorüber, ohne mir frohe Tage zu bringen. Das erste Faschingsvergnügen haben hier und in Au die Zünftler gehabt. Am Montag nach dem Dreikönigsfeste ließ der Herbergvater Spielleute kommen, und die zünftigen Handwerker brachten ihre Weiber und Mädchen zum Tanz. Mein Schindelmachen, welches ich nebenbei wieder sehr fleißig betrieb, war leider kein zünftiges Handwerk. Ich konnte daher mir und Nanni an diesem Tage keine besondere Freude machen; es war aber schon ein anderer da, der sie mit auf den Tanzplatz nehmen wollte. Es war ein ordentlicher Bursche. Wenn das Mädchen ihm absagte, so glaubte man es schon ganz an mich gebunden und das Reden ging von neuem an. Auch Nannis Angehörige wollten den Burschen bloß meinetwegen keineswegs abgewiesen wissen. Man sagte ihr: daß sie nun die beste Gelegenheit habe, uns wieder einmal aus dem Gerede zu bringen. Das nun wäre uns beiden recht gewesen, und das Mädchen ging. Mir tat es innerlich ungemein weh, obwohl ich durchaus nicht eifersüchtig war. Nanni kam nun freilich aus dem Gerede mit mir, ich aber wurde von meinen Gegnern ausgelacht und bemitleidet von den Freunden. Als ich einige Tage später das Mädchen besuchte, versicherte es mich, daß ihm Tag und Stunde zum Sterben lang gewesen sei; aber die Tatsache war darum doch da. Ich glaubte zu sehen, daß mein Kommen den übrigen im Hause – Bruder Jakob ausgenommen – nicht besonders erwünscht sei. Das machte mich bitter und ungerecht auch gegen das gute Mädchen. Es wollte mich erinnern, daß ich selbst ja nichts wider den Schritt gesagt habe. »Allerdings«, war meine Antwort, »ich sagte nichts dagegen, weil ich wohl sah, daß du nicht mehr den Mut hattest, für die Meine zu gelten und mich lieber lächerlich machen mochtest.«

Das Mädchen redete viel dagegen, aber keines von uns fand heute das rechte erlösende Wort. Wir schieden äußerlich versöhnt, aber mit einem bösen Tropfen Verbitterung im Herzen.

Fleißiger als je schrieb ich nun mein Tagebuch. Zu Nanni kam ich fast nie, doch nahm ich mir vor, im Vorsaß häufiger mit ihr zu verkehren, wenn sich's irgendwie machen lasse. Das Etzen im Frühling währte mir viel zu lang. Ich wußte während des Hütens der Kühe kaum etwas anzufangen und hatte zum ersten Male im Leben recht lange Weile. Kein Buch paßte zu meiner Stimmung, und ich schrieb die schwermütigsten Gedichte ins Tagebuch, während die Hirten um mich herum ihre lustigsten Lieder sangen. Besonders die letzten zwei Wochen waren mir unendlich lang. Es regnete fast in einem fort, und der Nebel hing aufs Dorf herab wie im Herbst. Die angeschwollene Ach toste so, daß ich kaum noch das Schellengeläute hörte, und alles wirkte zusammen, meine trübe Stimmung zu nähren. Vielleicht war mir auch *ihre* Nähe in Hopfreben nur zur Qual. Was ist einem Reichtum, den man nicht selbst besitzt; neben dem man darben muß?

In der Nacht vor dem Einzug ins Vorsaß konnte ich kein Auge schließen. Ich stand daher schon um drei Uhr auf und ging in den Stall. Meine vier Kühe sahen mich erstaunt an, die gepachteten aber schüttelten unwillig die Köpfe, wie wenn sie fragen wollten: ob man denn hier nicht einmal in der Nacht ungestört ruhen könne? Gemolken war's heute sehr bald. Unterdessen hatte die Mutter Kaffee gemacht. Wir saßen dann still beisammen am Tisch und beeilten uns, die unruhigen Kühe, die schon einen Umzug ahnten, so schnell als möglich aus dem Stalle zu bringen. Jetzt hatten wir den Weg sicher allein, über den heute morgens noch viele hundert Kühe und Ziegen in die fünf Vorsasse des Hopfrebentales gebracht werden sollten. Es war etwas über vier Uhr, als ich den zehn Kühen die Halsketten aufband und sie aus dem Stalle trieb. Die Mutter ging voran. Sie war nun über das sechzigste Jahr hinaus und mußte noch so viel tun. Jetzt sollte sie ins Vorsaß und dann gleich wieder heraus, um daheim noch alles zu ordnen und zu schließen. Das konnte ich ihr nicht mehr abnehmen, aber allein hineinfahren konnte ich und sie gleich zu ihrer vielen Arbeit schicken. Ich tat das. Nun aber besorgte sie, wenn kein Mensch bei mir wäre, könnte leicht eine der fremden Kühe über den Schalzbachersteg hinüber. Dann sollte ich dem verirrten Tiere nach und dürfte doch auch die anderen unmöglich aus dem Auge lassen. Ich meinte: die fremden würden den bekannten folgen. Als es mir endlich gelang, die Besorgte zu beruhigen, fand sie mich viel zu schwer beladen, obwohl ich nichts als einige Kleidungsstücke, die neuesten Zeitungen und unsere Katze zum Mitnehmen in einen grob gewobenen Sack getan hatte. Die Mutter wollte ihn wieder mit zurücknehmen, daß ich mich frei bewegen könne. »Es geht schon«, sagte ich und sprang mit meiner kleinen Last den Kühen nach.

Wie schön wär's gewesen, wenn jetzt Nanni das Haus geschlossen oder mich begleitet hätte! Warum war sie nicht meine Schwester und immer bei mir? Das hätte ein Leben abgegeben! Ich malte mir's aus – den einzelnen Tag und das ganze Jahr. Dann war ich wieder traurig, daß das nicht so war, nie so werden zu wollen schien. Einmal hatte ich ans Heiraten gedacht; jetzt hatte ich keine so schönen Träume mehr. Die Mutter wäre dafür gewesen. Sie sagte mir auch, um mich zu trösten, daß ich nicht ans Unmögliche meinen Sinn hängen dürfe. Es gebe noch andere, mit denen ich glücklicher leben würde, als allein.

Ich aber war an die gebunden, der ich nie mit so einem Antrage kommen durfte, wenn unser Verhältnis nicht gänzlich zerstört werden sollte. Früher wünschten wir beide beständig nebeneinander zu leben, jetzt war alles vertanzt und vertrotzt. Warum nun mißlang denn, was ich immer anfing? War ich denn nur dazu da, alles Elend dieses Tales zu sehen und zu tragen? Wo ich Heilung hoffte, war mir

Verletzung geworden von den ersten Monaten dieses Jammerdaseins an bis zum heutigen Tag. Alles, was ich schon erlebt hatte, die vielen Kämpfe, Entbehrungen, Sorgen, Mühen und Verluste durch den Tod, zogen an mir vorüber, so daß es für mich wie ein Spießrutenlaufen war, während ich meine Kühe durch die enge Schlucht hineintrieb. Halb geschlossenen Auges schritt ich vorwärts und sann. Ich sah es kaum, wie heiter der Himmel über Nacht geworden war. Den Gesang der munteren Vögel ringsum in den frischergrünten Buchenwäldern hörte ich nicht wegen des Tosens der Ach, die sich hoch angeschwollen und grau neben mir hinauswälzte. Nichts brachte mich auf andere Gedanken. Erst bei der Brücke, die von meinem Wege ab über die Ach auf die Gräsalp und zum Schalzbach führte, schaute ich auf. Mir mußte eben alles schief gehen. Jetzt war eine der gepachteten Kühe den meinen vorangekommen, die hungrig über den Weg hinauf nach einigen Grasbüscheln langten. Und das dumme Tier wendete sich richtig vom rechten Wege ab gegen die Brücke.

»Hoho wischt!« schrie ich hintendrein aus vollem Halse. Die närrische Kuh lief nun schneller – aber auf die Brücke. Die anderen folgten. Sogar die meinigen gingen nach, aber sie sprangen vielmehr, als ob sie dabei doch das Gefühl hätten, etwas Unrechtes zu tun, und meine Strafe fürchteten. Lärmend eilte ich dem Vieh nach auf die lange Holzbrücke, um es gleich drüben umkehren und womöglich auch ein bißchen abstrafen zu können. Als die Kühe mich ihnen mit geschwungenem Stock folgen sahen, sprangen sie noch schneller. Trotz dem Tosen der Ach hörte ich das Gepolter der vielen Tritte auf den losen Brettern. Plötzlich tat es einen furchtbaren Krach, als ob ringsum – ja ich wußte nicht mehr was. Die Brücke leerte um, und ich stürzte neben Brettern und Kühen in den tosenden Strom. Ich sank und sank und zischend schlug's ob mir zusammen. Dann hob es mich wieder und gurgelte ringsum: komm! komm! und wirbelte mich zwischen Balken und Brettern um die von der

Himmelriese und vom Grat niedergestürzten Felsmassen herum und aus einem Strudel in den anderen. Mit allem Wehren kam ich zu nichts als der Erkenntnis meiner Ohnmacht. Ein Balken riß mir den Sack mit der jammernden Katze, den ich im Schrecken krampfhaft festhielt, von der Schulter, ein anderer fuhr mir an den Arm, daß ich denselben nicht mehr regen konnte. Nirgends etwas Festes, kein sicherer Punkt, keine Hilfe – so mußte es jetzt aus sein! Neben dem »Bischer«, den man heute begrub, sollte ich liegen, wenn's mich nicht bis in den Bodensee trug. Das Klügste war, auf den Bauch zu liegen und sich hinauswerfen zu lassen. Mußte ich nun so enden, unfertig, unbefriedigt, ohne irgend etwas erreicht zu haben! Das bist du kalte, herzlose, elende Welt! So bringst du die Menschen zur Ruhe, und die Himmelriese und der Grat da oben schauen dumm und gleichgiltig zu. Nun es sei! Dort ragt aus dem Fundamente des Weges, den sie an den Felsen hingeklebt haben, ein roter, spitziger Stein mit weißen Punkten weit hervor. Die Strömung schießt auf ihn zu. – So, du rauher gesprenkelter Kerl, du kannst jetzt mehr als alle, die sich mit mir Mühe gaben. Du machst Feierabend. Dort draußen ist schon alles aus. Da – noch ein Blick zum blauen Himmel, zum goldig überglühten Felskopf droben – so und jetzt nun herzhaft!

Ich empfand einen Schlag. Er schmerzte jedoch nicht mehr; ich hatte aufgehört zu fühlen.

Dann – ich wußte aber nichts mehr von allem Vorherigen – war es mir, als ob ich schwer träume, ohne wach werden zu können, und dabei fror mich. »Komm, komm!« rief es rings um mich herum und riß an meinen Händen und an den Füßen und an den Kleidern. Vor und hinter mir hörte ich ein Donnern und Rauschen, wie von niederstürzenden Lawinen. Ich glaubte wirklich im Schnee verschüttet zu sein und bemühte mich, mit dumpfer Gleichgiltigkeit den Tod erwartend, nur etwas bequemer zu liegen. Ich mußte recht tief eingelawinet sein, denn überall drückte mich's und war dabei doch furchtbar kalt. »Mutter!« rief ich, so laut ich konnte. – Ja die Mutter wartete wohl daheim auf mich. Nanni wartete nicht – oder doch auch? Ich glaubte die Mutter zu sehen, sie war ganz besorgt und weinte. Nein, nein, das sollte sie nicht. Ich mußte mir schon Zwang antun und mich regen. Wenn man im Schnee ruhig liegen bleibt, schläft man ein und erfriert. – Ich fühlte mich schläfrig, aber Nanni sagte, sie könne das immer gleich überwinden, wenn sie sich nur schnell rege, aufstehen und herumgehen sei gut. Ich sollte auch gehen; aber wohin? Wo war ich? Ich begann mich umzusehen. Überall schauten starre Felsenköpfe auf mich herab – um mich herum war ein Wasser, so breit als der Streifen Himmelsbläue, der sich da oben in vielen Krümmungen hineinzog. Die Gegend war mir bekannt. Ich mußte auch schon da gewesen sein. Ja richtig! Den Gräsalpenfelsen und die Himmelriese und den Grat erkannte ich noch ganz gut. Da hinter der Felsenecke, drinnen in der allerengsten Schlucht war ich einmal – wohl vor langer Zeit schon – mit samt der Brücke in die Ach gefallen. Sie lief gerade so schnell und groß und schmutzig wie jetzt. Aber auf welche Art kam ich denn damals wieder heraus? Ich versuchte vergebens, mich darauf zu besinnen. Gerettet war ich damals worden. Ich kam seither wieder oft zu meiner Nanni. Ach und jetzt sollte ich sie nie mehr sehen! Ich kam sicher nicht mehr hinaus. Hart am Ufer war ich wohl, aber das Wasser war da sehr tief – gerade die Hauptströmung. Ein großer Tragbalken war quer festgeklemmt zwischen einem Stein im Wasser und dem Wuhr am Ufer, wo er sich ganz langsam vorwärts bohrte. Ich lag hinter dem Balken bis an den Hals im Wasser. Da, wo das lange Holz sich ins Ufer einbohrte, hielt es meine Bluse fest, war ich da frei, so wirbelte mich's in die Tiefe. Mit einem Sprung kam ich auf den Wuhr, aber dieser Sprung war nicht zu machen, wenn man nirgends feststand. Wie war das denn so schrecklich, so ungeheuer gekommen? Ja, nach Hopfreben zu Nanni wollte ich ziehen, alles zog heute hinein. Richtig, da waren ja Leute genug drüben am Weg, bloß dreißig Schritte von mir. Sie mußten mich auch sehen und dann über den Grasboden herüberspazieren bis an den Wuhr. Ein Seil hat wohl jeder bei sich, wenn er Vieh herumtreibt; ein Stärkerer konnte mich auch mit leerer Hand retten. Ich wischte mir das Blut aus dem Gesicht. Die eine Hand hatte ich hierzu frei, während der andere Arm krampfhaft den Balken im Wasser umklammert hielt.

Ich sah wirklich Leute, ganz gute Bekannte, denen ich im Vorsaß schon manche Kurzweil gemacht hatte. Gerade gute Freunde waren es nicht – solcher hatte ich überhaupt nur wenige. Die Oberhauser besaßen kein Vorsaß, sonst würde ich ruhig auf die haben warten können. Aber Christen wollten die da drüben doch auch sein – recht gute Christen –, drum durften sie mich nicht so hier liegen lassen, wenn ich auch nur der Sonderling war. Ich wollte rufen, aber meine Lippen bebten, daß ich nicht schreien und nicht pfeifen konnte. Sie hätten es wohl auch schwerlich gehört, da ja das Wasser immer lauter, immer furchtbarer toste.

Gott Lob und Dank, jetzt sah man mich, einer schaute herüber und stand still. Dem hätte ich's kaum zugetraut. Er kam – aber nein – nur einen Schritt kam er gegen mich her – dann fingen zwei seiner Kühe, die er nie aus den Augen ließ, miteinander Händel an, und er eilte, um abzuwehren. Mit geschwungenem Stocke verschwand er am Felsgrat vor dem Eingang der inneren Schlucht. Wieder ein anderer schaute heraus zu mir, mehrere sogar – man stand zusammen und plauderte, dann lief man wieder Kühen und Schweinen nach, um den vielen Folgenden den Weg zu räumen, welcher weiter drinnen fürs liebe Vieh ein bißchen gefährlich war. Keiner kam, und die einzigen Oberhauser, die mich mehr als ein Stücklein Vieh schätzten, waren nirgends, und alle, mit denen ich's je gut meinte, waren nicht da. Ha! und diese Bauern zeigten sich mir gerade so herzlos, wie ich sie immer dachte. Unrecht geschah ihnen von mir nicht. Aber mir von ihnen? Ich hatte mich immer von ihnen abgeschlossen und wollte höher hinaus. Wie die Arbeit, so der Lohn. Jetzt war ich in der Einsamkeit. Dort kamen wieder Leute, schauten flüchtig herüber, schienen sich etwas zuzurufen und gingen dann kopfschüttelnd ihrer Wege. Herr Gott, ich wollte doch lieber da liegen, als bei ihnen sein wie sie! Du Allgeist, der du mich werden ließest, ich will dein sein, nimm mich und mach aus mir, was du willst! Ich habe nur Vertrauen zu dir, keine Bitten als die einzige, lass' es Nanni wohl ergehen und der Mutter und den Oberhausern und – –.

Ein hängengebliebener Balken fuhr pfeilschnell daher und schlug den wieder los, an welchem ich mich bisher festhielt. Ich glaubte einen Schrei zu hören – vielleicht von denen, welche gerade herüberschauten, vielleicht von mir selbst. Dann war's aus – alles!

Diejenigen, welche mich pfeilschnell hinter den beiden Hölzern hinaus aus einem Strudel in den anderen treiben sahen, hielten es wohl für unzweifelhaft, daß nun zwei »Bischer« nebeneinander auf den Friedhof kommen würden. Der Genannte – ich habe früher seiner erwähnt – war vor zwei Tagen gestorben und sollte heute begraben werden. Das Leid um ihn war natürlich nicht besonders groß. Es ging wohl niemand schlecht wegen seines Sterbens, als vielleicht den Oberhausern. Er war ihr Götti gewesen und hatte ihnen regelmäßig das Neujahrbrot gegeben, so gut als ein anderer. Nun waren sie auch erkenntlich, gingen zu seiner Leiche, spritzten Weihwasser, beteten und taten alles, was ein verstorbener Götti nur verlangen kann. Josef, welcher seit mehreren Tagen in Hopfreben an des Adlerwirts baufälliger Hütte herumflickte, war gestern abends spät noch ins Dorf geeilt, um den Psalter für den Verstorbenen beten zu helfen. Er blieb dann noch eine Weile bei denen, welche die Nachtwache hielten, und so begegnete ihm dann das gerade Unerhörte, daß er sich am Morgen ein wenig verschlief. Seine Absicht war gewesen, vor dem Tagen wieder zu seiner Arbeit zu gehen. Nun aber kam er schon etwas später mit seiner Köchin auf den Weg – nur wenige Minuten zu spät, um von dort mich zu holen, wo meine Seele ihn rief, aber er war wohl auch einem schwereren Stück Arbeit gewachsen. Gewiß, wenn einer, so konnte er mich retten – »der kühne Mann der schnellen Tat«, wie ich ihn oft in Scherz und Ernst zu nennen pflegte.

Aber noch wußte er nichts von meiner Not und schritt plaudernd mit der Köchin, des Adlerwirts Schwester, langsamer als ihm lieb war, durchs freundliche Tannenwäldchen hinein gegen die Himmelrieseschlucht, wo der Weg und die Ach hart zusammenkommen. Als er dort ankam, sah er weiter drinnen ein Bäuerlein, Christian Kohler, herausspringen, als ob es mit der Ach um die Wette zu laufen versuche. Da mußte wohl ein Unglück geschehen sein, sonst wäre der Mann gewiß nicht von seinen Kühen weg. Er ruft – aber man versteht nicht viel beim Tosen des Wassers. Nur einzelnes: »Haltet ihn! springt – im Wasser – um Gottes und Christi Willen – zu spät – der Franzmichl!«

Josef blieb erschrocken stehen und schaute ins Wasser. Da sah er pfeilschnell etwas Blaues dahertreiben. Das mußte ein Mensch sein, und schon mit diesem Gedanken hatte er den Sprung ins Wasser gewagt.

Sein Gedanke war immer gleich Wort und Tat.

Die erschrockene Begleiterin sah ihn schon mit dem wütenden Elemente kämpfen, als sie eine Frage an ihn richten wollte. Noch stand er aufrecht – aber schon schwankend. Es zerrte ihn rechts und links, immer weiter hinaus. Noch zwei solche Risse – dann war er dort im Strudel. O Gott! jetzt nur noch einen und er verschwand hinter dem Weidenwäldchen, welches gegen das Dorf hinaus zwischen der Ach und dem Wege stand. Dort war der Strom schmal und tief, Hilfe unmöglich. Es mußte ein Unglück – ein doppeltes Unglück geben. »Jesus Maria!« Jetzt erhob es ihn – gerade als hart neben ihm etwas Blaues, ein Kleidungsstück, dem Strudel zuschoß. Er erfaßte – er hatte es. Dadurch ward seine Körperlast sichtlich größer.

Halb gehend, halb schwimmend kam er einen Augenblick später mit einem Menschen ans Ufer. Wer mochte das doch sein? Der Körper war so entstellt und zerschlagen, daß zuerst sogar der Oberhauser ihn kaum kannte. Es war ein großer Augenblick für ihn, als er seinen Freund gerettet sah. Er hatte ihn verdient.

Aber war der Freund wirklich noch gerettet? Starr, kalt und leblos lag er da. Man begann ihn mit Essig einzureiben, den die Köchin bei sich hatte. Ihre Anwesenheit war überhaupt ein großes Glück, denn sie verstand von jeher mit Kranken umzugehen wie sonst wenige und war längst in der ganzen Gegend als »barmherzige Schwester« bekannt. Die nun herbeieilenden Bauern wollten mich auf den Kopf stellen, damit ich dann das etwa verschlungene Wasser wieder von mir gebe. Sie war dagegen und ordnete das Einreiben von Essig an. Die Bauern folgten kopfschüttelnd und murrten: sie wollten dann keine Schuld haben, wenn so eine alte Leserin mich noch ganz umbringe. Es kamen immer mehr Leute, denn die, welche nach dem Schalzbach wollten, fanden die Brücke weggerissen bis auf einen einzigen Balken und mußten daher unverrichteter Sache wieder zurück. Einige von ihnen waren in Au daheim. Diesen gab des Adlerwirts umsichtige Schwester den Auftrag, so schnell als möglich den Doktor herzuschicken, ein anderer mußte den Pfarrer holen, während die Zurückbleibenden Anstalten machten, mich in jenes kleine Häuschen dort auf dem Hügel zu bringen. Dort wurde mir unterdessen, da es an geräumigen Zimmern fehlte, das Bett mitten auf dem Boden der Wohnstube gemacht.

Man rechnete jetzt nach und fand, daß ich im ganzen länger als eine halbe Stunde im Wasser lag. Auch die Verletzungen des Kopfes schienen gefährlich.

Schon fünf Viertelstunden gab man sich zur Wiederbelebung alle erdenkliche Mühe, ohne daß dieselbe noch durch ein sicheres Lebenszeichen belohnt war. Aber die barmherzige Schwester ließ ihren Eifer nicht ermüden, bis Dr. Walser kam und seine Untersuchungen begann. Auch der Pfarrer kam, damit ich – wenigstens nicht durch seine Schuld – nicht ohne die Tröstungen unserer Religion bleibe.

Die Nachricht von diesem Ereignisse hatte sich um so schneller verbreitet, weil heute viele Leute auf allen Wegen waren und man auch mit der Beerdigung des »Bischers« über die bestimmte Stunde hinaus auf die Rückkehr des Pfarrers warten mußte. Meine Mutter, die alle Hände voll im Hause zu tun hatte, erfuhr beinahe zuletzt davon. Es kam eine Nachbarin und sagte, daß der Franzmichl mitsamt den Kühen und der Schalzbacherbrücke ins Wasser gefallen sei. Den Franzmichl habe man für tot aus dem Strom gerissen, die Kühe seien später im Vorsaß gesehen worden. Die werden wohl schwimmen können, der Franzmichel aber habe das halt nie gelernt.

Die Mutter dachte nicht daran, daß von mir die Rede sei. Ich mußte ja nicht über den Schalzbachersteg, mein Vetter und Namenspatron aber mußte hinüber – also war es der. Vielleicht wollte ein gütiges Geschick den größten Schrecken ihr ersparen, sonst hätten die Besorgnisse, welche sie früher äußerte, nicht so ganz zur Ruhe kommen können. Sie sprach ihr Bedauern aus über des Vetters arme Mutter, und die Nachbarin hatte nicht mehr den Mut, sie ihrer Täuschung zu entreißen.

Am Arbeiten im Hause hatte die Mutter nun keine Freude mehr. Sie mußte doch sehen, wie es dem armen Vetter ging, und machte sich sofort mit einem Päcklein frischer Wäsche auf den Weg.

Vor dem Häuschen, in dem ich lag, erfuhr sie nun das Wahre, aber gleich dazu auch etwas Tröstliches. Aus der Stube wurde nach allen Seiten gerufen: »Er lebt, er hat schwer aufgeatmet, und die Verletzung am Kopfe nimmt der Doktor nicht für gefährlich.«

Die Mutter ging in die Stube, wo nun Dr. Walser ihr meinen Namen zu rufen befahl. Sie tat es, und ich antwortete mit schwerer Zunge: »Ja gleich« – wie jeden Morgen, wenn sie mich zur Stallarbeit wecken mußte. »Jetzt ist's geraten«, sagte der Doktor fröhlich, worauf ich gleich die Augen aufschlug und mich erstaunt in der Stube umsah.

XXIV.

»Jetzt ist's geraten!«

Diese Worte Walsers waren die ersten, die ich hörte – von dem Rufen der Mutter wußte ich nichts – und nun ärgerte mich's, daß ein Mensch so jubeln konnte, während ich ein furchtbar schmerzliches Brennen in allen Gliedern empfand. Die Stimme klang mir bekannt. Sie weckte doch etwas, das ich ein leises Anklingen an liebe Erinnerungen nennen möchte. Ich war denn auch nicht besonders überrascht, den guten Walser neben mir auf dem Boden knieen zu sehen. Aber was wollten die anderen, die so dicht um ihn her standen, daß ich fast ganz im Dunkeln lag und nur die getäfelte Stubendecke hart ob den blonden und braunen Krausköpfen sehen konnte? Es waren lauter bekannte Gestalten; doch dachte ich mir bei keinem einzigen etwas Besonderes. Auf alle zusammen war ich herzlich böse und hätte sie gerne fortgeschickt, obwohl ich mir über den Grund meines quälend mächtigen Widerwillens keine Rechenschaft geben mochte. Die Bauern aber, die jetzt ihre Kühe in Sicherheit wußten, hatten keine besonders große Eile mehr. Trotz dem Verbote des Doktors wollte jeder sich gleich von mir erkannt und angeredet sehen. Die an mich gerichteten Fragen riefen schnell das jüngst Geschehene in mein Gedächtnis zurück. Man erzählte mir nun auch, was ich noch nicht wußte. Als ich erfuhr, daß der Oberhauser mein Retter geworden, sprach ich unverhohlen meine Freude darüber aus. Das verletzte. Der Kreis um mein Bett begann sich schnell zu verkleinern, und es ward hell in der Stube. Am wehesten tat es den Leuten, daß ich geradezu sagte: »Da hätte ich mich also doch nicht getäuscht; mir sei es vorgelegen, eine schöne männliche Tat – meine Rettung wäre nur vom Oberhauser zu erwarten.«

Man schüttelte die Köpfe darüber, daß ich, statt in allem eine wohlverdiente Zurechtweisung von Gott zu sehen, das neue Leben gleich wieder aufs neue mit Neckereien anfange. Auch die Mutter tadelte das. Mich aber freute die Tat meines Freundes besser als dieses neue Leben, in welchem ich nur ein ferneres Gebundensein an Leute sah, die von mir, dem Hilfebedürftigen, weg und ihrem Vieh nachliefen. An das mußte ich immer denken, sobald ich wieder einen in die dunkle Stube kommen sah, der sich nach meinem Befinden erkundigen wollte. Ein furchtbarer Schmerz in allen Gliedern regte mich auf, daß ich alles nur in trübster, widerwärtigster Färbung sah. Auch die düstere fremde Stube und mein schlechtes Lager mochten das Ihre tun. Ich benahm mich so, daß es ziemlich laut hieß: ich hätte den rechten Verstand verloren, und es sei zu besorgen, daß ich mich noch ganz hintersinnen werde.

Dr. Walser sah gleich, was mir fehlte. Er sprach, daß ich noch heute heimgebracht werden sollte. Eine halbe Stunde bei so schönem Frühlingswetter im Freien könne mir gewiß nicht schaden. Nachmittags kam er mit vier Trägern und einer Bahre. Ich wurde mit samt dem Bette aufgeladen und ins Freie gebracht.

Wirklich ins Freie! Die Welt war halt doch schön! Das empfand ich, als ich wieder unseren tiefblauen Himmel und Gottes leuchtende Sonne sah. Ich betrachtete meine zerschlagenen Hände. Sie waren doch noch da, und die Bewegung jedes Gliedes, sogar seinen Schmerz empfand ich mit inniger Freude. Es war mir so wohl im sicheren Bette – ziemlich weit ab von der tosenden Ach –, daß ich leise zu singen begann. Dabei mußte ich wieder an meine Dichter denken. Manche schöne Stelle aus ihnen fiel mir ein und machte mich reicher, froher. Das Leben war halt doch schön!

Die Worte, mit denen ich zuerst Neugierige und Teilnehmende von meinem Lager trieb, hatten sich schnell überall verbreitet. Zuerst geschah das, um zu zeigen, daß ich von der Bevölkerung wirklich nichts Besseres verdient habe, als was mir geworden sei. Aber das ging nicht mehr. Jeder

Bauer, der heute sein Vieh ins Vorsaß getrieben hatte, bekam von seinem Weibe oder der Mutter oder beiden eine recht gesalzene Strafpredigt zu hören. Wer auch nicht bei der Sache beteiligt war, begann sich zu schämen. Jeder empfand die bei dem Ereignisse zu Tage getretene Herzlosigkeit wie seine eigene Schuld. Unbewußt lastete es auf allen, daß nicht etwa der oder der, sondern daß der Geist der Bevölkerung an mir gesündigt habe. Die Begegnenden näherten sich mit scheuer Freundlichkeit, als ob sie mir ein großes Unrecht abzubitten hätten. Ich war in der Stimmung, mit jedem zu reden, denn mir tat der Verkehr mit Menschen ungemein wohl, und ich machte den Vorsatz, mich künftig freundschaftlicher zur Umgebung zu stellen. Die Einsamkeit war doch schrecklich! So schied nun auch jeder befriedigt – ich möchte sagen erleichtert – von mir, und noch nie war so viel Gutes aus meinem Leben herausgesucht und erzählt worden, als diesen einzigen Tag.

Am Abend kamen die Oberhauser und später auch einige gute Freunde aus Au. Sie freuten sich herzlich, sowohl über meine wirklich wunderbare Rettung als über den Eindruck, welchen das Ereignis auf die Bevölkerung zu machen schien. Alle wußten das gleiche zu erzählen – lauter Liebes und Gutes. Mir tat das so wohl, daß ich sie bat, mir nie mehr zu sagen, wie der und jener heute sich in der Rieseschlucht benommen, ob er im Werte seines Viehes oder in meinem Unwerte seine Entschuldigung suchte. Das Ereignis schien versöhnlich zu wirken; da durfte keinem nachgerechnet werden, was vielleicht schon jetzt ihn selber mehr als mich schmerzte.

Die Mutter machte mir mein Bett auf dem Kammerboden, damit ich im unruhigen Träumen ja nicht falle. Ich schlief aber ganz ruhig und erwachte des anderen Tages erst, als es schon zum Gottesdienste, zur Feier des Fronleichnamsfestes läutete. Ich versuchte aufzustehen, was mir denn auch ohne fremde Hilfe gelang.

Nachdem der Morgenkaffee getrunken war, ging auch die

Mutter zur Kirche und schloß die Tür unseres Hauses hinter sich zu. Ich war allein und begann in Goethes Sprüchen zu lesen.

Bald glaubte ich ein leises Klopfen an der Tür zu hören. Es wiederholte sich immer stärker, bis ich endlich mein Buch beiseite legte, um zu sehen, wer jetzt, wo doch kein Gesunder den Gottesdienst versäumte, mich besuchen wolle, wenn es nicht etwa der Doktor war, der jeden Sonn- und Festtag in Au zur Frühmesse ging, um dann den ganzen Tag zu gewinnen und doch dem strengen Kirchengebote zu genügen.

Ich öffnete die Tür und sah – – Nanni, die ihr glühendes Gesicht mit beiden Händen bedeckte. Sie sagte mit bebender Stimme: sie habe mich nicht so gut zu finden erwartet, daß ich ihr schon selbst wieder die Tür aufschließen würde. Dann reichten wir einander die Hände und standen lange schweigend nebeneinander im Schopf. Endlich besorgte sie, die Zugluft hier könnte mir schaden, und ich ging nun voran in die Stube.

Hier setzte das Mädchen sich neben mich auf eine Bank, verbarg sein Gesicht an meiner Brust und weinte.

»O Gott!« rief es endlich aus, »was alles hab' ich seit gestern in mir erlebt! Nun weiß ich, wie ich an dir hänge; nun ist mir alles, alles ganz klar geworden. Soviel mußtest du ausstehen, so furchtbar nahe sein dem Tode, bis ich eins mit mir geworden bin!« Ich versuchte vergebens, die Aufgeregte zu beruhigen, indem ich an den guten Ausgang erinnerte. Sie aber sagte: »Du hast Todesangst ausgestanden, und ich konnte keinen heiteren Gedanken in deiner Seele erregen, ja die Erinnerung an mich mußte dir noch quälend sein. Sie konnten sich zwischen uns stellen, die so herzlos sind, und ich war schwach genug, mich einmal um ihr Urteil zu kümmern und dir dadurch wehe zu tun. Gelt, an das hast du gedacht?«

»Nein, gewiß nicht!«

»Aber wenn du in Gedanken Abschied nahmst von dem

kleinen Kreise deiner Treuen und auch ich dir dann erschien, so durchzuckte dich's schmerzlich. Ja, das sah ich dir an, du hättest kein recht schönes, frohes Andenken an mich mit hinüber genommen.«

»Laß doch das! Du hast mir immer das Liebste, das Beste getan, wo du nur konntest.«

»Nein, ich hätte mehr können; aber ich bin halt an die Meinen gebunden, recht innig. Du hängst auch an deiner Mutter, obwohl sie dich nicht immer versteht. Sie meinte es wohl oft gerade dann am besten, wenn sie mit blutendem Herzen gegen dich redete, und du sahest das und gabest nach. Siehst du! So bin ich daheim zehnfach gebunden an Mutter und Geschwisterte. Das gibt einem etwas Ruhiges, oder wenn du willst, etwas Behagliches, Träges, daß man sich schwer ablöst und nur dem eigenen Gefühl überläßt. Hättest du dich auch in einen Kreis recht warm einleben können, so würdest du dich nicht von äußeren Strömungen immer so gewaltsam erfaßt fühlen. Aber du stehst überall allein und mußt allein schaffen und streben. Wie schön ist's doch bei uns, wo jedes bei allen steht und sich in allen fühlt! O wie tät ich wünschen, daß ich auch dich in den Kreis ziehen oder auf deinen einsamen Wegen dich begleiten, dir helfen könnte!«

»Schon dieser Wunsch von dir«, sagte ich mit vor Freude bebender Stimme, »macht mich glücklich und viel, viel minder einsam. Übrigens – zu machen wäre das schon«, fügte ich etwas unsicher bei.

»Wie?« fragte das Mädchen kaum hörbar.

»Wir könnten einander heiraten.«

»Möchtest du mich?«

»O, von Herzen gerne! Wie froh und sicher und kräftig mich das machte, fühle ich schon, seit du neben mir bist und mich daran denken läßt.«

»Ich bin dein«, sagte Nanni und reichte mir freudig die Hand.

»Wollen wir heiraten?«

»Ja, wir wollen!«

Die Wonne dieses Tages war schon die Not und Angst des gestrigen wert. Es kam aber noch etwas. Nanni sagte mir, daß sie und die Ihrigen seit gestern mehr Liebes und Gutes als sonst Schlimmes von mir gehört hätten. Es sei gerade, als ob jedermann etwas von früher wieder gutzumachen wünschte.

So eine Mitteilung wird keinem gleichgiltig sein, der zwischen unseren Bergen leben muß, wie hoch er sich auch über die Urteile der Menschen erheben zu können wähnt. Die Ehre und der gute Ruf sind jedem sein Leben und bestimmen das Maß seines Könnens mit einer Strenge, der nur wenige Kräfte gewachsen sind. Persönliche Geltung ist nicht nur zu einem behaglichen Leben, sondern zu jedem Unternehmen durchaus unentbehrlich. Das Beste und das Schlechteste bekommt Geltung durch den, der es sagt oder gibt. Es war daher kein Wunder, daß mir nun eine neue Welt aufging, ein neuer Frühling, in dem tausend schöne Pläne blühten. Wir beide hatten schon damit unsere Freude, und erst zuletzt kam ich darauf, wie notwendig zu unserem Vorhaben die Gunst der öffentlichen Meinung sei. Ich ahnte, man überlasse mir so ein Mädchen ungern genug, wenn auch nicht nur das Schlimme von mir gesagt und gelogen werde.

Der Vormittag war schnell vorüber, und die Mutter kam heim. Sie sagte: es sei ihr spät geworden, weil sie überall von meinem Befinden habe Bericht machen müssen. Über Nannis Anwesenheit war sie nicht halb so erstaunt, als ich erwartete. Sie grüßte das Mädchen freundlich, und man merkte immer wieder, wie lieb und recht es ihr war. Nach dem Mittagessen wurde ihm unsere Hauseinrichtung gezeigt. Es war alles einfach, aber doch so gut, als man es hier herum gewöhnlich trifft, und so, daß ich mich nicht zu schämen brauchte, wenn ich an das dachte, was Nanni gewohnt war. Mir tat es wunderbar wohl, die beiden so zusammen im Hause herum gehen zu sehen, und ihnen folgend vergaß ich, daß mir nicht ganz wohl sei. Die Mutter sorgte beständig, ich erlaube mir zuviel und werde nachher dafür zu büßen haben. Ich fühlte mich innerlich wohl, und der Körper war gewohnt, meinem Willen und noch lieber meiner Stimmung zu folgen. Gewiß hätte ich mir wehe getan, wenn ich ruhig auf dem Kanapee aus dürrem Buchenlaub geblieben wäre, während Nanni in meinem Altarkämmerlein bei meinen Büchern verweilte.

Der Abschied war ein fröhlicher. Nanni wußte, daß sie einen Glücklichen zurück ließ, und sah mich, innerlich wenigstens, gesünder als je vorher.

Mir war wirklich ein neues Leben geschenkt. Nicht nur fühlte ich von der aufgelesenen Verbitterung mich geheilt, auch die Umgebung stellte sich freundschaftlicher zu mir, und aus jedem Auge sah ich mir freundlich die Hoffnung auf ein fröhliches Zusammenleben in der Zukunft leuchten. Es war eine wahre Freude, am Fenster stehend, allen zuzusehen, die über die Gasse hart vor dem Hause auf und ab gingen. Jeder schaute viel freundlicher zu mir herauf als früher und war trotz der dringendsten Arbeit immer geneigt, sich in ein kurzes Gespräch mit mir einzulassen. Ja, das Leben im Dorfe war jetzt hübsch. Dennoch sehnte ich mich ins Vorsaß zu Nanni, welche ich gleich nach dem Fronleichnamsfeste mit ihrer Mutter hineinziehen sah.

Schon in der folgenden Woche litt es auch mich nicht mehr im Dorf. Als ich wieder hart an die Ach kam, begann mich ein wenig zu frösteln, und alle Glieder durchzuckte ein krampfartiger Schmerz. Das kam auch später noch, und sogar jetzt bin ich etwas unsicher und ängstlich, wenn ich Wasser unter mir sehe. Sonst aber hat das Ereignis mir gar nichts Schlimmes zurückgelassen als einige Körperverletzungen, die schon in wenigen Wochen wieder geheilt waren.

Freund Oberhauser bewarb sich um die Belohnung, welche von der Regierung jedem zugesichert war, welcher mit eigener Todesgefahr ein fremdes Menschenleben rettet. Er bekam statt der versprochenen fünfundzwanzig Gulden nur zwanzig und hatte davon auch noch den vielen aufgerufenen Zeugen ihre Gänge aufs Gericht in Bezau zu bezahlen. Auf das, was ihm schließlich noch blieb, mußte noch gelegt werden, daß er sich eine billige Taschenuhr kaufen konnte. Möge sie ihm nur glückliche Stunden zählen, oder solche, deren Unangenehmes nachher zum Segen wird, wie da, wo sein kräftiger Arm dem Untergange mich entriß und einem wahrhaft neuen Leben wiedergab!

Daß für die Rettung meines Lebens die bestimmte Belohnung nicht voll ausbezahlt wurde, gab hier herum viel zu lachen.

Es hieß, mein Leben sei wenigstens ein Fünftel weniger wert als ein anderes, das habe das Amt im Namen der Regierung nun selber bestätigt mit Siegel und Brief. Ich lachte selber von Herzen mit. Früher hätte mich's wohl ein wenig geärgert, aber da wären auch beleidigendere Folgerungen daraus gezogen worden als jetzt, wo man damit abschloß: die Regierung habe für mich darum weniger bezahlt, weil ich doch – zum Soldaten untauglich sei.

In Hopfreben verlebte ich glückliche, die glücklichsten Tage. Die Nächte waren jetzt kurz, aber wir hatten doch eine Nachtstubat. Es war, als ob die Leute wieder einbringen wollten, was im Kummerjahr 59 versäumt wurde. Man trieb das Tollste. Ich machte nicht mehr gar alles mit, so daß viele sagten, ich sei doch etwas ernster aus der Ewigkeit wieder zurückgekommen. Das war nun durchaus nicht der Fall. Ich fühlte mich heiterer als je, aber ich dachte mich nun schon als Mann – als Nannis Mann –, und dieser Gedanke ward oft mein Gewissen. Streng hielt es mich nicht, aber es veredelte meinen Geschmack und hieß mich an vielem keine Freude mehr finden, was ich früher neben andern – wenn auch oft nur aus Verzweiflung – trieb. Das war nicht etwa nur darum so, weil die Nachtstubat in des Mädchens Hause zusammenkam und ich da mich von der vorteilhaftesten Seite zu zeigen wünschte. Viele tun das freilich und glauben es dann auch von anderen. Da werden Wünsche und Neigungen der Geliebten sowohl als ihrer Eltern ängstlich erforscht und dann ein Plan gemacht, mit welchem man nicht nur andere, sondern auch sich selber täuscht. Wehe ihnen, wenn sie einmal wieder zu dem zurück wollen, was ihrem Wesen gemäß ist! Dann stürzt über ihnen das stolze Gebäude häuslichen Glückes zusammen, welches die Toren auf dem Sande aufführten. Die Liebe betrügt nie, Wahrheit ist ihr Leben. Sie ist nur durch das Glück des geliebten Wesens befriedigt und macht zu stolz zum Schmeicheln und Kriechen. Wenn ich jetzt fleißiger bei der Arbeit war und immer nebenbei etwas bares Geld zu verdienen wußte, so kam auch das nicht von Wohldienerei, sondern von der wachsenden Freude an meiner Berufsarbeit, die nun meine und Nannis Ernährerin werden sollte. Dieser Gedanke gab allem, sogar dem Kuhstall, eine gewisse Weihe. Ich suchte auch in der Hauseinrichtung, für die ich plötzlich ein sehr scharfes Auge hatte, noch manches zu ergänzen. Zu diesem Zwecke arbeitete und sparte ich so freudig als früher, wenn es die Anschaffung eines lang gewünschten Buches galt.

Das Haus, welches wir bewohnen sollten, war mein Tempel, seine nächste Umgebung mit Wiese und Wald, Vorsaß und Alp meine Welt geworden.

XXV.

Es war mir nun doch auch einmal ordentlich wohl auf der Welt, ohne daß ich's mit der Einbildung und mit schwerer Gedankenarbeit jeden Tag neu gewinnen mußte. Kein Unfall entmutigte mich, und nichts warf einen Schatten auf mein Glück als die Frage, was wohl Nannis Angehörige zu unserem Vorhaben sagen würden? Noch hatten wir nicht recht davon zu reden gewagt. Nur zuweilen ließen wir ein andeutendes Wörtlein fallen – sogenannte Fühler. Das wurde gewiß nicht überhört; aber man vermied es, darauf einzugehen, obwohl wir dahin drängen wollten. Die Vorsaßzeit war schon bald zu Ende, und ich mußte mich nun entschließen, mit der Sprache herauszurücken.

Zuerst beschloß ich, mit Bruder Jakob zu reden, den ich mir am geneigtesten wußte. An einem Sonntage wartete ich, bis er und der Schneider ihre 22 Kühe gemolken hatten, um dann, da der Schneider sennen mußte, mit Jakob allein nach Schoppernau zum Gottesdienste gehen zu können. Wir plauderten zuerst von den Aussichten des Jahrganges für die Milchwirtschaft und kamen dann vom Allgemeinen unvermerkt mehr ans Besondere. Ich erzählte ganz begeistert, daß ich jetzt eine Freude an der Bauernarbeit, eine Liebe zur Heimat in mir erwachen fühle, wie ich's früher niemals auch nur zu ahnen vermocht hätte. Jakob sagte mit Herzlichkeit: man sehe mir das an, und jedermann sei mir darum gut. Wenn ich früher so gewesen wäre, hätte mir manches Bittere wohl erspart bleiben können. Das Gute jedoch komme nie zu spät, und man könne sich freuen, daß die Ach mir und anderen die Augen ausgewaschen habe.

»Jenes Ereignis«, antwortete ich, »könne man ein Wunder nennen, wenn einem das besonders schmeichelte. Solche Wunder gäb's aber oft im Leben, wenn man nur bloß ihres Segens teilhaftig würde. Auch mir würde derselbe ohne deine Schwester verlorengegangen sein, oder sich gar noch in den Fluch neuer Verbitterung verkehrt haben.«

Und nun schilderte ich mit der Begeisterung des Liebenden, wie ich mit und durch Nanni ein ganz anderer geworden sei, wie ich mich jetzt hier daheim fühlte und mich gerne für immer an die Heimat binden möchte. Meine Mutter sei alt und sehe mich einsam. Sie würde freudig die segnen, welche ihr zweites Kind werden möchte. Ich hätte nun mit Nanni geredet, und unsere Heirat sei von uns aus eine ausgemachte Sache. Ich hoffte, daß man nicht zu viel dagegen einzuwenden habe, obwohl ich wisse, daß eine Haushaltung so ein Mädchen ungern ziehen lasse.

Meine Rede war warm, und dem guten Jakob wurden dabei die Augen feucht. Er sagte: Das habe er schon lange kommen sehen. Er sei auch überzeugt, wenn je ein Paar, so wären wir beide ganz besonders für einander geschaffen. Ihm tue es weh – recht weh –, das Mädchen aus dem Hause zu lassen, aber er sei auch überzeugt, daß Nanni nichts anstrebe, was zu ihrem Unglück werden müßte, und er hielte es für eine böse Gewissenssache, ernstlich gegen unsere Verbindung aufzutreten. Auch Nanni würde hier herum nicht zum Hundertsten passen, wenn sie sich auch so gut als eine in alle Verhältnisse zu fügen wisse.

Niemals habe ich vor oder nach einer Beicht mehr gute Vorsätze gemacht, als diesen Vormittag unter dem Gottesdienst. Bei der Messe sang ich das Gloria halb laut mit, und den künftigen Schwager neben mir sah ich an wie den großen Oberhauser, meinen Lebensretter.

Nachmittags redeten ich und Nanni nun auch mit ihrer Mutter. Hier hatten wir schon einen Gehilfen und Fürsprecher an Jakob, aber wir brauchten ihn. Die Greisin schauderte anfangs zurück vor dem Gedanken an eine Trennung von ihrem Liebling. Aber gerade weil Nanni ihr so lieb war, gab sie deren Bitten allmählich nach.

Später freilich ward noch mancher Widerspruch erhoben; aber das vermochte mich nicht mehr zu betrüben. Vielmehr sah ich darin immer ein Zeugnis für den hohen Wert meiner Geliebten. Ja, das feste Zusammenhalten dieser Familie war mir auch da wohltuend und bewundernswert, wo es der Erfüllung meines heißesten Wunsches feindlich sich gegenüberstellen zu wollen schien. Jetzt sah ich, wie recht Nanni hatte, als sie das Wohltätige des Lebens in einem Kreise lieber Geschwister pries.

Zuweilen erwachten unter Nannis Angehörigen denn doch auch allerlei Besorgnisse wegen der Zukunft des Mädchens, wenn mir jetzt die öffentliche Meinung auch ziemlich günstig blieb und derartige Bedenken nicht mehr großzuziehen suchte. Es war doch eine wichtige Sache, das Schicksal eines Mädchens ganz in die Hand dieses unberechenbaren Sonderlings zu legen; vielleicht um so bedenklicher, je vertrauender und gläubiger die Liebende sich ihm überließ. Diese Besorgnisse wurden glücklich durch einen Brief des studierten Bruders zerstreut, an welchen sich Nanni wendete. Er wollte mich früher in Hopfreben kennen gelernt haben als einen Menschen, dem viel Tüchtiges zuzutrauen sei, wenn er in der Heimat je gehörig Wurzel fassen könne. Er sprach daher die Hoffnung aus, daß die Verbindung nicht nur den beiden einsamen, unverstandenen Leutchen, sondern wohl auch noch der Gegend zum Segen werde, welche so sehr eines Mittlers zwischen ihr und der »Welt« bedürfe. Er versprach bei unserer Hochzeit zu erscheinen, da es ganz gewiß in wenigen Monaten mit der Herrlichkeit der deutschen Beamten in Ungarn für immer aus sein werde.

Nannis Geschwister hatten, wie wohl die meisten Bregenzerwälder, im Grunde des Herzens kein besonders günstiges Vorurteil für halb lateinische Menschen mit langen Kitteln. Man sah den Kaspar nicht gerne so einen Herrn abgeben, und nur das Kerngesunde seines Wesens, die Überlegenheit seines reichen Geistes, hatten ihm ihr Herz wieder gewonnen. Ja, durch ihn wurden sie überhaupt von ihren Vorurteilen gegen alle Aufklärung geheilt, deren Wohltaten er ihnen in ihrer Weise zu zeigen und zugänglich zu machen wußte. Sein Brief tat Wunder. Alle Besorgnisse waren zum Schweigen gebracht, und im Fasching des kommenden Jahres wollten wir Hochzeit halten.

Es waren wunderbare Tage, in denen wir uns zur öffentlichen Feier unseres Glückes vorbereiteten. Da gab's noch viel zu ordnen und anzuschaffen. Der Schneider und seine älteste Schwester, die Näherin, bekamen viel zu tun, denn sie hatten sich's zur Aufgabe gemacht, uns hochzeitlich herauszuputzen und bei dieser Gelegenheit einmal ihre Leistungsfähigkeit zu zeigen. Wir mußten oft lächeln, wenn wir wieder und wieder alles anprobieren und uns von allen Seiten, in jeder Stellung zeigen sollten. Uns war es nicht besonders wichtig, wie das und jenes nun sitze, aber wir erkannten gerne, daß es für sie eine Ehrensache sei; besonders für den Schneider, welcher beweisen wollte, daß er schon auch lange fremde Kleider, wie ich sie jetzt immer und ohne Anfechtung trug, zu machen verstehe. Uns aber war und blieb die innere Vorbereitung des Gemütes auf den Hochzeitstag am wichtigsten. Unsere katholische Kirche nennt die Ehe ein Sakrament der Lebendigen, derjenigen also, die in der Gnade leben und sich durch Beicht und Buße von früherer Schuld gereinigt haben.

»Deine Sünden sind dir vergeben«, spricht der Stellvertreter Gottes im Beichtstuhl, und dann reichen die neugewordenen Kinder der Gnade, innerlich frei von der ganzen Vergangenheit, sich die Hände zum heiligen Bund. So kommt die Kirche den Bedürfnissen des Herzens zu Hilfe. Ich glaube nämlich, daß diese Reinigung jedem liebenden Herzen Bedürfnis werden müsse. Man will nichts Ungerades mit ins Leben des geliebten Wesens hinüber nehmen und ist froh, wenn die Erlösung von der Vergangenheit durch einen Machtspruch geschieht, wo man dieselbe nicht in sich selber findet. Wir arbeiteten schon jetzt an diesem Erlösungswerk, ich lernte verstehen, was es heißt, sich die Hände in Gott, dem All-Liebenden, reichen.

Am 14. Jänner 1861 abends, nachdem ich noch einmal die nun fertigen Hochzeitskleider anprobiert hatte, ging ich zum Pfarrer in Au, um demselben vorschriftsmäßig unser Vorhaben anzuzeigen. Ich fand ihn gerade nicht besonders freundlich, und er sprach offen aus, er sehe es recht ungern, daß ihm nun die beste, liebste Schülerin, die er gehabt, aus dem Dorf, und noch gar in das enge Schoppernau hinauf ziehen wolle. Ich verzieh das dem wunderlichen, aber seelenguten Greise von Herzen gern. Er war einer der freisinnigeren Geistlichen, noch der badischen Schule entstammend und der jungbrixnerischen Richtung innerlich abhold. Als Nanni in der Schule vom Lehrer nichts mehr lernen konnte, nahm er sich ihrer an und gab ihr sogar Schillers und Houwalds Schriften im Auszuge in die Hand. Auch gegen mich hatte er sich immer recht freundlich gezeigt; nur daß ich seine Anna Katharina aus Au wegheiratete, konnte er mir nicht mehr verzeihen.

Als wir eine Woche später in den Pfarrhof kamen, um das übliche Brautexamen zu bestehen, fanden wir ihn sehr unfreundlich. Er war schon zu Bette gegangen, obwohl es erst dämmerte, und entschuldigte dies Nanni gegenüber damit: er habe noch immer gehofft, daß sie gar nicht kommen werde. Ihm wäre es lieb gewesen, wenn er die für uns bestimmte Stunde ruhig hätte schlafen können. Wir mußten uns nun auf zwei Stühle hart neben sein Bett setzen, von dem aus er uns aus dem Katechismus fragte. Dabei suchte er besonders mich in die Enge zu treiben. Das wäre ihm wohl ganz leicht gelungen, wenn er sein Buch bei sich gehabt hätte. Da aber das nicht der Fall und von ihm selbst manches halb vergessen war, ging es mir ganz gut. Ich wurde nie um eine Antwort verlegen, mit der man schon zufrieden sein konnte, wo nur der Gedanke, nicht aber der genaue Wortlaut des Katechismus verlangt wurde.

Nach dem Examen, welches vielleicht eine Stunde – also jedenfalls nicht lange – gedauert hatte, gingen wir zur Sonnenwirtin, bei der es heute ganz fastnachtsmäßig zuging.

Sie hatte Nachbarn und gute Bekannte zur Stubat eingeladen und ihnen nachmittags schon alles Gute aufgetragen. Auch Nannis Geschwister waren dort, und wir hatten ebenfalls zu kommen versprechen müssen.

Schon vor dem Hause hörten wir frohes Gelächter. Besonders einer lachte so herzlich und ungezwungen, daß es einem ordentlich wohl tat, wenn man auch nicht wußte, worum sich's handelte. »Das ist unser Bruder Kaspar, ganz noch wie früher schon«, rief meine Braut und eilte voran ins Haus. Ich begrüßte meinen studierten Schwager mit einer mir selbst unerklärlichen Scheu, die sich aber bald ein wenig verlor. Wir fanden Gefallen aneinander und saßen plaudernd beisammen, bis mir von den tanzlustigen Stubatern in der Nachbarschaft eine Ziehharmonika gefunden war. Nun half er Tische und Stühle aus der Stube räumen und eröffnete dann mit meiner Nanni den Tanz. Er konnte es noch wie ein echter Wälder – mit Leib und Seele. Gewiß hatte nicht nur ich das Gefühl, als ob er nun viel von dem abschüttle, was uns noch fremd an ihm gewesen war.

Dann setzte er sich neben mich und lauschte meinen Stücken. Ich sagte ihm, daß ich ohne Noten, ohne jeden Unterricht gelernt habe. Er meinte, man höre das, aber ihn spreche das Gemütsleben an, welches zuweilen aus meinen Weisen klinge. Auch von meinen Gedichten, die Nanni ihm mitgeteilt hatte, sprach er in freundlicher Weise. Mir wurde dabei etwas angst. Fremd war mir der Schwager nicht mehr, aber ich sah noch zu sehr den Beamten in ihm, um ganz und offen mich geben zu können. In diesem Stücke war ich noch ganz der echte mißtrauische Bauer des Innerbregenzerwaldes. Ich sah in allen diesen Herren Steuersauger, Angeber und fast mehr Verdreher als Vertreter des geschriebenen, in tausend Sackgassen von Zusätzen sich verlaufenden, dem einfachen Menschenverstande unbegreiflichen Rechtes. Die Rechtswissenschaft erscheint den Bauern leicht als eine Art von Taschenspielerei. Hier galt damals und gilt häufig noch heute ein Rechtshandel für eine etwas verdächtige Sache. Lieber gibt man in unerhörtester Weise nach, als daß man aufs Gericht laufen und sich in ein Gerede bringen mag. Mein Schwager schien das zu bemerken, was in mir vorging und sich noch zwischen uns stellte. Er begann von der alten freien Verfassung des Innerbregenzerwaldes zu reden. Das machte mich bald warm, und auch andere setzten sich zu uns, um an dem immer lauter werdenden Gespräche teilzunehmen. Unser Mut wuchs, da wir den Beamten gleich als einen freisinnigen, vorurteilslosen Mann kennen lernten, der lächelnd mit unverkennbarem Behagen Hiebe hinnahm, die wohl nicht jeder ertragen hätte. Er bekam es nun deutlich zu hören, daß wir den freien Bregenzerwälder Landsbrauch, wie ihn unsere Väter aus deutschem Rechtsbewußtsein schufen und unbehindert den Verhältnissen gemäß ausbauten, noch recht gut im Kopfe hatten und die Herren Beamten leicht für Vertreter eines fremden Rechtes ansähen. Wie in Märchen das Aussprechen eines Wortes oft einen Zauber löst, so fiel auch hier nach diesem Ausspruche die letzte Mauer zwischen uns und dem Beamten zusammen. Wir kamen erst spät in der Nacht heim in Nannis Haus. Der Beamte blieb in der Stube, bis ich ging, und war mir durchaus nicht im Wege. Er hatte schon mein Herz gewonnen, und ich schied von ihm mit der Ahnung, daß wir viel zusammen erleben würden. Seine Ansichten stimmten mit den meinen in so manchem überein, daß wir, wenn wir uns auf gleichem Boden bewegten, auch gleiches anstreben und erfahren mußten.

Am nächsten Sonntag sollten wir nun als Brautpaar von den Kanzeln in Au und Schoppernau verkündet werden. Mir gingen die Tage bis dahin bald zu langsam, bald zu schnell vorüber. Ich hatte noch so viel zu tun, daß ich gar nicht wußte, wo ich anfangen sollte, da mir immer etwas anderes noch notwendiger schien und eigentlich nichts recht zu meiner Feststimmung paßte. Die Leute freilich merkten wenig von dieser Feststimmung. Ich hab's lernen müssen, Leid und Freude tief in mich zu vergraben. Fremde

Teilnahme hatte mich bisher nur verwirrt und gehofmeistert. Sogar die herzlichen Glückwünsche meiner Freunde nahm ich mit einiger Scheu entgegen. Es war mir immer, als ob man gar nicht von der Sache reden sollte, und Nanni sagte das nämliche. Aber trotz unserer Scheu wollten wir doch keine stille, sondern eine gehörige Bauernhochzeit mit Musik und Tanz halten. Das sollte noch das letzte Gerumpel sein, welches wir auf der Welt machten; dann wollten wir still und unbeachtet in unserem Häuschen leben.

Endlich kam der Sonntag, an dem wir verkündet wurden. Ein Fuhrwerk, das erste, welches ich zu einer Vergnügungsfahrt benutzte, brachte uns auf gut gebahntem Schlittweg in den äußeren Bregenzerwald, wo einige Verwandte meiner Braut in schöner, geachteter Stellung lebten. Ich erwähne nur den hier überall bekannten Bruggmüller in Egg, einen Bruder ihres Vaters. Er galt im ganzen Ländchen für einen Ratgeber und Helfer aller Notleidenden. Sein gastfreundliches Haus stand jedem offen, und jeder verließ es gehoben und erquickt. Ich fühlte mich da gleich heimisch und freute mich, einen solchen Mann zum Vetter zu gewinnen. Vor Bruggmüllers Tochter aber, der Taubenwirtin in Alberschwende, trat ich doch noch etwas scheu auf. Mit Weibern hatte ich überhaupt nicht gerne zu tun, da ich ihr Urteil meistens nur von der öffentlichen Meinung bestimmt sah, die mir fast immer ungünstig war. Es ging aber auch hier ganz gut. Wir wurden in ein freundliches Gastzimmer geführt, wo ich nach dem Gottesdienste zu meinem Ergötzen die rotbackigen Alberschwenderinnen ihr Pfeifchen rauchend beim Kirschenwasser sitzen sah. Das war dem Innerbregenzerwälder einmal etwas Neues. Überhaupt gefiel mir das müßige Herumfahren im Ländchen viel besser, als ich vorher besorgt hatte.

Ich lernte allerlei Menschen, Verhältnisse und Lebensstellungen kennen, die mir neu waren und zu anderer Zeit wohl Monate lang zu denken gegeben hätten. So kamen wir dann am Montag abends mit allerlei Eindrücken und auch mit Geschenken bereichert in Au wieder an. Dienstag und Mittwoch besuchten wir die dortigen Bekannten und Verwandten, wobei wir in unserem Festschmuck auftraten. Alle gaben uns ein Geschenk (etwas a d'Wicko), wenn sie nicht zur Hochzeit zu kommen versprachen. Nur die nächsten Verwandten und die besten Freunde hätten sich durch ein Geldgeschenk nicht abfinden können. Sie machten aber zu unserer Freude gar keinen derartigen Versuch, und die Zahl der Gäste schien eine ziemlich große werden zu wollen. Am Mittwoch abends hatte Nanni ihre Kleider zusammengepackt und das Brautfuder geladen. Nun war der Augenblick des Scheidens da. Die Stubenuhr, welche bisher des Mädchens Stunden zählte, schlug sechs. In dem engen niedrigen Raume standen die Mutter und die Geschwister still um uns herum. Wie viel hatten diese Leute mit und für einander erlebt! O dieser Kreis, ich fühlte es, war so sicher, so warm, so heilig, und nun wollte ich das Mädchen aus demselben herausführen! Was alles hätte ich dem lieben alten Mütterlein versprechen, beschwören mögen in diesem großen Augenblick! Ich empfand so lebhaft, was in ihm, was in allen jetzt vorgehen mußte, daß ich keines Wortes mächtig war. Ich sah die anderen gefaßter und heiterer, nur still. Nanni hatte feuchte Augen, aber ihre Stimme klang hell und sicher wie sonst!

Plötzlich faßte ich die schwielenbedeckte Hand der Mutter, und sie festhaltend rief ich: »Mutter, auch ich liebe sie! Du hast noch mehr Herzen, welche für dich schlagen, ich habe nur deine Nanni.«

»Ihr beide habt uns alle«, riefen die Geschwister wie aus einem Munde. »Wir sind nun Eigene und gehören zusammen.«

»Und bleiben uns immer nahe, im Glück und Unglück«, sagte ich erheitert.

Dann umfaßte ich noch einmal der Mutter Hand und tat im stillen bei meiner Liebe einen Schwur, der mich wunderbar beruhigte – dann gingen wir.

Wie wir nach Schoppernau kamen, weiß ich kaum noch, aber bald waren wir daheim. Als Nanni mit dem Auspacken ihrer heraufgeführten Sachen beschäftigt war, eilte ich ins Altarkämmerlein, wo meine Bücher und Schriften aufbewahrt waren. Ich nahm ein Leintuch mit und breitete es auf dem Boden aus; dann begann ich meine Schriften zusammen zu nehmen. Tagebücher, Entwürfe, Gedichte verschiedensten Inhaltes, mein ersticktes Drama vom Seppel, kleinere Abhandlungen -- kurz alles, was mir in der Eile derartiges in die Hände kam, wurde ohneweiters auf das ausgebreitete Leintuch geworfen. Nur Weniges ist mir entgangen. Als ich fertig war, nahm ich die vier Zipfel des Tuches zusammen, zwängte mich mit dem unförmlichen Pack durch die enge Kammertür und leerte alles auf den Herd in der Hausflur aus, wo ein kleines Feuer brannte. Ich begann ein Stück nach dem andern anzulegen. Die Flamme schwoll und schwoll. Als ich den ganzen Raum erhellt sah, rief ich meine Braut heraus.

»Aber was tust du denn?« frug sie lachend.

»Aufräumen.«

»Mit was?«

»Mit der Hanswurstentracht des alten Sonderlings. Der letzte Fetzen ist nun weg. Ich will ganz nur an dir hängen, dir leben!«

»Es waren Schriften?« frug das Mädchen erschrocken.

»Ja, meine Schriften. Ich habe deiner – unserer Mutter bei mir selbst geschworen, mich frei zu machen von dieser dämonischen Sucht, um ganz dir leben zu können.«

»Das hat die Mutter doch nie von dir gefordert?«

»Aber der große Augenblick hat es gefordert, in welchem du mir übergeben wurdest. Ich habe nun sonst zu tun, und wer nicht mehr spielen will, darf auch die Karten nicht bloß hinter den Spiegel stecken.«

»Ich verstehe dich, aber – es ist doch schade!«

»Schade?« lachte ich. »Um die Klagen – gereimte und ungereimte – über eine Welt, wie sie wohl gar nicht existiert?

Schade um hundert Denkmale meiner Torheit, deren du dich immer schämen müßtest? Um nur so scharfe Untersuchungen, wie man sie mit der grauen Brille der Verzweiflung anstellt? Na na, du gutes närrisches Leutlein, um das alles ist kein bißchen schade!«

»Du gibst doch der öffentlichen Meinung zuviel nach.«

»Nur, damit sie nicht recht behalte.«

»Aber du hast Freude an diesem Schaffen und ich auch.«

»Gut, dann soll einmal Besseres, deines Mannes Wertes entstehen. Mit dir, für dich ist es mir leicht, allem anderen zu entsagen, wenn es sein muß; aber ich werde auch noch mehr können.«

Wir gaben uns die Hände, und später wurde der verbrannten Schriften kaum noch mit einem Worte gedacht. Nur das sah ich, daß Nanni sich freute, so oft sie noch etwas Zurückgebliebenes fand. Alles wurde von ihr sorgfältig aufbewahrt.

Mir war wohl nach dieser Tat. Ich konnte nun mit viel ruhigerem Gewissen an die Angehörigen derjenigen denken, die ich von jetzt an mein Wible nannte. – – –

Unserem engen Achtale bringt der Winter, der selbst die düsteren Berge mit schimmerndem Schnee bekleidet, die hellsten Tage. Ein solcher war auch der 4. Februar 1861, unser Hochzeitstag. Heiter und schön, aber still, stieg er im Osten auf und glich dem Leben, welchem wir entgegen gingen. Etwas kalt war's im Dorf, aber um so lieber blieb man in der Stube. Dort war's jetzt besonders hell und freundlich, und man war sicher vor den Schneeflocken, die ein scharfer Ostwind hie und da aufwirbelte. Auch das noch kann mit zu meinem Vergleich genommen werden.

Auf dem Wege zur Kirche dachte Nanni an unseren ersten gemeinsamen Gang zum Gotteshaus und an das Gedicht, welches nach demselben entstand. Sie flüsterte mir den Schluß desselben zu:

Ich möcht mit dir durchs Leben gehn
Durch Lenz und Winter, jede Zeit!

Ich erzählte jenen Traum, den ich einst hoch droben auf dem Sattel gehabt hatte. Jeden Schritt aus der Tiefe meiner trostlosen Einsamkeit heraus bis zur Höhe des heutigen Glückes bezeichnete ein schönes, unvergeßliches Erlebnis, und selbst was Hindernis schien, war uns Wohltat geworden, indem es uns zum Handeln drängte.

In der Kirche dankten wir Gott für alle Freuden und Leiden, die er uns zuschickte. Dieser Stunde wollten wir immer gedenken wie einer höheren Offenbarung und dann demütig und vertrauensvoll alle Fügungen des Schicksals hinnehmen und nach Kräften zu unserem Besten verwerten. Sogar an den Arzt in Tirol drinnen konnte ich jetzt ohne Bitterkeit denken. Wo wäre ich unruhiger, sonderbarer Mensch jetzt wohl ohne ihn gewesen? Jedenfalls nicht glücklicher als hier!

Pfarrer Stockmayr legte unsere Hände ineinander, und man sah ihm ordentlich an, wie gern er das tat.

Nannis »Ja« klang fest und sicher; den vielen in der Kirche anwesenden Dorfbewohnerinnen fast zu laut. Ein klein wenig hätte sie doch weinen sollen. Man sagt, eine traurige Braut gebe ein fröhliches Weib. Im allgemeinen mag dieser Spruch wohl etwas Wahres haben, aber an meinem Wible bewahrheitete er sich nicht. Es war halt eben auch – ein Sonderling.

Unser Hochzeitsmahl sollte beim Adlerwirte gehalten werden, der mein Nachbar und dem Wible ein Vetter war. Als wir vor das etwas enge Haus kamen, erklang im oberen Stocke, wo die Kammer zum Tanzsaal ausgeräumt war, laute lustige Musik – das nämliche Stück, welches ich auf dem Sattel in jenem Traume gehört hatte. War nicht etwa das, was ich jetzt erlebte, auch wieder nur ein Traum? Fast fürchtete ich's und blieb wie angebannt auf dem Tritt vor der Haustür stehen.

Da kam die Schwester des Adlerwirts und sprach feuchten Auges ihren Glückwunsch aus. Seit sie in der Himmelriese-schlucht für mein Leben zitterte und betete, hing sie immer fast mit mütterlicher Zärtlichkeit an mir. Sie gedachte jener bangen Stunde. Aus ihr war uns das Glück des heutigen Tages erblüht.

Nachmittags hatten wir etwa siebzig Gäste zu begrüßen; lauter liebe Verwandte und gute Bekannte aus nah und fern. Mit dem Schwager Kaspar kam auch Dr. Walser, und sogar der greise Pfarrer von Au fand sich mit unserem Stockmayr ein und war recht heiter. Einer fehlte mir – der Seppel. Aber geschrieben hatte er auch, daß es ihm in Bordeaux recht gut gehe und daß er an meinem Hochzeitstage auf unser Wohl eine gute Flasche leeren und wieder einmal recht lebhaft an unsere kaffeedampfumnebelte, enge, löcherige und runzelige Heimat denken wolle.

Mehr konnte man nach dem Briefe, welcher die vollste Zufriedenheit mit seinen Verhältnissen aussprach, nicht von ihm verlangen.

Das Brautpaar sollte nun für die Unterhaltung der Gäste sorgen, aber das war in einer so fröhlichen Gesellschaft bald geschehen. Wir blieben daher fast immer auf dem Tanzplatze, bis Lehrer Albrecht seine Abdankungsrede hielt. In derselben wurde unter Berufung auf den anwesenden Dr. Walser darauf hingewiesen, daß die besten Medizinen immer etwas Gift enthielten und bitter schmeckten. So diene dem Menschen oft zur geistigen Gesundung, was gerade sein Verderben zu werden scheine. Man müsse nur auch gehörig einnehmen können, was Dr. Schicksal zusammenrühre, und nicht etwa glauben, daß nur das Angenehme, Süße gut und heilsam sei.

Mir tat es wohl, mich unter so vielen lieben Menschen zu sehen, die mir wohl wollten und heute so fröhlich mein Glück feierten. Ich hätte allen etwas Liebes sagen, etwas Gutes tun mögen. Besonders glücklich machte es mich, daß ich nun den immer mehr geschätzten Beamten Schwager nennen durfte. Das mußte ihn stets an seine geliebte Schwester erinnern und noch inniger an mich fesseln; wir mußten Freunde werden!

Beim Heimgehen blieben wir trotz der kalten Winternacht lang unter Gottes heiterem, sternbekränzten Himmel stehen. Wir gaben uns die Hände, indem wir uns alles nochmals versprachen, was wir uns heute vor dem Altar versprochen hatten und sonst noch viel, viel.

Dann gingen wir in unser Haus. Es stand recht klein da unter der schneeigen Schlafmütze, mit welcher der Winter es bedeckt hatte. O für uns war es doch groß genug! Sehen wir nicht durch die Fenster Gottes Sternenhimmel? Gehört uns nicht seine schöne herrliche Welt und Mut und Kraft, uns da fröhlich durchzuhelfen? Wer das hat, ist nicht mehr durch enge Wände beschränkt, wenn's aber vollends zwei Liebende miteinander haben, sind sie gewiß überall glücklich.

Und wir sind es auch geworden durch einander; glücklich und gut. Jedes achtete das andere. Es suchte seiner wert zu werden, und die immer noch wachsende Liebe machte, daß das ohne Mühe ging und unsere größte Freude, unser Reichtum ward. Vielleicht erzähle ich später einmal, wie immer eins im anderen lebte, wie sie mir Auge und Hand war und wie sie mein Haus zu einem Tempel machte, zu einer sicheren Stätte, wo der von mitteralterlichem Fanatismus Verfolgte stets Zuflucht und Trost fand. Auch da wird sich wieder zeigen, daß das Schicksal den Menschen bloß darum zuweilen zu verfolgen scheint, damit er etwas von dem ihn belastenden Gepäck abwerfe und um so schneller und sicherer einem seiner würdigen Ziel entgegen komme.

Walter Methlagl
FRANZ MICHAEL FELDER

Nach bisheriger Ermittlung war Franz Michael Felder vor 1870 im ganzen deutschen Sprachgebiet der erste und einzige Autor, dessen Existenz ausschließlich auf der Landwirtschaft beruhte und der gleichzeitig im vollen Sinne des Wortes Schriftsteller war. Bis zu seinem Auftreten galt die Meinung, ein Dorfbewohner könne keine Dorfgeschichte schreiben, geschweige denn eine über seinen Lebensumkreis hinaus gültige Literatur. »Ein echter Bauer – als echter Dichter? unerhört!« So hieß es 1867 in einem Aufsatz in der »Gartenlaube«, durch den Felder vom Leipziger Germanisten Rudolf Hildebrand der damaligen Kulturgesellschaft vorgestellt wurde. »Unerhört« war Felders schriftstellerische Tätigkeit in zweifacher Hinsicht: Sie widersprach den strikt geregelten Verhaltensnormen seiner bäuerlichen Zeitgenossen und den Erwartungen der literarisch ambitionierten bürgerlichen Intelligenz. Felder stand zeitlebens in einem doppelten Rollenkonflikt, der in zahlreiche Einzelkonflikte und Bewältigungsversuche gebrochen erscheint.

Was man sein gültiges schriftstellerisches Werk nennen kann, entstand insgesamt nach seiner Verheiratung mit Anna Katharina (»Nanni«) Moosbrugger, die er künftig sein »Wible« nennen sollte, also nach dem 4. Februar 1861, mit dem der »erste Teil« der Autobiographie schließt. Die »Verwicklungen«, die diesem Zeitpunkt folgten, sollten nach der Absicht des Autors den »zweiten Teil« abgeben. Doch starb Felder am 26. April 1869, wenige Wochen vor seinem dreißigsten Geburtstag. Es ist nicht ganz müßig, zu fragen, ob die ins Auge gefaßte Fortsetzung überhaupt je möglich geworden wäre, auch wenn der Dichter noch länger gelebt hätte. Nicht zuletzt mutet das Fragmentarische des Textes aus heutiger Sicht als literarisch notwendig an. Noch weniger ließ und läßt sich dieser »zweite Teil« von jemand anderem schreiben, wie Rudolf Hildebrand dies nach Felders Tod ernsthaft plante. Eben dieser Plan in seiner Undurchführbarkeit war die eigentliche Ursache dafür, daß die Veröffentlichung von »Aus meinem Leben« jahrzehntelang blockiert war und erst nach Hildebrands Tod (1894) möglich wurde. Die Jahrhundertwende mußte noch verstreichen, bis dieses sprachkünstlerisch zweifellos wichtigste Werk Felders in Druck kam. Im Jahre 1904 hat der Grazer Germanist Anton E. Schönbach es als zweiten Band der »Schriften des literarischen Vereins in Wien« erstmals herausgegeben. Seitdem ist »Aus meinem Leben« nach dieser Vorlage noch viermal aufgelegt worden. Die weiteste Verbreitung fand es durch die als »Volksausgabe« konzipierte erste Gesamtausgabe von Hermann Sander, in deren Rahmen es 1910 als Band 1 erschien. 1973 erfolgte die bisher letzte Veröffentlichung als Band 4 der großen Ausgabe »Sämtlicher Werke«, die der Franz-Michael-Felder-Verein seit 1969 in Bregenz (Kommissionsverlag H. Lingenhöle u. Co) veranstaltet. Der Bearbeiter dieses Bandes, Walter Strolz, griff dabei auf die erste von zwei Fassungen zurück, die bei Felders Tod im Manuskript vorlagen. Indem der vorliegende Text sich wieder an der von Schönbach vorgestellten zweiten Fassung orientiert, die auch ohne direkte Autorisation als der vom Autor gewollte Text gelten darf, kann also prinzipiell das Werk in seiner Entstehung nachvollzogen werden. Schönbachs Vorlage wurde nur insofern verändert, als veraltete Großschreibungen sowie die uneinheitliche Zeichensetzung an den heutigen Stand angeglichen wurden.

In den »Sämtlichen Werken«, die demnächst mit dem elften Band abgeschlossen werden sollen, liegt nun die literarische Hinterlassenschaft Felders vollständig und dicht kommentiert vor. Sechs Bände sind allein mit dem Briefwechsel gefüllt, aus dem die Korrespondenzen mit den drei wichtigsten Partnern Felders herausragen: mit seinem Schwager, dem Bludenzer Gerichts-Adjunkten Kaspar Moosbrugger, mit Rudolf Hildebrand, der damals als der unmittelbare Nachfolger Jacob Grimms das »Deutsche Wörterbuch« fortsetzte, und mit dem Bezauer Lithographen, Gemeindevorsteher und Landtagsabgeordneten Josef Feuerstein, mit dem zusammen Felder seine wichtigsten Sozialreformen durchführte. Dadurch und durch die sprachkundlichen Untersuchungen, gesellschaftskritischen Abhandlungen, Polemiken und Satiren, Tagebücher und Reden Felders, die in der Ausgabe unter dem wenig differenzierenden Titel »Vermischte Schriften« zusammengefaßt sind, werden die Konturen eines Lebens zum Greifen deutlich, das bisher manche ideologisch und politisch brauchbare Legende nur deshalb erzeugt und genährt hat, weil es über ein Jahrhundert immer wieder fast ganz in Vergessenheit versank und bei »Wiederentdeckungen« immer wieder nur soweit ausgegraben wurde, wie man es gerade brauchte. Aufgrund der nunmehr freigelegten Überlieferung zeigt sich, mit welcher auch historisch-biographischen Feinzeichnung und Tiefenschärfe die in der Autobiographie belichtete Lebenszeit gearbeitet ist. Roy Pascals Verdikt, das grundlegende Wesen der Autobiographie bestehe in der »Verfälschung der Wahrheit durch den Akt des erinnernden Besinnens«, kann demnach genausogut als das Zugeständnis schöpferischer Wirklichkeitsverwandlung begriffen werden.

Dazu wenigstens ein Beispiel: Was Felder im 23. Kapitel, »Sturz in die Bregenzerache«, als reinigende Katastrophe aus der Schau der Hauptfigur zur äußersten Zuspitzung des Konflikts mit der Dorfgemeinschaft vorbringt – mehrere Dorfbewohner hätten ihn in seiner ausweglosen Lage im Wasser gesehen, seien jedoch davongelaufen, um die eigenen Kühe zu retten –, ist ihm tatsächlich mehrfach als »Lüge«, zumindest als literarische Effekthascherei vorgeworfen worden. In der Schoppernauer Pfarrchronik S. 207 f. wurde der Vorfall von Pfarrer Stockmayr festgehalten:

»Zur Mayenzeit, als man in die Vorsäße zog, ereignete sich dahier nachstehender Unfall. Als dem Jüngling Fr. M. F.

sein Vieh, welches er in die Hopfreben trieb, über den Schalzbacher Steg ging, eilte derselbe ihm nach u. trieb es zurück, aber mitten auf dem Steg angekommen brach das Gebälke desselben zusammen und Frz. M. F. fiel samt dem Vieh ins Wasser, welches ihn mitfortriß und ihn im Kessel der Himmeriese an das jenseitige flache Ufer hinausspülte; wo er sich halb bewußtlos in gebückter halbsitzender Stellung an einem großen Stein anklammerte, und circa $^1/_2$ Stunde lang dort in dieser Stellung verblieb, und vergebens auf rettende Hülfe wartete. Es passierten zwar während dieser Zeit 2 junge Burschen von hier den neben dem Wasser führenden Weg mit ihrem Vieh, obwohl sie aber den Verunglückten am jenseitigen Ufer kauernd sitzen sahen gingen sie dessenungeachtet ihres Weges vorüber. Als man denselben später über dieses ihr Benehmen Vorwürfe machte, antwortete der eine, er habe geglaubt, Frz. M. F. habe etwas verloren und suche es im Wasser – der andere (ein Knecht) sagte, er habe das Vieh nicht verlassen können, denn wenn demselben während dieser Zeit ein Unfall begegnet wäre, so würde sein Dienstherr ihm die Schuld gegeben und ihm zünftig das Kapitel gelesen haben; er ging also auch vorüber u. ließ den am anderen Ufer auf Rettung suchenden ohne Hülfe, die er ohne die mindeste Lebensgefahr hätte leisten können indem der Bach an dieser Stelle seicht war und ohne besondere Mühe hätte durchwaden werden können. Der Verlassene machte nun den Versuch allein das dießseitige Ufer zu erlangen u. über den Bach herüber zu waten aber da seine Kräfte schon zu stark geschwächt waren wurde er vom Wasser wieder nieder u. fortgerissen. Ein Mann von hier, der auch in die Vorsäße ging, bemerkte ihn im Wasser, er lief ihm dem Ufer entlang nach und rief um Hilfe, wodurch ein anderer Jüngling des nämlichen Weges daher kommend aufmerksam gemacht, den Fr. M. F. im Wasser erblickte, und sogleich nicht ohne alle Lebensgefahr ins Wasser watete und denselben halb todt und bewußtlos herauszog, in der Gegend vis a vi vom

Ünschele Boden. Er wurde nun in Ünsche Boden getragen dort mit warmen Tüchern gerieben etc. und nach 2 Stunden wieder zum Bewußtseyn gebracht, und mit Hülfe des Arztes nach einigen Tagen ganz gesund wieder hergestellt. [...] Der Jüngling, welcher den Verunglükten aus dem Wasser zog, suchte bei dem k. k. Bezirksamt in Bezau um die Taglia an, und erhielt selbige.«

*

Sein Leben sei »ein Spiegel unserer Zustände« – damit rechtfertigte Felder gegen Einwürfe seine Arbeit an der Autobiographie. Für den nicht geschriebenen zweiten Teil muß man dieses Motiv nicht weniger gelten lassen. Dessen auch heute noch wirksame Brisanz hat ihren Grund in der Vielseitigkeit der Aktivitäten, mit denen der Schriftsteller und Bauer der andrängenden Vielfalt der Lebensprobleme Herr zu werden suchte. Daß es aber keine zerstückelnde und zerstreuende Vielseitigkeit war, sondern eine konzertierte und konzentrierte, die immer ein und dieselbe Handschrift verrät, hat bisher alle Versuche, des Phänomens »Felder« einschichtig habhaft zu werden und seinen Namen an welche politische Fahne auch immer zu heften, zunichte werden lassen. Nach Rudolf Hildebrands Ansicht ist Felder nicht nur literarisch »über den Bereich des Talents hinaus« begabt gewesen. Er sei zudem noch ein »weltverbesserndes Genie« gewesen, ein »Naiver« im Schillerschen Sinn, der sich eine spontane, unverstellte Sensibilität in sozialen Dingen bewahrt habe. »Felders Art, die Dinge anzugreifen, auch in praktischen Reformfragen, war keine himmelstürmende [...], sie war gerade entgegengesetzt, sie griff *unten* an, aber so, daß sie darauf ausging, möglichst *alles* mitzunehmen nach oben. Zu jenem Griffe gehören nur *ein* oder *zwei* recht lange Arme, zu dieser Art zuzugreifen gehört aber eine unendliche Geduld und Liebe, man muß greifen, als ob man tausend lange Arme hätte.«

Es sieht so aus, als wäre Felders Zugriff als Sozialreformer und jener, zu dem er in »Aus meinem Leben« als Literat gefunden hat, ein und derselbe. Jedenfalls wird man sich immer genauer überlegen müssen, was es war, das den Dichter und den »Weltverbesserer« so untrennbar zu einer unverwechselbaren Erscheinung gemacht hat, daß man darin förmlich einen Prototyp erblicken muß.

Zeitlich gesehen setzte die Sozialreform mit der Sprachanalyse ein: Nach seiner Verheiratung begann Felder, den Wortschatz, die Redewendungen, die Sprichwörter und Sagen des Innerbregenzerwaldes zu sammeln. Dies tat er zunächst auf Bitten des in Wien lebenden Landeskundlers Josef von Bergmann, der ein »Vorarlbergisches Idioticon« vorbereitete, später stellte Felder seine Sammlungen, die überhaupt die ersten Mundart-Bestandsaufnahmen in Vorarlberg waren, Rudolf Hildebrand für das Grimmsche Wörterbuch zur Verfügung. Solche Aktivitäten standen damals unter dem Aspekt der nationalen Selbstfindung; bei Felder trat jedoch als sozialer Aspekt hinzu, daß mit der Sprachreflexion für ihn der Gebrauch der »Sprache der Väter« seine Selbstverständlichkeit verlor und zum Anlaß permanenter Kritik wurde; und als Zeugnisse eines literarischen Aspekts liegen von Felder ein paar Sagen in Innerbregenzerwälder Mundart vor, die weit über alle regionale Selbstbespiegelung hinaus als Zeugnisse früher Absolutsetzung klanglicher und rhythmischer Sprachvorgänge zu lesen sind. Überhaupt sollte das Übereinkommen einer geschriebenen Hochsprache, deren Modell sich Felder, der nur im Dialekt zu sprechen gewohnt war, ausgerechnet vom komplexen Wielandschen Satz holte, und einer im voraus reflektierten Mundart künftig »das Problem« seines literarischen Stils werden, das er sicher vor »Aus meinem Leben« nicht endgültig gelöst hat.

Die »eigentliche« Sozialreform Felders geschah als Reaktion auf die fatalen Umstände, in denen er gelebt hat – repräsentativ für den kleinbäuerlichen Stand, dem er angehörte. Diese fatalen Umstände bestanden in einer ökonomischen und – als deren Folge – auch einer bildungsmäßigen und politischen Abhängigkeit der Majorität der bäuerlichen Bevölkerung des Bregenzerwaldes von einer Minorität, nämlich einigen Käsehändler-Dynastien und Textilunternehmern. Die Käsehändler, »Käsgrafen«, wie man sie damals nannte, unter ihnen vor allem der Schnepfauer Gastwirt und Gemeindevorsteher Gallus Moosbrugger, hatten um die Mitte des 19. Jahrhunderts im Bregenzerwald ein fast lückenloses Export-Import-Monopol aufgebaut. Ein Jungbauer, wollte er auf der Basis eines zumeist zu zwei Dritteln verschuldeten ererbten Anwesens eine Existenz gründen, ging im Normalfall zuerst über den Tannberg, ins Lechtal, und borgte dort von reichen Geldgebern ein Betriebskapital zu einer Verzinsung von fünf Prozent aus. Die Zinsen mußten alljährlich am 25. November (Katharinentag) entrichtet sein und wurden, da kaum jemals ein Bauer imstande war, sie aus Eigenem zu erwirtschaften, vom »Käsgrafen« allen jenen vorschußweise ausbezahlt, die ihm bereitwillig ihre Milch und Molkereiprodukte für das ganze nächste Jahr zu liefern versprachen; waren sie dazu nicht imstande, zog der Monopolist sie zu unbezahlter Heu- und Holzarbeit heran. Den Preis für die gelieferte Milch bestimmte der Monopolist, und zwar so, daß sich in der Regel die Verschuldung der Bauern nie aufheben konnte. – Die zweite Haupterwerbsquelle war im Bregenzerwald die Handstikkerei. Sie wurde im Auftrag von – hauptsächlich in St. Gallen angesiedelten – Fabrikanten betrieben, die die Fertigware ins Ausland, hauptsächlich nach Frankreich, exportierten. Sie nützten den im Vergleich zu Schweizer Verhältnissen in Vorarlberg ungleich billigeren Arbeitslohn aus. Die Einkünfte aus der Stickerei vermochten die Abhängigkeit im landwirtschaftlichen Bereich etwas zu lindern, sie gingen jedoch auf Kosten der körperlichen Gesundheit und eines geordneten Familienlebens und führten zu schlechterer Arbeitsleistung in der Landwirtschaft.

Aus diesem ökonomischen Zirkel auszubrechen, gelang nur in seltenen Ausnahmen, durch eine unverhoffte Erbschaft, eine reiche Heirat oder wenn man im Ausland zu Geld kam. Auf politischem Wege wäre es möglich gewesen, hätte nicht die ökonomische Abhängigkeit – vor allem durch das auf Steuerleistung beruhende Wahlsystem – den politischen Einfluß der Kleinbauern durch Wahlen oder gar Wählbarkeit praktisch ausgeschlossen. Das Monopol wurde im Einklang mit den politischen Behörden ausgeübt. Um politisch und ökonomisch aufzukommen, hätte zudem die an ökonomischen Erfordernissen oder politischer Zweckmäßigkeit orientierte Bildungshierarchie aufgehoben und zunächst das allgemeine Bildungsniveau angehoben werden müssen. Dies war schon deshalb fast unmöglich, weil das bäuerliche Informationsniveau weitgehend von der Kirche festgelegt war, die etwa eifersüchtig auf Einhaltung der durch das Konkordat 1855 in Kraft getretenen Zensurvorschriften achtete und insgesamt den herrschenden gesellschaftlichen Zustand religiös und sittlich rechtfertigte.

Dieses Geflecht von Abhängigkeiten setzte eine noch grundsätzlich geschlossene Gesellschaft mit vorhersagbaren Verhaltensweisen aller Beteiligten voraus. Doch war diese Geschlossenheit zu Felders Zeit bereits Illusion. Die Bevölkerungsverschiebungen größten Ausmaßes, welche das Aufkommen der Industrie neben der und gegen die agrarische Produktion begleiteten, waren auch in Felders Lebensumkreis spürbar. Alljährlich zogen im Frühjahr Fremdarbeiter ins Ausland und brachten im Herbst Bewußtseinsalternativen ins Land und irritierten ebenso wie die immer häufiger gelesenen Zeitungen bis dorthin unumstößlich geglaubte Denk- und Handlungsweisen. Der Handwerkerstand war seit Jahrhunderten durch Zunftregeln autoritär organisiert gewesen. Unversehens hatte er – auch im Bregenzerwald – sein Gesicht gewandelt, weshalb Felder 1865 die alten Zunftregeln in ein modernes demokratisches Statut umänderte. Um dieselbe Zeit trat er auch erfolgreich dafür ein, daß die Steuerleistung in Schoppernau nicht mehr nach der Anzahl der Köpfe in einer Familie, sondern nach der Höhe des Einkommens erfolgte.

Dies waren – ausgelöst von den ersten Signalen einer allseits aufgebrochenen Situation – erste Ansätze zu einer umfassenden Reform *aller* Bereiche, die damals das gesellschaftliche Leben des Hinterbregenzerwaldes bestimmten. Die ökonomische Reform leitete Felder 1866 mit der Gründung einer landwirtschaftlichen Produktiv- und Handelsgenossenschaft ein; mit geschickter Kalkulation gelang es, die Lohn- und Preisgebarung des Monopolisten zu konkurrenzieren. Später sollte die Heimstickerei durch Erschließung eigener Absatzmärkte in Norddeutschland vergenossenschaftlicht werden; erstmals wären dadurch Frauen als Unternehmergruppe gegen die Ostschweizer Bevormundung aufgetreten. Durch Etablierung einer holzverarbeitenden Industrie (oder handwerklichen Branche) sollten der umwelt- und gesundheitsgefährdende Handel mit Rohholz unterbunden und die Abwanderung heimischer Arbeitskräfte ins Ausland verhindert werden. Gegen Schadensfälle beim Vieh gründete Felder im Hinterbregenzerwald eine Vieh-Versicherungs-Gesellschaft.

Diese Maßnahmen flankierte Felder durch bildungsreformatorische Aktivitäten. Ihm ist zuzuschreiben, daß innerhalb weniger Jahre vor und nach dem Krieg 1866 statt nur einem Amtsblatt und einem klerikalen Blatt, deren Lektüre sich die Dorfhonoratioren vorbehielten, insgesamt bis zu zwanzig verschiedene Zeitungen und Zeitschriften von einer breiten Bevölkerungsgruppe gehalten und gelesen wurden. Er setzte eine tägliche Fußpost in die Nachbargemeinde Au durch. Auf sein Betreiben entstand im Winter 1866/67 in Schoppernau eine der ersten Volksbibliotheken der Monarchie. Der Hebung des bäuerlichen Bildungsniveaus diente zunächst auch Felders eigene schriftstellerische Tätigkeit. Er schrieb Abhandlungen mit zeitsymptomatischen Titeln wie: »Land und Leute. Die Innerbregenzerwälder«, »Aufklärung«, »Über die Öffentliche Meinung«. Sein sozialpolitisches Hauptwerk sind die »Gespräche des Lehrers Magerhuber« (1866). Ein aufklärerisch-didaktischer Zug geht auch durch sein Erzählen. Durch Geschichten hoffte er die Bauern zum Nachdenken über ihre eigene Situation und deren Ursachen zu bringen. 1863 erschien sein Erstlingswerk, die umfangreiche Erzählung mit dem außerhalb Vorarlbergs fremdartig klingenden Titel »Nümmamüllers und das Schwarzokaspale«, worin der Wiederaufstieg einer heruntergekommenen Müllersfamilie dargestellt ist; 1867 kam in Leipzig bei Salomon Hirzel sein erster Roman heraus: »Sonderlinge«, schon nicht mehr nur eine Dorferzählung im Sinne Gotthelfs oder Auerbachs, sondern ein im Bäuerlichen spielender moderner Zeitroman, in dem der Konflikt zwischen extrem konservativer und extrem fortschrittlicher Gesinnung mit seinen seelischen Folgen für eine ganze Lebensgemeinschaft gezeichnet ist; ein Jahr darauf, 1868, im selben Verlag »Reich und Arm« mit dem Versuch, die vordringlichste Frage der Zeit, die »soziale Frage«, wieder im Umkreis eines Dorfes, gleichsam am Modell zu erläutern. Niemals sah jedoch Felder das Erzählen nur als Versatzstück seiner sonstigen Sozialarbeit, er wollte autonome Kunstwerke schaffen und sich damit beim bürgerlichen Lesepublikum noch viel eher durchsetzen als beim bäuerlichen.

Dies alles drängte zur politischen Reform. Nicht nur in der Gemeinde Schoppernau arbeitete Felder auf die Majorität aller »Denkenden« hin, wie er seine wachsende Anhängerschaft nannte; auch auf Landesebene, in der Textilindustrie und im Landtag sollten die politischen Vorstellungen Ferdinand Lassalles vom allgemeinen Wahlrecht und von der Vergenossenschaftlichung der Produktion mit Hilfe von Staats- und Landeskrediten Fuß fassen. Zusammen mit seinem Schwager Kaspar Moosbrugger gründete Felder im Herbst 1866 die »Vorarlbergsche Partei der Gleichberechtigung«, die erste Partei in der Monarchie, die sich ausschließlich dem Wohl der arbeitenden Bevölkerung widmen wollte. Die Aussicht, als Kleingruppe im Landtag das Zünglein an der Waage abzugeben, war nicht unrealistisch. Doch erregte die Partei den Widerstand der beiden herrschenden Großgruppen, der Liberalen und der »Ultramontanen«, in einem Maße, daß eine wirksame Entfaltung zu politischer Effizienz wenigstens auf Landesebene nicht möglich war. Die Partei und ihre Gründer wurden Gegenstand ausführlicher Polizeiberichte des Polizeikommissariats in Bregenz an das Innenministerium.

In Schoppernau lösten Felders Aktivitäten einen mehrjährigen erbitterten Konflikt mit dem Pfarrer Johann Georg Rüscher aus; im Mai 1867 sah Felder sich dazu veranlaßt, seine Heimat auf mehrere Wochen zu verlassen und in Bludenz bei Kaspar Moosbrugger Schutz zu suchen. Die Verketzerung als »Freimaurer« und »Rot-Republikaner« enthielt alle klassischen Momente einer öffentlichen Anklage: den Vorwurf der Gotteslästerung, den Vorwurf der Jugendverführung (u. a. habe Felder durch seine Volksbibliothek »Hurenbücher« verbreitet), den Vorwurf des Umgangs mit Juden und Freimaurern. Mehrere Male steigerte sich die Spannung gefährlich, bei Wahlgängen im Winter 1867/68 kam es zu Ausschreitungen, Schlägerei, Verbrennung von Stimmzetteln. Dennoch konnte Felder sich in seiner Heimatgemeinde durchsetzen: seit Februar 1868 war er Gemeinderat und vertrat eine Gruppe, die sich nach ihm benannte und mit absoluter Mehrheit regierte.

Verglichen mit der fast nur regionalen Bedeutung, die Felder derzeit beigemessen wird, war zu seinen Lebzeiten sein Aufstieg als Schriftsteller denkbar steil und der Grad seiner Bekanntheit außerordentlich. Die »Sonderlinge« erlebte er noch in holländischer Übersetzung, und er hoffte mit guten Gründen auf Übertragungen ins Französische und Englische. Zweimal, jeweils im Sommer 1867 und 1868, reiste Felder auf Einladung Rudolf Hildebrands nach Leipzig, in die damalige deutsche Kulturmetropole. In alle

Kreise der bürgerlichen Gesellschaft fand dieser »wunderbare Mann« Eingang, er wurde Ehrenmitglied des Leipziger Germanistenclubs und der angesehenen deutschen Philologenversammlung »Vogelweide«. In seinem Verleger Salomon Hirzel fand er den größten Goethe-Enthusiasten mit der größten Privatsammlung Goethescher Autographen und Erstdrucke. Er kam nach Weimar und besuchte die Gedenkstätten der Klassiker. Er fand sich dort in seinem »neuen Jerusalem«.

Nur drei Wochen nach seiner Rückkehr von der zweiten Reise erfolgte der Zusammenbruch. Zunächst politisch: zwar florierte die Käsehandlungsgenossenschaft; aber der Parteigründungsversuch scheiterte in diesen Spätsommermonaten 1868 endgültig. Wie das gesamte Reformmodell, das Felder zu verwirklichen suchte, war er unzeitgemäß, um Jahrzehnte verfrüht. Durch die Kasinobewegung und die Einrichtung »constitutioneller Vereine«, also durch Volksbildung zu Parteizwecken, versuchten die politischen Großgruppen in der Breite der politisch unmündigen Bevölkerung Fuß zu fassen. – Dann der persönliche Zusammenbruch: Am 31. August 1868 starb Felders Frau und ließ ihn mit fünf Kindern zurück. »Jezt ist as us und mit mir ou« (Jetzt ist es aus und mit mir auch), sagte er am offenen Grabe.

*

Innerhalb der schmalen Erstreckung zwischen dem Tod der Frau und dem eigenen Tod am 26. 4. 1869 nach dreiwöchiger schwerer Krankheit entstand die Autobiographie »Aus meinem Leben«. Von Felders Lebens- und Denkweise in dieser Zeit geben die Quellen ein irritierendes Bild. Daß die Betroffenheit durch den Tod seiner Frau seine Begegnung mit dem Leben grundlegend änderte, ist nicht zu bezweifeln und nicht zu verwundern. Der Aufenthalt in der engeren Umgebung, wo er mit Nanni gelebt hatte, und der Anblick der Kinder schmerzte ihn monatelang unerträglich.

Er wich anfangs November für drei Wochen nach Bezau aus, wo ihm Josef Feuerstein ein eigenes Zimmer, ruhige Arbeitsbedingungen und einen Helfer bei Schreibarbeiten zur Verfügung stellte. Im Laufe des Winters nahm er seine volksbildnerische Tätigkeit wieder auf, die Bibliothek des Schoppernauer Handwerkervereins sollte nach Bezau transferiert und zu einer umfangreichen Landesbibliothek auf demokratischer Grundlage ausgebaut werden. Er hielt in Bezau einen Vortrag über das richtige Lesen, zusammen mit Feuerstein plante er die Herausgabe eines Bändchens mit eigenen Gedichten und eines anderen mit Mundartgedichten des Priesterdichters Josef Feldkircher. Ein kleiner Verlag sollte eingerichtet werden. Bei einigen großen Bauernhochzeiten trat er als Redner auf. Auch mit größeren literarischen Vorhaben ging er wieder um.

Auf der anderen Seite beobachteten Zeitgenossen an ihm eine tiefe Erschöpfung und Resignation. Es machte sich die Ansicht breit, sein eigener literarischer Ehrgeiz habe Felder ins Unglück gestürzt. Bald nach seinem Tod erschien in der »Neuen Freien Presse« ein aufsehenerregender Nachruf, in dem der Ministerialrat am Wiener Ackerbauministerium, Wilhelm von Hamm, Felders literarische Karriere als ein Mißverständnis und Ergebnis schlechter Einflüsse darstellte. Der Erfolg seiner beiden Romane sei nur dem Umstand zuzuschreiben, »daß man bei ihrer Lectüre fortwährend an die Lebensstellung des Verfassers dachte«. Mit diesen mittelmäßigen Leistungen sei Felders Talent vollkommen erschöpft gewesen und er außerstande, »Höheres zu schaffen«. »Aus meinem Leben« kannte man zwar nur vom Hörensagen, trotzdem: »Wieder eine ganz unfruchtbare Arbeit! Selbstbiographie eines unfertigen nicht 30jährigen Mannes! Hoffentlich ist, was davon vollendet, nicht verloren.« Felder selbst habe auf seinem »Auflösungslager« von einem »verhunzten Lebensgang« gesprochen. Rudolf Hildebrand und seinen Leipziger Freunden wurde der Vorwurf gemacht, zur eigenen Reklame den frühen Tod Felders unnötig herbeigeführt zu haben. Vielen bot sich also Felders Leben nach dem Tod seiner Frau als vernichtet und frühzeitig verausgabt dar. Selbst Kaspar Moosbrugger, der Felder jahrelang nicht nur zu sozialer, sondern auch zu literarischer Tätigkeit ermuntert hatte, faßte resigniert und »objektiv« zusammen: »So naturreine u. zarte Menschengebilde, wie er eines war, werden tagtäglich in unserem Staats- und Gesellschaftsleben überfahren und zerknickt.«

Was in der Situation, als Felder »Aus meinem Leben« schrieb, schwerer wog: dieser von Moosbrugger diagnostizierte Sachverhalt oder die Tatsache, daß die Lungentuberkulose bereits als Todeskeim sich auszuwirken begonnen hatte, d. h., ob vielleicht dieser Ausdruck von jenem war, läßt sich schwer beurteilen. Am ehesten bietet die Tonart der wenigen Äußerungen darüber Aufschluß, die Felder selbst bei der Arbeit an der Autobiographie getan hat.

Den Anstoß dazu gab Rudolf Hildebrand in einem Trostbrief: »Du würdest da recht dankbar und deutlich gewahr werden, wie wunderbar durch die schwersten, ausgesuchtesten Hindernisse hindurch Dich eine höhere Hand, ein höherer Beruf geführt hat, und zwar auf eine Höhe, die denn doch zumal bei Deinen Jahren schon eine ganz respectable ist. Muth, Felder, Du mußt noch weiter!« (Rudolf Hildebrand an Felder, Leipzig, 4. 9. 1868)

»Dein Vorschlag, eine Biographie zu schreiben, kommt mir wie eine höhere Eingebung. Das ließ Gott Dich denken. Schon heut hab ich mich oft an dem Gedanken erfreut. Etwas muß ich gleich nach dem Heuen anfangen, und zu künstlichen Geweben fehlt mir die gehörige Spannkraft.« (Felder an Rudolf Hildebrand, Schoppernau, 10. 9. 1868)

»Mit meinen Erinnerungen (Selbstbiografie) hab ich angefangen, und zwar recht gründlich. Wenn ich meine Entwickelung und Verwickelung durchweg so gebe, wirds wol ein so umfangreicher Band, wie Reich und Arm. Und doch glaub ich das zu sollen, wenn ich überhaupt etwas geben will. Übrigens geht die Arbeit doch etwas langsam, wenns mir schon gerade nicht an Zeit fehlt. Ich werde wol nicht in einem Zuge fertig machen, denn hundert Gestalten und Bilder drängen sich mir auf. Vergessene Freunde besuchen mich in meiner Einsamkeit und rufen allerlei wehmütige Stimmungen in mir wach, denen ich Gestalt und Form geben möchte.« (Felder an Rudolf Hildebrand, Schoppernau, 1. 10. 1868)

Kaspar Moosbrugger stand dem Vorhaben zunächst skeptisch gegenüber:

»Nach den Erfahrungen, die ich auf dem Gebiet des Geistigen gemacht habe, gewinnt der Mensch, der Stärkung und Hebung sucht, diese mehr, wenn er sich in das Höhere, Allgemeine, Göttliche vertieft als in das eigene Ich, mehr in der Hingabe, in der Opferung des Ich als in dessen Selbstbeschauung. Wenn bei letzterer auch klar wird, wie uns Gott wunderbar und liebevoll geleitet hat, so ist das mehr eine Erweiterung des Wissensbereichs als eine Vermehrung der geistigen Kraft. Wie der physisch ermüdete Mensch seine Kräftigung im Schlaf sucht und findet, so der geistig müde die seine im Selbstverzicht, in der Hingabe. Unsere Aktivität ist im großen und ganzen nur dann eine glückliche, wenn wir die hohe, gottebenbildende Kunst der Passivität gelernt und geübt haben.« (Kaspar Moosbrugger an Felder, Bludenz, 2. 10. 1868)

»Ich arbeite an meiner Selbstbiographie und finde dabei meine besten Kräfte wieder. Du darfst aber nicht glauben, daß diese Arbeit etwa nur müßiger Selbstbespiegelung diene. Mein Leben ist ein Spiegel unserer Zustände, und viel des Guten und Besten an mir ist direkt oder indirekt aus unserem Volkstum heraus. Das soll meine Arbeit in ernster, liebevoller Weise dartun und so der Heimat auch, nicht bloß dem Produkt derselben, mir, zum Spiegelbilde werden. Von diesem Standpunkt aufgefaßt, gewährt meine Arbeit so gut als nur irgend etwas, was Du mir in Deinem letzten Briefe gewünscht und mit Recht empfohlen hast.« (Felder an Kaspar Moosbrugger, Bezau, 6. 11. 1868)

»Noch bin ich nicht dreißig Jahre alt, aber ein Leben voll Kampf, voll blutsaurer Arbeit und bitterster Entbehrung liegt hinter mir, ein Leben, wie es wol schon halbe Jahrhunderte eines Menschenlebens ausfüllte und manches Haupt bleichte. Oft und oft hat die blasse Sorge liebere freundlichere Gestalten verscheucht die dem Einsamen in seinem Arbeitszimmer seinem Wingolf erscheinen und mich dem Jammer des Alltagslebens entrücken wollten. Unverstanden, der Umgebung ein unheimliches gefürchtetes Räthsel, schloss ich mich um so inniger an die, deren Herz für mich schlug. Ein edles großes Weib ward mein ganz mein und eine Mutter umgab den Sonderling mit ihrer Liebe ihrer Sorge ihrem Gebeth. Friedlich und froh bearbeiteten wir zusammen unser kleines überschuldetes Gut, die freien Stunden aber, die ich mir abkargte oder auf Unkosten der Meinigen gewann und die Nächte waren edlerer Beschäftigung, waren dem gewidmet, was immer meine Erhebung mein Trost meine Erbauung war. Was meine Landsleute mir dem Unverstandenen in den Weg legten, vermochte mich nicht zu verbittern. Mein Auge und mein Herz blieben offen für des Volkes leibliche und geistige Noth. Doch Sie wissen wohl von meinem Freunde Feuerstein, wie ich bemüht war, hier den Vereinsgedanken zu verwirklichen. Es ist mir manches gelungen und das war mir immer ein Trost, wenn häusliche Sorgen, für die erblindende Mutter, die siebzigjährige Witwe, meine Frau, die mir Auge und Hand, Hausmutter und Magd war, oder die unerzogenen fünf Kinder mich niederdrücken wollten. Unter diesen Verhältnissen sind sowol die Sonderlinge als auch Reich und Arm entstanden und – ich möchte sagen – mit meinem Herzblute geschrieben, geschrieben unter tausend Sorgen und Kämpfen mit schwielenbedeckter Hand. Und nun, als ich einmal aufathmen wollte, da erkrankt meine Frau und stirbt. Ich habe das wie einen furchtbaren Riß durch mein ganzes Wesen empfunden. Was man sagte, mich zu trösten, war vergebens. Wie ich früher im Hingeben ans Allgemeine allein überwinden konnte, was als Last sich auf mein Einzelleben legte, so vermochte auch jetzt nur das Hinausleben aus mir selbst meinem gebrochenen Wesen wieder einige Spannkraft zu geben.« (Felder an Wilhelm von Hamm, Schoppernau, 16. 10. 1868, Entwurf)

»Meine Selbstbiografie wächst, auch gewinne ich wieder mehr Lust zu freien Gestaltungen. Ich fühle meine Kräfte wachsen.« (Felder an Josef Feuerstein, Schoppernau, 10. 12. 1868)

»Unterdessen arbeite ich an meiner Biographie mit einer Liebe und Hingebung, die vielleicht das ganze etwas breit macht. Du sollst, sobald ich sie entbehren kann, einige Kapitel erhalten. Jetzt drängt es mich wieder mehr zu freiem dichterischem Gestalten, und es ist möglich, daß die Arbeit wieder für eine Weile beiseite gelegt wird.« (Felder an Kaspar Moosbrugger, Schoppernau, 21. 12. 1868)

»Noch arbeit ich an der Selbstbiographie, in der Du auch das Gewünschte von der Siegfriedsage finden wirst. Ich kann Dir allenfalls die ersten Kapitel mit der Sage schicken, wenn Du glaubst, daß sie mit Angabe der Quelle benützt werden können. Ich denke den ersten Band und vorläufig das Ganze mit meiner Verehelichung abzuschließen, doch bin ich noch lange nicht so weit.« (Felder an Rudolf Hildebrand, Schoppernau, 22. 1. 1869)

»Meine Selbstbiographie langt bald zu meiner Verehelichung, womit ich dann den ersten Band und vorläufig das Ganze abschließe. Meinem Wible ist darin ein Denkmal gesetzt, wie es noch selten einer Wälderin wurde. Ob ich die Arbeit sofort veröffentliche, weiß ich noch nicht. Ins Reine geschrieben wird sie von einem Schreiber, für welchen Feuerstein sorgt. Im nächsten Monat wirst Du die Arbeit erhalten. Ich habe bei derselben meine besten Kräfte wieder gefunden. Wenn man bangt, noch einen Schritt vorwärts zu gehen, ist's Wohltat und Kräftigung, die zurückgelegte Strecke zu übersehen. Ich fand manche Rose wieder, und ein frischer duftiger Hauch wehte mich an. Ein aufmerksamer

Leser meiner Arbeit freilich dürfte auch ahnen, wie manche Träne dabei floß, aber schon meine Sonderlinge beweisen, daß nicht alles herb wird, was ich mit meinem Herzblut schreibe. Ich vermag mich gestaltend von allem Quälenden zu befreien, und eben darum kann ich dann dabei wieder hell aufjubeln. Freilich laß ich mich oft zu frei gehen. Vielleicht wirst Du das nur zu oft finden, aber streichen kann ich immer noch. [...] Du siehst mich immer tätig, die Musen sind mir treu. Ich lerne meine Beschäftigung jetzt aufs neue lieben. ›Die Welt in mir und ich in der Welt.‹ Das hilft über viel hinaus, und man braucht sich nicht jeden Abend vor dem Schlafen behaglich in eine fertige Rechnung für die Zukunft einzuwickeln, wie ich von früher her es nur zu sehr gewohnt bin. Ich habe Verlieren gelernt. Man besitzt manches, was man nicht hat, und kann etwas erst recht haben, wenn es verloren scheint. An meiner Nanni war mir das menschlich Beste wert vor allem, aber das geht nie verloren. Ich habe viel verarbeiten müssen, kein Mensch ahnt wie viel, und ganz allein, denn andere leben in anderen Gedankenkreisen. Ich stehe äußerlich allein, aber ich bin in der Welt und habe die Welt in mir, in mir hab ich sie mit blutsaurer Arbeit überwinden gelernt, und seitdem ist sie mir erst lieb. Was ich nun anfange, weiß ich nicht, und es ist mir ordentlich wohl, es nicht zu wissen. So hat man jeden Augenblick ganz, im andern Falle nur als Teil eines auszuführenden Gedankens.« (Felder an Kaspar Moosbrugger, Schoppernau, 17. 2. 1868)

»Meine Selbstbiographie wird in wenigen Tagen fertig. Auch die Abschrift ist von Albinger in Bezau bis auf wenige Bogen besorgt. Ich schließe mit meiner Verehelichung ab. Der Tod meiner Nanni wird gar nicht erwähnt. Du siehst Nanni lebend, schaffend, singend, Du hörst ihre Ansichten über Menschen und Zustände und ihre Gedichte. Die Kapitel, die von ihr erzählen, sind die heitersten. Sonst hat das Buch manches Trübe, weil sich alle Zustände in meinem Leben widerspiegeln und dort mit ihren Wirkungen umso schärfer hervortreten, wo ich selber noch nicht recht fest war. Ich habe mich durch diese Selbst- und Umschau von vielem befreit. Auch ungemein anregend war sie. Manche neue Seite unseres Gesellschaftslebens hat sich mir gezeigt, manches ward mir klar, und ich legte es zurück, da ich es dort nicht gehörig ausführen konnte. Ich habe mich strenger Wahrheit beflissen. Ich schone niemand, aber ich übe Gerechtigkeit in liebevoller Weise, das heißt mit dem Hinweis aufs Allgemeine und auf das Überlieferte. Noch bin ich nicht eins mit mir, ob ich die Arbeit veröffentlichen soll. Feuerstein nennt sie rücksichtslos mein bestes Werk. Das finde ich nun gerade nicht, aber ich glaube doch, daß es trotz seiner Einfachheit manches Schöne und Gute in den 25 Kapiteln bringe.« (Felder an Kaspar Moosbrugger, Schoppernau, 3. 3. 1869)

»Im verflossenen Halbjahr seit dem Tode meiner lieben Frau wars mir bange, vorwärts zu blicken in die Zukunft. Lieber wollte ich in der Beschäftigung mit der Vergangenheit meine Kräfte wieder zu gewinnen suchen. Ich machte mich daher an die Ausarbeitung meiner Selbstbiografie, die mir ein wahrer Trost ward, indem ich da recht deutlich sah, wie mir oft auch die ausgesuchtesten Hindernisse wieder Wohltat geworden sind. Sie dürfen aber nicht glauben, daß etwa diese Arbeit nur meiner Selbstbespiegelungssucht diene; vielmehr war ich bemüht in meiner ›Geschichte‹ ein treues Bild der Heimat zu geben, deren Zustände sich in meinem Leben spiegeln. Der erste Band wird dieser Tage fertig. Er schließt mit meiner Verehelichung ab. Vorläufig gedenke ich diese Arbeit nicht weiter zu führen.« (Felder an Josef von Bergmann, Schoppernau, 10. 3. 1869)

»Der erste Band meiner Selbstbiographie ist fertig. Du erhältst ihn mit der Bitte, ihn aufmerksam durchzulesen, gefundene Schreibfehler zu verbessern und mir sobald wie möglich Dein Urteil über das Ganze zukommen zu lassen. Du wirst das Ganze mit viel – ja vielleicht nur mit zu vieler Liebe und Hingebung ausgearbeitet finden. Vergiß nicht, in welcher schweren Zeit es entstand und mir zum festen Punkte ward, an dem ich mich zu halten suchte.« (Felder an Kaspar Moosbrugger, Schoppernau, 14. 3. 1869)

*

Nach Fertigstellung der Autobiographie hatte Felder noch etwas mehr als einen Monat zu leben. Noch bei Bewußtsein erreichten ihn Stellungnahmen von jenen beiden Freunden, auf deren Urteil er den größten Wert legte: von Kaspar Moosbrugger und von Rudolf Hildebrand, an den Moosbrugger das Manuskript auf Bitten Felders geschickt hatte.

Moosbrugger, Nannis Bruder, hatte beim Lesen der letzten Kapitel vorübergehend die Fassung verloren. Nach Wiedergewinnung seiner oftberufenen »Objektivität« kam er zu einem Urteil, das für Felder unerwartet günstig ausfiel; andrerseits steuerte Moosbrugger dabei direkt auf eine Konfrontation zu, die zwischen den beiden Freunden längst fällig geworden war und Felder zu einer letzten, eindeutigen Rechtfertigung herausforderte.

»Die Erzählung bildet ein einheitliches, volles Ganzes und wäre um jede Zeile schade, die man streichen wollte. Eines fließt aus dem andern, und ist das Frühere die Bedingung des Spätern. Die Sprache ist in merkwürdig hohem Grade *seelisch* und reißt den hingebenden Leser mit Gewalt in all die Leiden und Freuden des Sprechenden. *Diese* Meisterschaft der Sprache und des Satzbaues ist in Deinen frühern Werken noch nicht vorhanden. Der Ton, der das Ganze durchzieht, ist ein elegischer. Trotz der milden und versöhnlichen Stimmung wird doch den meisten Lesern diese gewaltig sich hinziehende Seelenmarter peinlich sein. Es ist dies die Marter des ›Gedankens‹, der sich selbst genügen will. Für denkende Erzieher sind wahre Schätze in dem Werk. Merkwürdig sind die Notizen aus dem Tagebuch vom Jahre 1859 und geben viel zu denken. Die Krisis, die die

Versöhnung herbeiführt, ist furchtbar, und macht es ihre Eigenart, daß sie nämlich eine rein elementare ist, begreiflich, daß die Versöhnung eigentlich nur in der Welt des Gedankens und des Gemütes vor sich geht. Hier ist der Punkt, wo unsere Anschauungen über Natur, Seele und Geist oder, um konzentrierter zu reden, über ›Gedanken‹ und ›Idee‹ auseinandergehen. Daß Du in Deiner Jugend auf Deine Gedanken- und Gefühlswelt gedrängt wurdest, lag in den Umständen, und hast Dich tapfer, ja heldenmäßig gehalten. In unserer Familie regierte nie das ›Gedankenmäßige‹, sondern vorherrschend die Idee. Ideen sind in der Welt, die weder von unserm Denk- noch von unserm Gefühls- noch überhaupt von unserm Daseinsapparat erzeugt werden, sondern einfach da sind und uns unmittelbar packen. Solche Ideen sind die Idee des Schönen, des Guten, des Wahren, der Tugend, der Freiheit, die spezifisch christlichen Ideen und in unserem Fall die Idee der christlich-germanischen Familie. Bei uns werden die meisten Menschen vorherrschend durch Ideen geleitet, bei den sog. Liberalen vorherrschend durch Gedanken, das Richtige wäre die vernünftige Durchdringung beider. Bei den Weisen sind die Gedanken ideenvoll und die Ideen gedankenvoll.« (Kaspar Moosbrugger an Felder, Bludenz, 21. 3. 1869)

Bei aller Zustimmung im einzelnen, die Felder überraschte, weil er wußte, daß Moosbrugger den Stoff ursprünglich für zu unbedeutend gehalten hatte, lag hier eine Anfechtung der geistigen Voraussetzungen vor, aus denen »Aus meinem Leben« geschrieben war: Die Erzählung versagte nach Moosbruggers Ansicht gegenüber *der* maßgeblichen ästhetischen Maxime der Zeit, die seit den Klassikern wirksam und Moosbrugger durch die Ästhetiken von Kant und Hegel besonders vertraut war. Das Kunstwerk hat die Funktion, herrschenden Ideen, »Urbildern« in tragischer Entäußerung zur sinnlichen Anschauung zu verhelfen. Statt dessen begnügte Felder sich damit, die »Marter des Gedankens, der sich selbst genügen will«, ohne solche

Teleologie nachzuzeichnen. Beim Versuch, sich zu erklären, fühlte Felder sich kaum mehr schreibfähig: »Der Kopf ist nicht so klar, als er bei einem gedankenblassen Menschen sein sollte, und meine Hand zittert.« Dennoch ist sein erster, abwehrender Gestus voller Ironie: »Daß es Dir kaum interessant sein werde, einen Menschen durch Gedanken und Empfindungen ohne bestimmtes Ziel erziehen zu sehen, habe ich erwartet [...]. Gegen die Anschauung, ob die Schalzbachstegkatastrophe durch die Vorsehung eigens herbeigeführt sei, hab ich mich mehrfach verwahrt [...]. Tragisch war die Geschichte erst durch die Haltung der Bauern, welche allerlei Ideen bei meinem Anblick, aber keinen Gedanken hatten [...].«

Ohne daß Felder sich genötigt sieht, eine »Verteidigungsrede« zu halten, folgt dann die endgültige Zurückweisung von Moosbruggers Vorhaltungen. Schon bei einer früheren Erläuterung des ästhetischen Konzepts von »Reich und Arm« hatte Felder betont: »Die innere Lösung vollzieht sich in den von dem Helden und den Bauerngemeinden losgerungenen Gedanken [...].« Dazu gehört, daß Felder seine Anhänger im Dorf mehrmals ironisch »die Freimaurer, d. i. alle Denkenden« genannt hat. Seine letzte Selbstäußerung zeigt, daß in solchen Formulierungen, seien sie ästhetisch oder »weltverbesserisch« gemeint gewesen, Linie lag. Sein Umgang mit Rudolf Hildebrand hatte Felder mit jener Philologie vertraut gemacht, die zu Hildebrands Zeit die geistige Triebfeder fürs Grimmsche Wörterbuch war. Dessen Titelseite schmückte eine Vignette mit dem ersten Satz aus dem Johannes-Prolog: »Im Anfang war das Wort«. Johann Georg Hamann, Wilhelm von Humboldt, Herder und eben Jacob und Wilhelm Grimm standen hinter diesem Bekenntnis zu einer Sprachauffassung, der gemäß das Wort und eben nicht die Idee die leitende Instanz alles Denkens und Handelns war. Für Felder, dem alles Gedachte zur »Geschichte« wurde, die erzählt werden wollte, war wie für die Nachfolger der Brüder Grimm die Sprachhaltigkeit *aller*

Gedanken so selbstverständlich wie die Luft zum Atmen. Die Triebfeder seiner vereinsmäßigen und genossenschaftlichen Praxis bestand eben darin, daß sich heterogene, aber autonome Teile von ihren »Gedankenkreisen« her im sprechenden »Verkehr« zum Ganzen zusammenfanden. Diese Praxis erübrigte die Determination durch Ideen. Sie erlaubte den »tausendarmigen« Umgang mit Details, somit auch den unverstellten Reflex auf Eindrücke, die von der Natur, von der Geschichte, von der Gesellschaft oder wo immer her kamen. Daß diese Praxis sich nicht in Vereinzelung verlor, dies verhütete eben die Tatsache, daß es eine sprechende Praxis war. – Seine letzte Entgegnung an Moosbrugger beansprucht eben diese geistige Voraussetzung, die Felder mit der Zeit für alle seine Aktivitäten als seinen »Grundgedanken« losgerungen hatte, auch als ästhetische Grundformel für »Aus meinem Leben«: »Ich hoffe nämlich, Du werdest mir zugeben müssen, daß alle Ideen aus dem Gedanken (Logos) oder aus Eindrücken entstanden sind. Gestehst Du das zu, so sind wir eins, sonst streiten wir, daß es klepft [kracht].« (Felder an Kaspar Moosbrugger, Schoppernau, 27. 3. 1869)

Rudolf Hildebrands Reaktion beruht nur auf Kenntnis der ersten fünf Kapitel: »Es ist ein sehr hübscher, epischer Grundton drin, mit einer dahinterliegenden zuversichtlichen Heiterkeit, wie ich sie in noch keinem Deiner Werke so gefunden habe. Dabei erzeugt das Heranwachsen dieses eigenartigen Geistes eine angenehme, erwartungsvolle Spannung, daß ichs am liebsten in einem Zuge durchlesen möchte. Im Stil find ich den lange gewünschten Fortschritt von den Nachwirkungen des Wielandschen Stils zu wirksamer Einfachheit, die Dir doch im Sprechen so zu Gebote steht. [...] Die Einfachheit Euerer Verhältnisse, wie ich sie zu meiner Überraschung auch nach dem, was ich schon wußte, bei Euch fand, hätte ich eingehender gezeichnet [...]. Denn diese ganz außerordentliche Einfachheit Eures Lebens macht es begreiflicher, wie Dein arbeitsbedürftiger Geist mit den Gegenständen Deiner Heimat bald fertig sein mußte und nun früher, als sonst geschehen wäre, in die Tiefe und Weite strebte. Auch daß Eure Mundart gar nicht vorkommt und so wenig von Euren trefflichen Redensarten, thut mir leid, das hälfe *mit* den Hintergrund Deines Denkens zu zeichnen. Vielleicht ließe sich dergleichen kurzweg in einem Vorwort nachholen, in dem auch die ernste Veranlassung anzugeben wäre, die Dich so früh zur Schilderung Deines Lebens bewogen hat. Und da würde ich auch mit vorbringen, daß Dir über die Einfachheit und Eigenheit Eures Weltdaseins eigentlich erst in der Welt draußen so zu sagen die Augen aufgegangen sind.« (Rudolf Hildebrand an Felder, Leipzig, 11. 4. 1869)

Auf diese Kritik konnte Felder nicht mehr eingehen. Arm und Zunge waren von einem Schlaganfall am 6. April gelähmt worden.

»Als Ihr letzter Brief an ihn ankam, las der Adjunkt ihm denselben gleich vor, er äußerte dabei eine ungemein wehmütige Stimmung, ein Gemisch von Schmerz und Freude, wie das sonst beim Besuch eines Freundes an ihm wahrzunehmen war. Mit Worten drückte er sich nur selten aus, das Reden war ihm von den Ärzten verboten u. wurde ihm täglich schwerer.« (Mariann Moosbrugger, Felders Haushälterin nach dem Tod seiner Frau, an Rudolf Hildebrand, Schoppernau, 23. 5. 1869)

MUNDARTLICHE AUSDRÜCKE

Nach Angabe des ersten Herausgebers, Anton E. Schönbach, hat Felder in dem derzeit verschollenen Manuskript der letzten Fassung Mundartausdrücke zuweilen durch Häkchen als offenbar erklärungsbedürftig kennzeichnen lassen. Um solchen Erklärungen möglichst viel Authentizität zu geben, wurden in vorliegendes Verzeichnis fast nur solche Ausdrücke und Redewendungen aufgenommen, die Felder selbst in seinen Sammlungen zur Sprache des Innerbregenzerwaldes, in anderen Erzählungen und in Briefen erläutert und also nachweislich für erläuterungsbedürftig gehalten hat. Die Quelle ist jeweils im Anschluß an die Worterklärung genannt (nach der Ausgabe der *Sämtlichen Werke* Bd. I–XI). Der Wortlaut wurde möglichst unverändert übernommen.

Seite

21 *Boppeln* (oder *Boppele*) – Puppen
24 *Hälsling* – eine eiserne Kette zum Anbinden der Kühe (VIII, 67)
25 *verwerchen,* von *werchen* = arbeiten – verarbeiten (IX, 106)
abendlete, von *abendlen* – zu Abend essen
30 *Stubat,* Mz. *Stubata* – Besuch, *Nahtstubat* – abendliche, nächtliche Zusammenkunft, Nachtstube (I, 438, 442)
36 *gucken* – rufen wie der Kuckuck (I, 432)
36 *Üntscherspitz* oder *Ünsche* – ein beiläufig 7500 bis 8000 Fuß hoher Berg neben Schoppernau (VIII, 103)
39 *Vor em Hüttle* – Vor dem Hüttlein sind wir gesessen, da sind die Täublein zu uns gekommen; denkt nur, sie haben uns das Fressen aus den Händen genommen
43 *Kilkohäs* – Kirchenkleider; das Beste, was man hat
47 *vorsich und hintersich,* von *vüorsi und heandorsi* – vorwärts, von vorne und rückwärts, von hinten (VIII, 68)
48 *Werchader* – *Ader,* die Kraft, das Vorgesetzte ist das sie Beherrschende, eine *Werchader* sein, nichts können und wollen und schätzen als arbeiten (IX, 106)
54 *gnepfte,* von *gnepfo* – hinken (VIII, 62)

Seite

54f. *Klushund,* nach der durch den Abhang des Pfänders und das Ufer des Bodensees zwischen Lochau und Bregenz gebildeten Klause (Engstelle), an der im Dreißigjährigen Krieg die Bürger von Bregenz sich den anrückenden Schweden entgegenstellten und der Sage nach verraten wurden. Das Gedicht war 1845 vom Sagensammler Franz Josef Vonbun erstmals veröffentlicht worden. Felder hat es aus dem Gedächtnis auffallend umgestaltet. Seine Version, zeilenweise in Prosa übersetzt:

An einem Abend spät, so auf zehn ist es gegangen,
Sitzt der Hirschenwirt von Rankweil allein in der Stube,
Blättert ein bißchen im Kalender und brummelt etwas zu sich selber
Auf einmal hört er Tritte kommen durchs Vorhaus herein in die Stube:
Und sagt: das ist doch noch ein später Gast, wers doch sein mag?
»Ah Gottwillkommen, Herr Melchi[or]! kommst auch jetzt noch einmal zu uns?
Aber was fehlt dir, was hast [du]? Bist stuchenweiß [weiß wie *Stuchen* – Kopftücher, die Vorarlberger Frauen zur Trauertracht trugen]
– ist dir übel?
Komm nun gleich und trink ein Schöpplein, es wird dir dann besser!«
»Übel ist mir grad nicht, ein Schöpplein das mag ich«, sagt Melchi [...]

[...] drunten auf der Wiese der Klushund begegnet.
Mit langen zottigen Haaren, wilden feurigen Augen,
Grad wie eine Scheibe, und zieht wohl zentnerschwere Ketten nach.

60 *Brittler, Brittlar* – 1) ein kleiner Reitschlitten für Kinder, 2) Verstümmelung des Namens Brigitta, kommt in Au vor, 3) liederliche Person (VIII, 45)

65 *aufgebeigt,* von *bigo* – sorgfältig schichten, z. B. *Holz bigo* (VIII, 40)

73 *Gado* – Gaden, Schlafzimmer neben der Stube (VIII, 60)

Seite

82 *Bäbele* oder *Babol* – Barbara; *Bäbele,* wenn sie klein oder das jüngste Kind ist (VIII, 36)

84 *Fergger, Stücklefergger,* von *ferggo* = abfertigen – Vermittler der Ware (der *Stick-Stücke)* und des Lohnes zwischen Heimarbeitern und Fabrikanten, besonders in der Stickereiindustrie (VIII, 57)

91 *häuslich,* von *husli* – sparsam, häuslich, ausgerechnet auf Pfennig und Heller, karg gegen andere (VIII, 71)

91 *ramsen,* von *ramso* – ein Kartenspiel. *Ramser,* ein Mensch, der lieber spielt als arbeitet (VIII, 95)

110 *Zieger* – Nebenprodukt der Käsebereitung, Quark, Topfen

116 *Juppe* – zur Bregenzerwäldertracht gehöriges, bis zu den Füßen reichendes Kleid aus schwarzer, gefältelter Glanzleinwand

117 *Wiedergeben* – Das Echo nennt man hier *s Weodorgio* (das Wiedergeben) es widergibt (IX, 46)

120 *erstellt,* von *arstello* – beim Mahl außerordentlich viel auftragen. Man *arstellt* nichts, d. h. man gibt es wie gewöhnlich

133 *Abnutzen,* der – der Nießbrauch, die Milch während des Winters

136 *Krip[p]s,* der – Kopf. Beim *Krips* nehmen, überwinden, grob anfallen und seine Überlegenheit zeigen in Worten und Werken. Ich wurde beim *Krips* genommen, ich wurde wehrlos, bevor ich daran dachte (VIII, 79)

137 *Groschenkopf,* von *Groschokopf* – Fürst Gortschakow. Sein Name wurde während des Krimkrieges populär (VIII, 64)

Menschenkopf – Verballhornung des Namens Menschikow. Fürst Menschikow, russischer Heerführer zu Beginn des Krimkrieges (1853–1856)

155 *Milchgepse,* von *Gepso* – niedriger Zuber von 1–2 Fuß Durchmesser zum Aufbewahren der Milch (VIII, 60)

156 *Sennet* – das Quantum Milch, das auf einmal verkäst wird (Schönbach, 119)

Vorbruch – die erste, dem Rahm abgewonnene, bessere und fettreichere Butter; oder auch der erste an der Oberfläche sich bildende Kässchaum; beides Leckerbissen (Schönbach, 119)

187 *Etzplatz,* von *etzo* – das Vieh auf die Weide treiben, von ätzen (VIII, 55)

Seite

208 *Maien* – Sträußchen, insbesondere jene, die dem Brautpaar und dessen Begleitern angeheftet werden

207 *Schopf* – loggiaartiger Vorraum, ehe man durch die Haupttüre die Innenräume des Bregenzerwälderhauses betritt. Häufig mit Sitzgelegenheiten für den Aufenthalt bei warmem Wetter.

230 *auf dem Strich* – wenn ein Bub allein bei einem Mädchen ist. Ohne üble Nebenbedeutung (I, 442)

233 *Hopper, Hoppar,* von *hoppo* = hüpfen – Ein Tanz, bei dem die *Buobo* [Buben] alle möglichen Sprünge machen (VIII, 70)

237 *Schappale* – so nennt man die Kränze, welche die Jungfrauen bei Prozessionen zu tragen pflegen (VIII, 99)

240 *Heideldum, Heidoldum,* der – scherzhafte Benennung des Kaffees (VIII, 68)

242 *Göttle, Klopfstecken* – Verballhornungen von Goethe und Klopstock

253 *Abdanker* – Am Schluß des Hochzeitsmahles wurde von einem Festteilnehmer zum Dankgebet aufgefordert. Gewöhnlich folgten einige Worte über den Sinn der Ehe und die Aufforderung zum *Helso,* d. h. zur Abgabe von Geldspenden für das neuvermählte Paar (I, 433)

259 *Spielen* – bei der Rekrutierung das Los ziehen

291 *Kirschenwasser,* von *Kriosiwasser* – Kirschenschnaps (VIII, 78)

292 *a d'Wicko geben* – den Brautleuten, oder eigentlich nur der Braut, etwas schenken (*Wicko* = Spinnrocken) (I, 443)

Eigene, von *ōgo* – eigen. *An Ōgos,* ein Geschwister, ein Verwandtes oder Angehöriges (VIII, 94)

294 *Leutlein,* von *Lüttle, Lütt* – Menschen, ein Mensch (VIII, 85)

295 *eine traurige Braut,* von mundartlich:
A trurige Brut
A fröhlichs Wib (VIII, 107)

INHALT

2/2/8.86

2/3/8.86

2/4/8.86

2/5/8.86

2/6/8.86

2/7/8.86